Michael McGarty
Max Sager

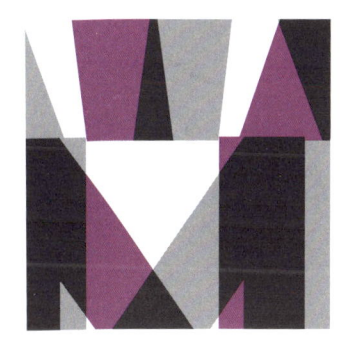

Grundlagen der Informatik

VERLAG:SKV

Rolf Bänziger
(Tabellenkalkulation)

ist IKA- und SIZ-Lehrer an der Handelsschule KV Schaffhausen sowie Leiter der Höheren Fachschule für Wirtschaft Schaffhausen. Er ist Ehrenmitglied des Verbandes Lehrende IKA.

Carola Brawand-Willers
(Schriftliche Kommunikation/
Korrespondenz)

unterrichtete IKA und wirkte als Referentin in Weiterbildungskursen an der Wirtschafts- und Kaderschule KV Bern. Sie ist Prüfungsexpertin für den Bereich Kommunikation in der Muttersprache bei der Berufsprüfung Direktionsassistentin mit eidg. Fachausweis. Sie ist Ehrenmitglied im Verband Lehrende IKA.

Stefan Fries
(Präsentation und
Textverarbeitung/
Textgestaltung)

ist IKA-Fachlehrer und Fachvorsteher für IKA am Berufsbildungszentrum Wirtschaft, Informatik und Technik in Willisau.

Michael McGarty
(Grundlagen der Informatik/
Outlook)

Informatiker und Telematiktechniker HF, ist Lehrer an der Wirtschaftsmittelschule Thun und an der Wirtschaftsschule Thun.

Max Sager
(Informationsmanagement
und Administration/Grund-
lagen der Informatik)

Betriebsökonom FH, war Lehrer am Gymnasium/Wirtschaftsmittelschule Thun-Schadau. Er ist Ehrenpräsident des Verbandes Lehrende IKA.

**Annamaria
Senn-Castignone**
(Gestaltung von Bildern)

Fotolithografin, Technikerin TS, Fachlehrerin und ÜK-Instruktorin Polygrafen/Mediamatiker, Prüfungsleiterin QV Polygrafen

Haben Sie Fragen, Anregungen oder Rückmeldungen?
Wir nehmen diese gerne per E-Mail an feedback@verlagskv.ch entgegen.

7. Auflage 2019

Michael McGarty, Max Sager:
IKA 2 Grundlagen der Informatik

Theorie und Aufgaben inkl. Enhanced Book:
ISBN 978-3-286-33617-9

Theorie und Aufgaben inkl. Enhanced Book
mit Lösungen und Begleitmaterial für Lehrpersonen:
ISBN 978-3-286-33717-6

© Verlag SKV AG, Zürich
www.verlagskv.ch

Alle Rechte vorbehalten.
Ohne Genehmigung des Verlags ist es nicht
gestattet, das Buch oder Teile daraus in irgendeiner
Weise zu reproduzieren.

Projektleitung: Kirsten Rotert
Umschlagbild: Agenturtschi, Adliswil

Die IKA-Reihe auf einen Blick

Band 1   **IKA – Informationsmanagement und Administration**
behandelt das ganze Spektrum des Büroalltags: Outlook, die richtige Wahl und den Einsatz von technischen Hilfsmitteln, die Gestaltung von Arbeitsprozessen, ökologisches und ergonomisches Verhalten und den zweckmässigen und verantwortungsvollen Umgang mit Informationen und Daten.

Band 2   **IKA – Grundlagen der Informatik**
vermittelt das nötige Grundwissen über Hardware, Software, Netzwerke und Datensicherung.

Band 3   **IKA – Schriftliche Kommunikation und Korrespondenz**
führt in die Kunst des schriftlichen Verhandelns ein und zeigt, wie Brieftexte partnerbezogen, stilsicher und rechtlich einwandfrei verfasst werden.

Band 4   **IKA – Präsentation**
vermittelt die wichtigsten Funktionen von PowerPoint und erklärt, wie Präsentationen geplant und gestalterisch einwandfrei erstellt werden.

Band 5   **IKA – Tabellenkalkulation**
zeigt die wichtigsten Funktionen von Excel auf: Berechnungen, Diagramme, Daten- und Trendanalysen etc.

Band 6   **IKA – Textverarbeitung und Textgestaltung**
stellt die vielfältigen Möglichkeiten des Textverarbeitungsprogramms Word dar und vermittelt die wichtigsten typografischen Grundregeln für Briefe und Schriftstücke aller Art.

Band 7   **IKA – Gestaltung von Bildern**
vermittelt sowohl visuelle als auch rechtliche Aspekte hinsichtlich der Konzeption und des Einsatzes von Bildern und führt in die grundlegenden Funktionen gängiger Bildbearbeitungsprogramme ein.

Zertifizierung SIZ
Folgende IKA-Bände sind SIZ-zertifiziert.

IKA-Band	SIZ-Modul
1 Informationsmanagement und Administration: Die Kapitel 2.5 – 2.7 zum Thema Internet, 3 Outlook und 8.2 Büroökologie	ICT Advanced User SIZ, Modul AU1 Kommunikation, und Informatik-Anwender II SIZ, Modul 102 Betriebssystem, Kommunikation und Security
2 Grundlagen der Informatik	ICT Advanced User SIZ, Modul AU1 Kommunikation, und Informatik-Anwender II SIZ, Modul 102 Betriebssystem, Kommunikation und Security
4 Präsentation	ICT Advanced User SIZ, Modul AU2 Präsentation, und Informatik-Anwender II SIZ, Modul 202 Präsentation mit Einsatz von Multimediaelementen
5 Tabellenkalkulation	ICT Advanced User SIZ, Modul AU4K Tabellen, und Informatik-Anwender II SIZ, kaufmännische Ausprägung, Modul 422 K Tabellenkalkulation
6 Textverarbeitung und Textgestaltung	ICT Advanced User SIZ, Modul AU3K Texte, und Informatik-Anwender II SIZ, kaufmännische Ausprägung, Modul 322 K Textverarbeitung
7 Gestaltung von Bildern	ICT Power-User SIZ, Modul 232 Foto- und Grafikbearbeitung

Weitere Informationen zu den SIZ-Modulen, insbesondere zu den inhaltlichen Anforderungen, finden Sie unter www.siz.ch – Modulangebot (bzw. Modulangebot 2010).

Vielen Dank,

dass Sie sich für «IKA – Information, Kommunikation, Administration» entschieden haben. Sie haben damit ein qualitativ hochwertiges Produkt mit grossem Mehrwert erworben.

Enhanced Book

Mehr als nur ein PDF: Die digitale Ausgabe des Lehrmittels bietet Ihnen Unterstützung für ein attraktives Lehren und Lernen.

Im einfach navigierbaren Enhanced Book ist der Lernstoff mit ergänzenden Materialien verknüpft. Stehen an einer Textstelle zusätzliche oder speziell aufbereitete Materialien zur Verfügung, signalisieren dies Icons und Links.

Vorteile auf einen Blick

- Downloaden und offline arbeiten
- Inhalte individualisieren
- Markieren und kommentieren

Funktionen im Enhanced Book (Interaktive PDF-Datei des Lehrbuchs)

	Ausgabe ohne Lösungen	Ausgabe mit Lösungen
Formularfunktion zum Lösen ausgewählter Aufgaben direkt im PDF	×	×
Verlinkte Aufgabendateien	×	×
Multiple-Choice-Aufgaben inkl. Lösungen	×	×
Verlinkungen zu Websites und Gesetzestexten	×	×
Personalisierungsmöglichkeiten im Adobe Reader	×	×
Einblenden der Lösungen		×
Verlinkte Lösungsdateien		×
Grafiken und Strukturdarstellungen als PDF		×

Login

Das Enhanced Book ist über den auf dem Beiblatt aufgedruckten Lizenzschlüssel im Bookshelf unter www.bookshelf.verlagskv.ch erhältlich.

Support-Hotline
Unsere Mitarbeitenden sind gerne für Sie da.

Tel. +41 44 283 45 21
support@verlagskv.ch

VERLAG:SKV

Vorwort

Bestimmt wird der Computer im Laufe Ihrer beruflichen und vielleicht auch privaten Tätigkeit für Sie zu einem unentbehrlichen Hilfsmittel. Informatikgrundkenntnisse sind das Fundament jeder Tätigkeit am Computer. Sie halten ein Buch in Händen, das Ihnen diese Grundkenntnisse vermittelt. Es ist kein Fachbuch, das auf alles eine Antwort weiss. Das Lehrmittel soll Ihnen die Arbeit am Computer im Büro vereinfachen. Dies bedeutet, dass Sie etwas mehr wissen als nur die wichtigsten Befehle eines Textverarbeitungsprogramms. Das Buch ist für Sie, den zukünftigen Kaufmann, die zukünftige Kauffrau, geschrieben, für Anwenderinnen und Anwender, die (noch) keine Spezialisten im Informatikbereich sind.

Im ersten Teil erfahren Sie Grundlegendes über die Hardware und über Netzwerke. Im zweiten Teil vermitteln wir Ihnen die notwendigen Kenntnisse der wichtigsten Betriebssystemoperationen. Mit der Datensicherung beenden wir unsere Einführung. Bewusst haben wir auf lange theoretische Abhandlungen verzichtet und das Gewicht auf praktische Anwendungen gelegt.

Das Glossar ist breit gefasst, weil die Kenntnisse der Informatikbegriffe eine entscheidende Voraussetzung für die Arbeit am Computer, aber auch für Fachgespräche mit Kolleginnen und Kollegen sind. Versuchen Sie, Inhalte mithilfe des Glossars zu verstehen, und machen Sie sich zusätzlich im Internet, in weiterführender Fachliteratur oder bei Ihrem Lehrer/Ihrer Lehrerin kundig, wenn Sie etwas nicht finden.

In der vorliegenden Auflage sind die Inhalte aktualisiert worden und die Hinweise zum Betriebssystem basieren auf Windows 10.

Ganz herzlich danken wir der Projektleiterin Kirsten Rotert für die wertvollen inhaltlichen Anregungen, die sprachliche Überarbeitung und die immer sehr angenehme Zusammenarbeit.

Wir freuen uns, dass Sie sich mit der Informatik befassen – herzlich willkommen!

Michael McGarty und Max Sager

Inhaltsverzeichnis

	Vorwort	5
1	**Aufbau und Funktionsweise eines Computersystems**	**9**
1.1	Grundbegriffe	10
1.2	Bauformen von Computern	14
1.3	Komponenten	17
1.3.1	Treiber	17
1.3.2	Geräte-Manager	19
1.4	Motherboard	20
1.4.1	Prozessor (CPU)	20
1.4.2	Der interne Speicher	21
1.4.3	Steckplätze (Erweiterungskarten)	23
1.4.4	Schnittstellen	25
1.5	Peripheriegeräte	29
1.5.1	Eingabegeräte	29
1.5.2	Ausgabegeräte	32
1.5.3	Externe Speicher	39
1.6	Beschaffung eines Computers	41
2	**Netzwerke**	**49**
2.1	Netzwerkgrundlagen	50
2.2	Netzwerktechnologien	51
2.3	Vernetzungsmöglichkeiten	53
2.4	Zugriffsrechte auf Daten im Netz	55
3	**Software**	**57**
3.1	Einführung	58
3.2	Betriebssystemsoftware	59
3.2.1	Funktion	59
3.2.2	Kurze Entwicklungsgeschichte des Betriebssystems Windows	61
3.2.3	Wichtige Elemente von Windows: Desktop, Hilfe und das Fensterprinzip	62
3.3	Betriebssystem effizient nutzen	66
3.3.1	Benutzerkonto	66
3.3.2	Betriebszustände eines PCs	70
3.3.3	Betriebssystemeinstellungen	70
3.3.4	Programme installieren und deinstallieren	73
3.3.5	Peripheriegeräte anbinden	74
3.3.6	Computer mit dem Internet verbinden	75
3.3.7	Screen-Sharing	77
3.4	Dateiverwaltung am PC	78
3.4.1	Ordner und Dateien	78
3.4.2	Dateien verwalten	79
3.4.3	Umgang mit zahlreichen Dateien	84
3.4.4	Dateien löschen und wiederherstellen	86
3.4.5	Dateien komprimieren und extrahieren	87
3.4.6	Programme vom Desktop starten	88
3.4.7	Task-Manager	89

3.5	Anwendersoftware	90
3.5.1	Anwenderprogramme	90
3.5.2	Hilfsprogramme	91
3.5.3	Lizenzformen und Urheberrecht	91
3.5.4	Cloud-Computing	94
4	**Einfache Wartungsarbeiten an Hard- und Software**	**99**
4.1	Optimieren, Sichern und Wiederherstellen	100
4.1.1	Laufwerke optimieren	100
4.1.2	Sichern und wiederherstellen	102
4.1.3	Software aktualisieren	104
4.1.4	Leistungsfähigkeit des Systems erhalten	104
4.2	Computer und Verbrauchsmaterialien umweltschonend einsetzen	107
4.2.1	Beschaffung, Einsatz und Recycling von Computern	107
4.2.2	Verbrauchsmaterialien richtig auswählen und ergänzen	108
4.3	Geräte fachgerecht reinigen	110
5	**Sicherungsmassnahmen**	**113**
5.1	Sicherung von Daten	114
5.2	Sicherungsmedien	115
5.2.1	Sicherung am Einzelplatz	115
5.2.2	Sicherung im Netz	115
5.3	Sicherungstechniken	117
5.3.1	Back-up-Generationen	117
5.3.2	Sicherungsarten	117
5.3.3	Dateieigenschaften	118
5.4	IT-Sicherheitspolitik in Unternehmen und Organisationen	121
6	**System schützen**	**125**
6.1	Malware und Spam	126
6.2	Schutzmassnahmen	128
6.3	Firewall	132
7	**Datenschutz**	**137**
7.1	Begriffe	138
7.2	Massnahmen zum Datenschutz und zur Datensicherheit	140
7.3	Verschlüsselung und digitale Signatur	143
7.3.1	Digitale Signatur	144
8	**Glossar**	**147**
	Bildquellenverzeichnis	
	Stichwortverzeichnis	

Aufbau und Funktionsweise eines Computersystems

1

1.1 Grundbegriffe

Computer verfügen über einen binären Code. Allein mit den zwei alternativen Zeichen 0 und 1 gelingt es dem Computer, bisher dem Gehirn vorbehaltene komplexe Tätigkeiten wie rechnen, entscheiden, steuern, planen, erinnern usw. auszuüben.

Bit

Das Bit (Binary Digit) bildet die kleinste Grösse (Wert, Einheit), mit der Informationen am Computer dargestellt werden können. Wie oben erwähnt, verfügt der Computer nur über ein **Binär- oder Dualsystem.** Ein Bit ist deshalb entweder 0 oder 1. Zum Verständnis von Binärsystemen kann das Beispiel einer Lampe dienen: Sie ist entweder eingeschaltet oder ausgeschaltet. Eine dritte Möglichkeit gibt es nicht. Alle Zeichen eines Computers werden über Bits dargestellt.

Analoge und digitale Daten

Sie sprechen mit einem Menschen. Der Schall seiner Stimme gelangt, in Form von Wellen, an Ihr Ohr. Schallwellen tragen also die Informationen Ihres Gesprächspartners. Solche Signale nennt man **analoge Signale.** Sie können jeden beliebigen Wert innerhalb vorgegebener Grenzwerte annehmen. Analoge Signale verarbeitet auch der Computer, z. B. die Grafikkarte oder die Soundkarte.

Ein Computer kann jedoch weitaus besser mit digitalen Signalen umgehen. Dabei wird eine Information nur durch zwei Zustände charakterisiert. Man spricht von einem **Digitalsignal.** Die Digitalisierung ist also ein Vorgang, bei dem Erscheinungen der realen Welt (Bilder, Töne usw.) in Folgen von Bits umgewandelt werden. Je genauer die Digitalisierung erfolgt, desto umfangreicher sind die Bitfolgen. Ein Computer kann ausschliesslich mit solchen Bitfolgen umgehen, sonst mit nichts. Die Welt des Menschen ist analog, die Welt des Computers ist digital.

Die technische Realisierung der Umsetzung «analog in digital» ist ein komplexer Vorgang. Beispielsweise muss ein über ein Mikrofon aufgezeichnetes Analogsignal mit einem Analog-Digital-Umsetzer in ein digitales Signal umgearbeitet werden. Mithilfe Ihres Computers können Sie die Musik nun bearbeiten, z. B. Sequenzen löschen oder einen Halleffekt erzeugen. Damit der Lautsprecher die Musik wiedergeben kann, übersetzt ein Digital-Analog-Konverter die geänderte Musik zurück in ein Analogsignal. Über die Lautsprecher Ihres Computers können Sie die Musik erklingen lassen.

Zahlenformate

Mit den Ziffern 0 bis 9 können zunächst nur zehn verschiedene Werte dargestellt werden. Um mehr unterschiedliche Werte darzustellen, bildet man Zahlen, die aus mehreren Ziffern bestehen. Genau gleich verfährt man im Dualsystem, welches bei Computern verwendet wird. Es werden Informationseinheiten gebildet, die aus mehreren Bits bestehen. Durch die Kombination und Aneinanderreihung dieser Zahlen kann jeder Wert dargestellt werden. Man bildet z. B. 8-, 16- oder 32-Bit-Codes. In der Informatik kennt man feste Regeln, wie grössere Informationseinheiten dargestellt werden.

Grundbegriffe

Schreibweise einer Zahl im **Dezimalsystem**:

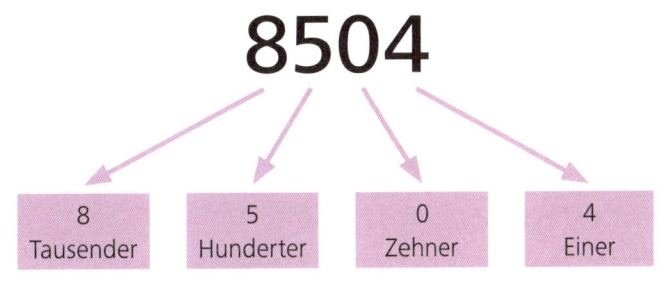

8504

| 8 Tausender | 5 Hunderter | 0 Zehner | 4 Einer |

Schreibweise der Dezimalzahl 11 im **Dual- oder Binärsystem**:

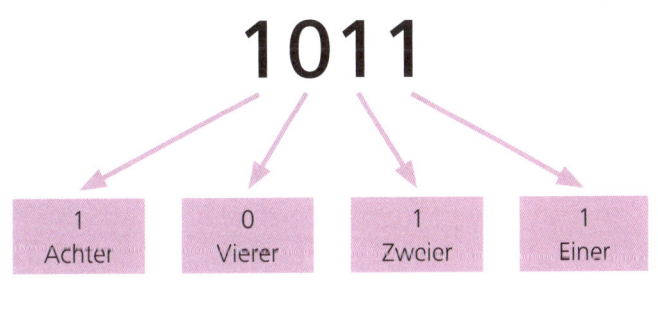

1011

| 1 Achter | 0 Vierer | 1 Zweier | 1 Einer |

Dezimal	Binär	Dezimal	Binär
00	0000	08	1000
01	0001	09	1001
02	0010	10	1010
03	0011	11	1011
04	0100	12	1100
05	0101	13	1101
06	0110	14	1110
07	0111	15	1111

Vergleich von Dezimal- und Binärzahlen

Sämtliche Informationen – egal ob Worter, Grafiken oder Zahlen – werden in Form von binären Zahlen im Computer gespeichert und bearbeitet. Im binären Zahlensystem gibt es lediglich zwei Ziffern: 0 und 1. Alle Zahlen, Wörter und Grafiken werden mithilfe verschiedener Kombinationen dieser Ziffern dargestellt.

Byte

Generell werden 8 Bits zu einem Byte zusammengefasst. Mit einem Byte kann man ein Zeichen darstellen. Mit 8 Bits lassen sich 2^8 Kombinationen und damit 2^8 Zeichen darstellen. Das Byte bildet in der EDV die Basiseinheit für den Umfang von Daten. 1 Kilobyte umfasst 2^{10} Zeichen, also nicht exakt 1000, sondern 1024 Bytes. Gebräuchliche Bezeichnungen für grössere Einheiten von Bytes sind folgende:

Bezeichnung	Symbol	Anzahl Bytes	Entsprechende Datenmenge
Byte		1 Byte (8 Bit)	eine Zahl oder ein Zeichen von 0 bis 255
Kilobyte	KB	2^{10} Bytes = 1024 Bytes	eine halbe Seite Text
Megabyte	MB	2^{20} Bytes = 1024 KB	ein Farbbild
Gigabyte	GB	2^{30} Bytes = 1024 MB	ein kurzer Videofilm
Terabyte	TB	2^{40} Bytes = 1024 GB	Textmenge einer sehr grossen Bibliothek
Petabyte	PB	2^{50} Bytes = 1024 TB	1900 Jahre Musik
Exabyte	EB	2^{60} Bytes = 1024 PB	315-mal mehr, als es Sandkörner auf der Erde gibt
Zettabyte	ZB	2^{70} Bytes = 1024 EB	ungefähr die Menge Information, die im Erbgut eines Menschen steckt
Yottabyte	YB	2^{80} Bytes = 1024 ZB	

Code

Der Code ist eine klare Vorgabe, wie Zeichen im Computer abgebildet werden. Alle Buchstaben, Sonderzeichen und Zahlen, die man am Computer verwenden will, bedürfen der Codierung. Für die Abbildung der alphanumerischen Zeichen (Buchstaben und Ziffern) ist der ASCII-Code (American Standard Code for Information Interchange) gängig.

Der erweiterte ASCII-Code enthält 256 Zeichen (dezimal 0 bis dezimal 255), die unter anderen die Gross- und Kleinbuchstaben des Alphabets, Interpunktionszeichen, diverse nationale Sonderzeichen (z. B. die Umlaute ä, ö, ü) und mathematische Zeichen abbilden. Ausserdem sind im ASCII-Code auch einfache und doppelte Umrahmungen und einige Steuerzeichen festgehalten.

Neben dem ASCII-Code spielen in der Informatik auch der ANSI-Code (erweiterter ASCII-Zeichensatz) und der (16 Bits umfassende) UNICODE eine wichtige Rolle.

In Excel können Sie sich bequem den ASCII-Code anzeigen lassen. Dazu verwenden Sie die Funktion **Zeichen**.

$$= \underbrace{\text{Zeichen}}_{\text{❶}}(\underbrace{34}_{\text{❷}})$$

❶ Funktionsname
❷ Argument (Ziffer von ASCII-Code)

Aufgabe 1

Erstellen Sie mit Excel eine Liste mit den ASCII-Codes der Grossbuchstaben. Ergänzen Sie in Spalte C den dazugehörigen Binärcode mit der Funktion DEZINBIN.

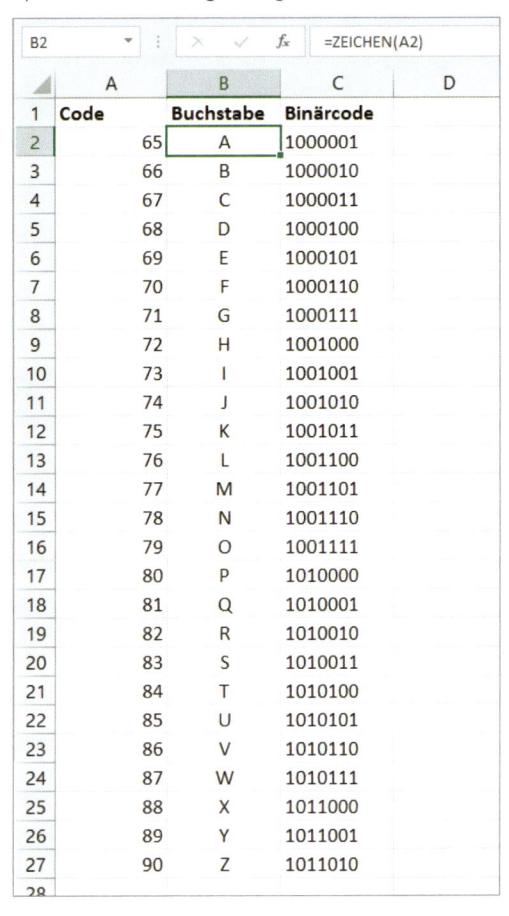

	A	B	C
	B2	fx	=ZEICHEN(A2)
1	Code	Buchstabe	Binärcode
2	65	A	1000001
3	66	B	1000010
4	67	C	1000011
5	68	D	1000100
6	69	E	1000101
7	70	F	1000110
8	71	G	1000111
9	72	H	1001000
10	73	I	1001001
11	74	J	1001010
12	75	K	1001011
13	76	L	1001100
14	77	M	1001101
15	78	N	1001110
16	79	O	1001111
17	80	P	1010000
18	81	Q	1010001
19	82	R	1010010
20	83	S	1010011
21	84	T	1010100
22	85	U	1010101
23	86	V	1010110
24	87	W	1010111
25	88	X	1011000
26	89	Y	1011001
27	90	Z	1011010

1.2 Bauformen von Computern

Der eigentliche Computer steckt in einem Gehäuse. Diese Gehäuse unterscheiden sich in Form und Grösse und natürlich auch im Innenleben.

Desktop-PC

Unter einem Desktop-PC versteht man einen PC, der aufgrund seiner Grösse und seines Gehäuses auf einem Schreibtisch platziert werden kann.

Desktop

Tower

Die Bezeichnung Tower leitet sich von dem turmähnlichen Äusseren des PC-Gehäuses ab. Es ist relativ gross, findet aber meist trotzdem unterm Schreibtisch seinen Platz.

Minitower

All-in-one-Computer

Wenn alle Bestandteile eines Computers in einem Gehäuse untergebracht sind, spricht man von einem All-in-one-Computer. Neuere Modelle verfügen über einen Touchscreen.

Touchscreen

Notebook

Ein Notebook ist im Wesentlichen ein leichterer Laptop, den es genau aus diesem Grund vom Markt verdrängte. Ansonsten sind die äusseren Vorteile ähnlich: ein kleiner, zusammenklappbarer PC, der dadurch tragbar ist und sowohl mit einem Netzteil als auch mit Akku betrieben werden kann. Die Bildschirmgrössen reichen in etwa von 10 bis 19 Zoll.

Notebook

Aus ergonomischer Sicht ist die Tastatur eines Notebooks oft etwas zu klein. Auch die Maussteuerung mittels Touchpad ist für längeres Arbeiten nicht geeignet.

Trotz ihrer geringen Grösse sind heutige Notebooks den grösseren Tower- oder Desktop-PCs ebenbürtig. Ein Problem kann die Erweiterbarkeit sein, denn für Erweiterungskarten fehlt meist der Platz.

Besonders kleine und damit äusserst mobile Notebooks werden Subnotebooks genannt. Ihre Bildschirmdiagonale beträgt in der Regel 10 bis 14 Zoll.

Bauformen von Computern

Tablet mit externer Tastatur

Tablet-Computer

Tablet-Computer zeichnen sich durch berührungsempfindliche Bildschirme aus. Der wohl bekannteste Tablet-Computer ist das iPad von Apple. Dank der kurzen Startzeit eignet sich der Tablet-Computer besonders für spontane und mobile Einsätze. Mit der entsprechenden Software lässt sich der Tablet-Computer als Lesegerät (E-Book-Reader oder E-Reader) für elektronische Bücher nutzen.

Smartphone

Smartphone

Immer mehr verschmelzen Mobiltelefon und Computer zu einer Kategorie von Geräten, die als Smartphone bezeichnet werden. Die Grenzen zwischen Mobiltelefon und Smartphone sind fliessend. Bereits einfache Mobiltelefone verfügen über Terminkalender, E-Mail sowie Internetzugang und vieles mehr. Smartphones haben einen berührungsempfindlichen Bildschirm.

Server

Server

Äusserst leistungsstarke Computer in einem Netzwerk, die für die berechtigten Nutzer Dienste und Programme bereitstellen, werden Server genannt. Es gibt unterschiedliche Arten von Servern. So verwalten LAN-Server (Local Area Network) sämtliche für das Netzwerk erforderlichen Daten, während Dateiserver Programme, Daten und Festplattenkapazität zur Datenspeicherung bereitstellen. Nimmt ein PC von einem Server Dienste in Anspruch, wird er in diesem Zusammenhang als Client bezeichnet.

Aufbau und Funktionsweise eines Computersystems

Aufgabe 2 — Suchen Sie sinnvolle Einsatzmöglichkeiten der verschiedenen PCs sowie ihre Vor- und Nachteile.

	Einsatzmöglichkeit	Vorteile	Nachteile
Desktop			
Tower			
Notebook			
All-in-One-Computer			
Tablet-Computer			
Smartphone			

1.3 Komponenten

Zur Hardware gehören alle Komponenten eines Computersystems, die man anfassen, berühren kann. Diese Teile eines Computers nennt man auch materielle Komponenten eines Systems. Als Software bezeichnet man die Programme. Sie sind die nicht materiellen Komponenten. Zur Hardware gehören neben der Zentraleinheit alle an einen PC angeschlossenen Geräte.

Als Brücke zwischen Mensch und Computer benötigen wir **Ein- und Ausgabegeräte.** Solche Geräte nennt man auch Peripheriegeräte, weil sie sich «am Rand» des Computers befinden.

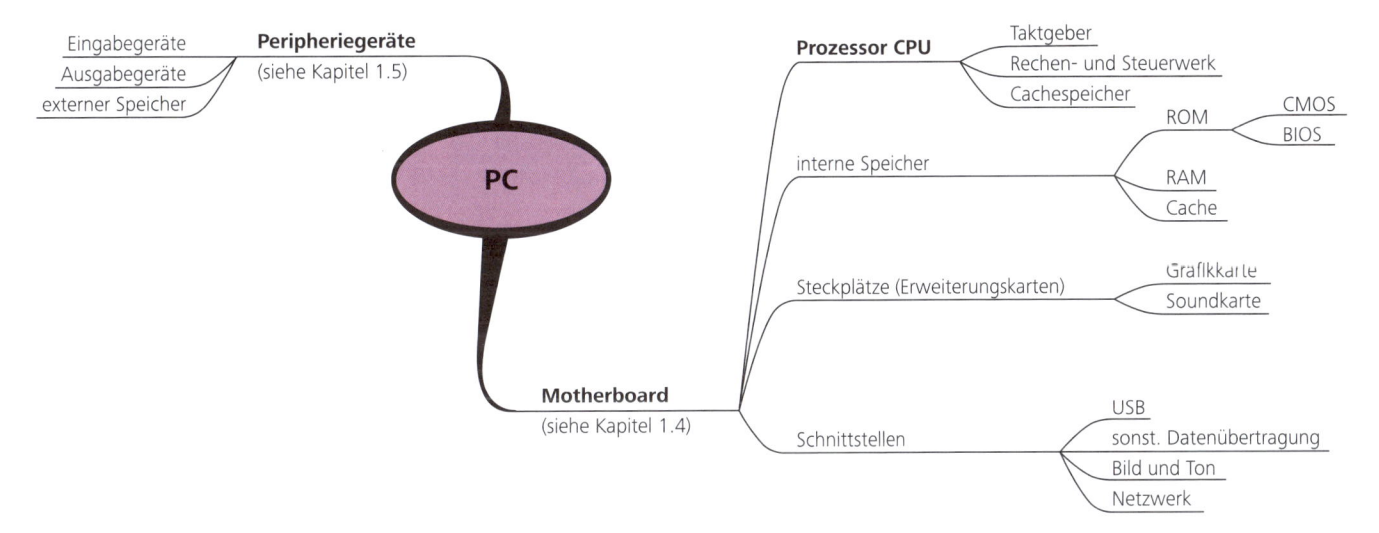

```
Eingabegeräte        Peripheriegeräte                    Prozessor CPU ─── Taktgeber
Ausgabegeräte        (siehe Kapitel 1.5)                               ─── Rechen- und Steuerwerk
externer Speicher                                                      ─── Cachespeicher
                                                                                              ROM ─── CMOS
                           ┌─────┐                       interne Speicher                         ─── BIOS
                           │ PC  │                                                            RAM
                           └─────┘                                                            Cache

                                                         Steckplätze (Erweiterungskarten) ─── Grafikkarte
                                                                                          ─── Soundkarte
                        Motherboard                                                           USB
                        (siehe Kapitel 1.4)              Schnittstellen ─── sonst. Datenübertragung
                                                                        ─── Bild und Ton
                                                                        ─── Netzwerk
```

1.3.1 Treiber

Der Treiber ermöglicht es dem Computer, mit Hardware oder Peripheriegeräten zu kommunizieren; ohne diese Treibersoftware kann die angeschlossene Hardware nicht ordnungsgemäss funktionieren.

Im Lieferumfang von Windows sind die gebräuchlichsten Treiber enthalten. Fehlende Treiber können mit Windows Update oder auf der Website des jeweiligen Herstellers geladen werden. Zudem befinden sich Treiber oftmals auf dem Datenträger, der sich im Lieferumfang der Hardware befindet.

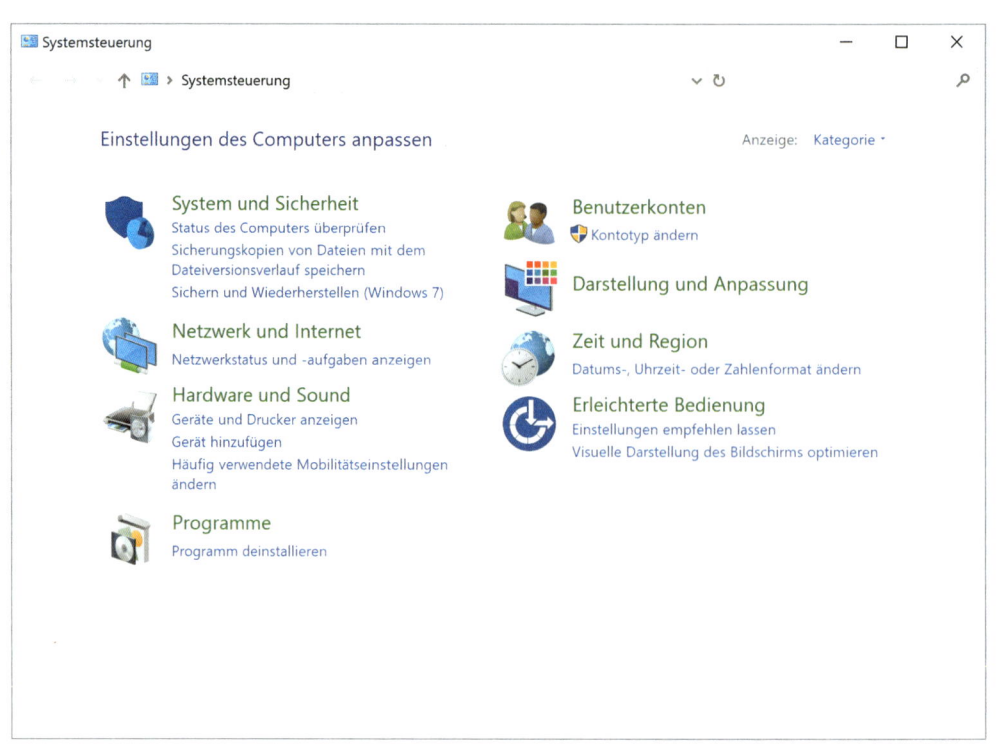

Aufbau und Funktionsweise eines Computersystems

Mit Klick auf die Lupe und Eingabe des Textes «Systemsteuerung» gelangen Sie in die Systemsteuerung.

Fenster	**System-steuerung**
Befehl	**Hardware und Sound**
Befehl	**Geräte und Drucker**
Geräteinformationen anzeigen, Geräte hinzufügen und entfernen	

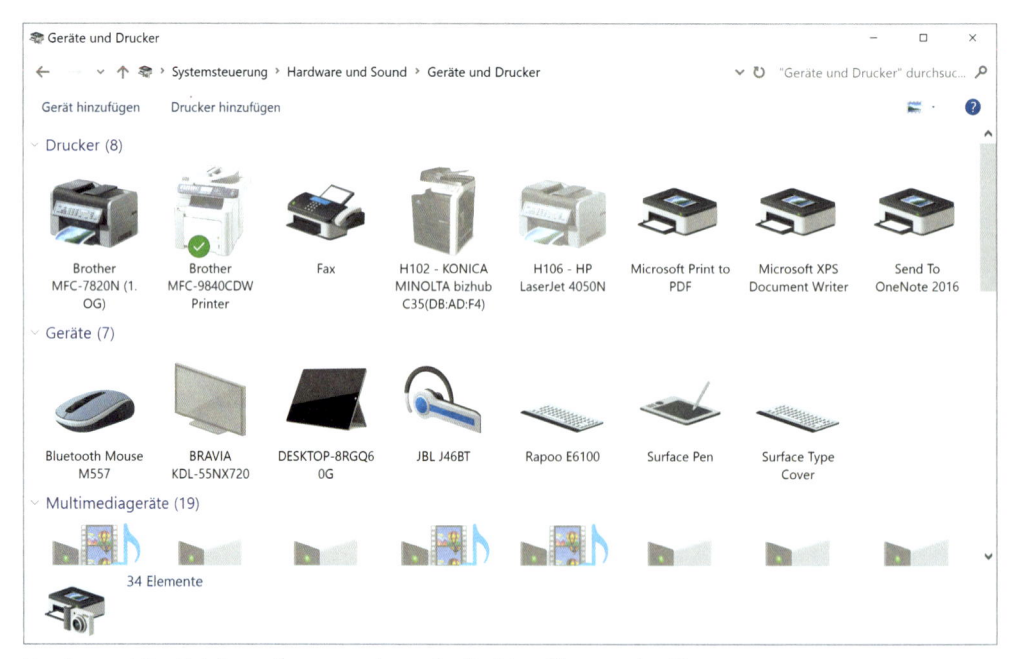

Drucker und Geräteinformationen anzeigen, Geräte hinzufügen und entfernen

1.3.2 Geräte-Manager

Der Geräte-Manager zeigt Ihnen, ob alle installierten und angeschlossenen Geräte funktionieren. Hier können Sie die jeweiligen Treiber aktualisieren und Hardwareeinstellungen ändern.

Fenster	**Systemsteuerung**
Befehl	**Hardware und Sound**
Befehl	**Geräte-Manager**

Geräte-Manager anzeigen

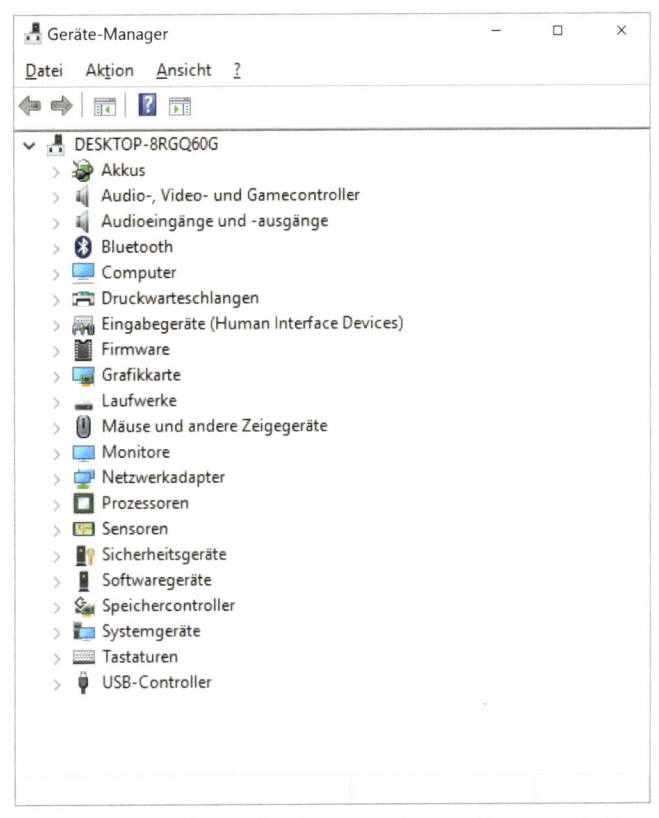

Geräte-Manager mit den eingebauten und angeschlossenen Geräten

Bei Problemen mit eingebauten und angeschlossenen Geräten kann es sinnvoll sein, den Treiber auf seine Aktualität hin zu überprüfen. Unter Umständen ist es angezeigt, den Treiber durch eine Version neueren Datums zu ersetzen.

Fenster	**Geräte-Manager**
Befehl	**Ein Gerät doppelklicken**
Register	**Treiber**

Anzeige der Treibereigenschaften

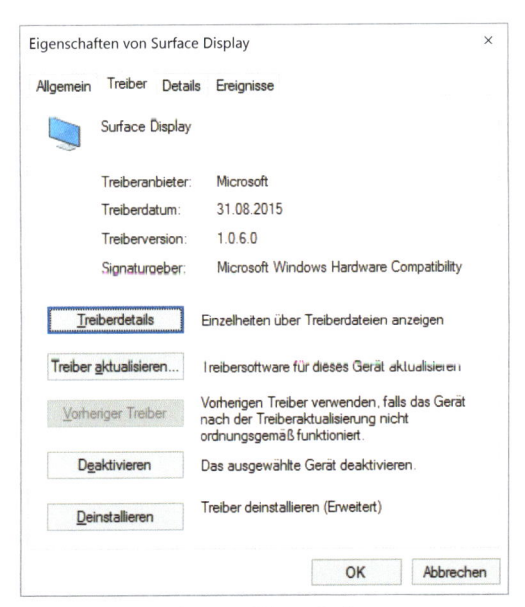

Treiberoptionen des gewählten Geräts

Aufbau und Funktionsweise eines Computersystems

1.4 Motherboard

Der wichtigste Bestandteil im PC-Gehäuse ist das Motherboard, auch als Mainboard oder Hauptplatine bezeichnet. Auf dem Motherboard sind der Prozessor (CPU) sowie alle Komponenten, die zur Ansteuerung des Prozessors, des Bussystems, für den Datenaustausch und die Steuerung benötigt werden, untergebracht.

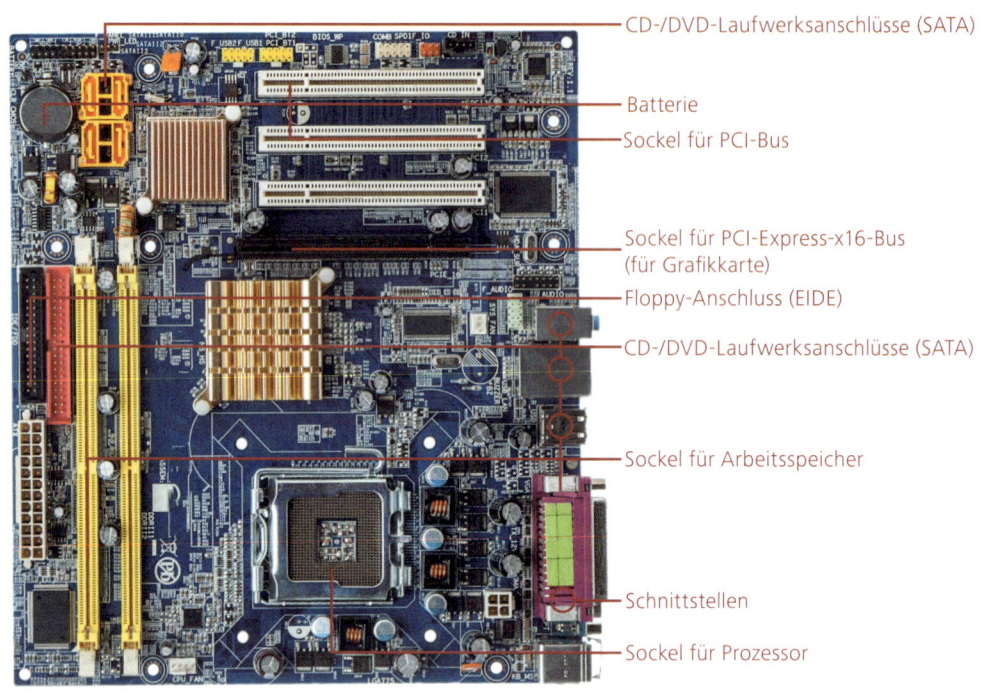

- CD-/DVD-Laufwerksanschlüsse (SATA)
- Batterie
- Sockel für PCI-Bus
- Sockel für PCI-Express-x16-Bus (für Grafikkarte)
- Floppy-Anschluss (EIDE)
- CD-/DVD-Laufwerksanschlüsse (SATA)
- Sockel für Arbeitsspeicher
- Schnittstellen
- Sockel für Prozessor

Motherboard

1.4.1 Prozessor (CPU)

Der Prozessor ist das Kernstück des Computers. Er führt Berechnungen aus und koordiniert die Abläufe im Rechner. Diese Central Processing Unit steuert das gesamte System, übernimmt die eingegebenen Daten, verarbeitet und koordiniert sie. Was die CPU mit den empfangenen Daten zu machen hat, ist in einem entsprechenden Befehlssatz festgehalten. Auch die Programme teilen ihr mit, was sie zu tun hat. Es gibt unterschiedlich leistungsstarke Prozessortypen. Der verbaute Prozessortyp hat einen grossen Einfluss auf die generelle Leistungsfähigkeit eines PCs. In zahlreichen Testverfahren kann diese Leistung beim Einsatz eines bestimmten Prozessors im Zusammenhang mit Anwenderprogrammen gemessen werden (Benchmarks).

Taktgeber

Die Personal Computer besitzen eine interne Uhr, einen quarzgesteuerten Taktgeber. Dieser Taktgeber steuert alle Operationen gleichmässig. Bei jedem Schlag der Uhr nimmt der Computer eine Umschaltung seiner Bausteine vor. Die Anzahl der Takte pro Sekunde bezeichnet man als Taktfrequenz. Sie wird in Hertz gemessen.

Prozessoren

Ein Hertz entspricht einem Takt pro Sekunde. Eine Million Hertz = 1 MHz ergibt also eine Million Takte je Sekunde. Ein Prozessor kann je Takt eine einfache Operation durchführen, z. B. zwei Zahlen addieren. Bei modernen PCs schlägt diese Uhr rund 3 600 Millionen Mal in der Sekunde. Man spricht dabei von einer Taktfrequenz von beispielsweise 3,6 GHz. Die Taktfrequenz des Prozessors hat eine grosse Auswirkung auf die Leistungsfähigkeit eines Systems.

1.4.2 Der interne Speicher

RAM (Arbeitsspeicher, Hauptspeicher)

RAM ist die Abkürzung für «Random Access Memory» – Speicher mit wahlfreiem Zugriff. Man nennt diesen Speicher auch «Hauptspeicher» oder «Arbeitsspeicher». Wie sein Name sagt, kommt ihm am Computer eine zentrale Bedeutung zu. Im RAM werden alle Informationen gespeichert, die der Computer gerade benötigt, und Ein- und Ausgaben temporär festgehalten.

Die Informationen im RAM-Speicher gehen beim Abschalten des Computers verloren. Es handelt sich also bei dieser Form von internem Speicher um ein **flüchtiges** Speichermedium (dies im Gegensatz zum ROM, der nicht flüchtig ist, vgl. nächste Seite).

Speicher

Cache

Bis Daten dem Prozessor aus dem Arbeitsspeicher bereitgestellt werden und umgekehrt, vergeht eine gewisse Zeit. Diese bezeichnet man als **Zugriffszeit**. Sie wird in Nanosekunden, dem hundertmillionsten Teil einer Sekunde, gemessen. Sehr schnelle Speicherchips haben Zugriffszeiten von deutlich unter 10 Nanosekunden.

Steuer und Rechenwerk des Prozessors arbeiten schneller als Standard-RAM-Chips. Deshalb besitzen leistungsfähige PCs eine Pufferung, das sogenannte Speicher-Cache-Verfahren. Wenn Daten aus dem Arbeitsspeicher benötigt werden, werden sie zunächst in den Cache kopiert, was natürlich eine gewisse Zeit und einen gewissen Verwaltungsaufwand erfordert. Bei einem zweiten Zugriff greift der Prozessor aber umso schneller auf die Daten im Cache zu. Zur zusätzlichen Temposteigerung wird neben dem Cache, der direkt auf der CPU liegt, ein sogenannter Level-2-Cache (L2-Cache) eingebaut. Er arbeitet nach dem gleichen Prinzip und puffert die Datentransfers zwischen Prozessor und Hauptspeicher.

Aufgabe 3

Finden Sie heraus, wie gross der in Ihrem Computer eingebaute Cachespeicher ist:

▶ Den Typ des Prozessors eruieren Sie einfach, indem Sie auf **Start > Systemsteuerung > System und Sicherheit > System** klicken. Dann recherchieren Sie auf der Homepage des Herstellers, z. B. auf www.intel.de, und suchen nach den Angaben zum Cache Oder: Nutzen Sie ein Hilfsprogramm wie «SiSoft Sandra Lite» und lesen Sie die Werte aus.

Beachten Sie: Es gibt unterschiedliche Arten von Cachespeichern. Versuchen Sie im Internet zu erkunden, was es mit den unterschiedlichen Typen von Cachespeichern auf sich hat.

ROM

Woher weiss der Computer, welche Festplatte im PC eingebaut wurde und wie viel Megabyte Hauptspeicher vorhanden sind? Wie merkt sich Ihr PC das Datum und die Uhrzeit? Ein **Festwertspeicher** im PC («Read Only Memory» oder kurz ROM) enthält Informationen, die der Hersteller des PCs bei der Produktion einprogrammiert hat. Beim Einschalten des PCs greift der PC auf das ROM zu, genauer auf ein darin fest eingebautes und daher als **Firmware** bezeichnetes Startprogramm namens **Bootstrap,** welches in den Prozessor geladen und gestartet wird. Aus dem ROM-Speicher kann nur gelesen werden. Schreibzugriffe sind nicht möglich.

Was passiert jedoch, wenn Sie den Hauptspeicher erweitern? Ein kleines Speichersegment, das eng mit dem ROM verknüpft ist, speichert zusätzliche Parameter. Diesen Speicher nennt man **CMOS**. Im CMOS sind Informationen zu Ihrer Festplatte und zur Ausstattung des Hauptspeichers festgehalten. Auch weitere individuelle Einstellungen werden im CMOS gespeichert. Eine kleine Batterie versorgt das CMOS mit Energie und lässt Datum und Uhr weiterlaufen, wenn der PC abgeschaltet ist.

Sobald Sie Ihren PC starten, werden Informationen zunächst aus dem ROM geladen und anschliessend mit den Daten aus dem CMOS ergänzt.
Ein Teil des ROMs beinhaltet das **BIOS** (Basic Input/Output System). Das BIOS kontrolliert hardwarenahe Zugriffe und wird direkt vor dem Laden des Betriebssystems ausgeführt.

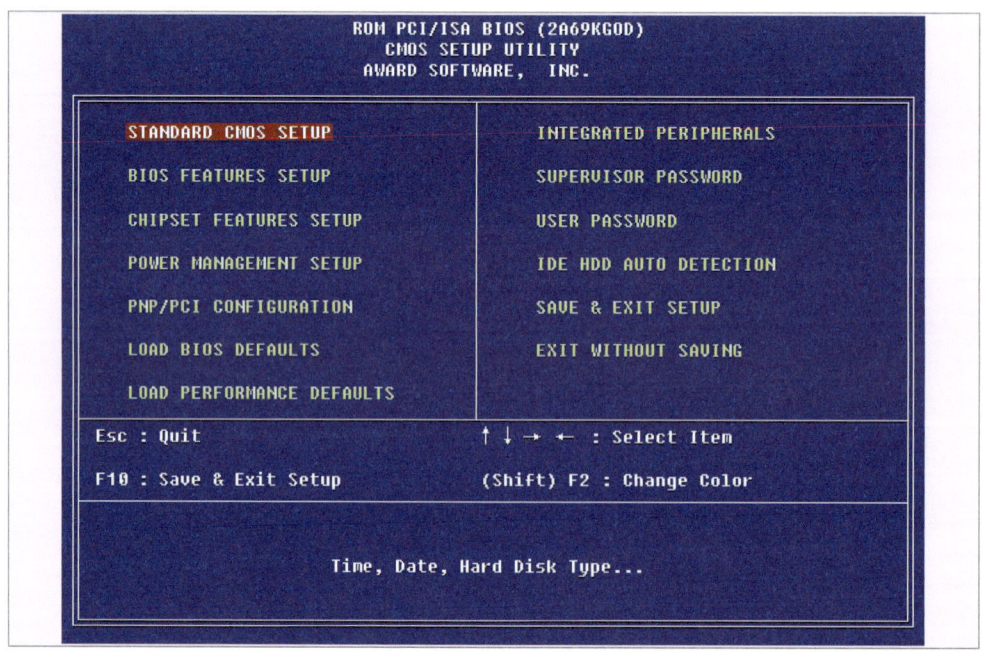

Auszug aus dem BIOS, in dem Datum, Zeit, Festplatte und andere Elemente des PCs festgehalten sind

1.4.3 Steckplätze (Erweiterungskarten)

Eine Stärke von PCs ist ihr modularer Aufbau. Auf einer Hauptplatine (Motherboard) sind Prozessor, Arbeitsspeicher und der Bus untergebracht. Mehrere Erweiterungssteckplätze (Sockel, Slots, beispielsweise vom Typ PCI-Express) ermöglichen, Erweiterungskarten einzustecken. Die wichtigsten Erweiterungskarten sind: Grafikkarten, Controller für Festplatten und RAID-Systeme, Schnittstellenkarten, Netzwerkkarten, Modem- oder ISDN-Karten und Soundkarten.

Erweiterungskarte

Grafikkarte

Ein Bildschirm erhält seine Signale (Daten) über das Kabel, das ihn mit der Bildschirmschnittstelle (Grafikkarte) verbindet. Die Grafikkarte sorgt also dafür, dass auf dem Bildschirm überhaupt etwas dargestellt wird. Die Grafikkarte ist massgeblich für die Qualität und die Geschwindigkeit der Bildschirmausgabe verantwortlich. Auf der Grafikkarte befindet sich die Steuerlogik; sie ist mit einem eigenen Arbeitsspeicher versehen. Grafikkarten sind heute bereits im Motherboard integriert. Für höhere Ansprüche (CAD, Gaming) können leistungsfähigere Karten in einen Slot des Motherboards gesteckt werden.

Grafikkarte

Arbeitsspeicher auf Grafikkarten

Die Grösse des Arbeitsspeichers einer Grafikkarte entscheidet über die maximale Farbtiefe bei einer bestimmten Auflösung. Üblich sind heute Grafikkarten mit 2–4 GB Arbeitsspeicher, es gibt sie aber mit bis zu 16 GB Arbeitsspeicher.

Grafikchips (Grafikprozessor)

Vor allem bei Spielen, aber auch bei professionellen Grafikanwendungen wird sichtbar, dass Programme eine anspruchsvolle Grafik beinhalten können, die den Hauptprozessor des Rechners schnell an seine Belastungsgrenze bringen kann. Deshalb verfügen leistungsstarke Grafikkarten über einen eigenen speziellen Grafikprozessor. Grafische Anforderungen, wie Linien zeichnen, Flächen füllen usw., kann der Grafikprozessor wesentlich schneller und wirtschaftlicher erfüllen als der Hauptprozessor, den er zusätzlich entlastet. Grafische Systeme werden daher mit leistungsstarken Grafikchips wesentlich schneller.

Aufbau und Funktionsweise eines Computersystems

Bildschirmauflösung

Je nach Grafikkarte und Bildschirmgrösse wählen Sie für die Anzeige die empfohlene Bildschirmauflösung. Bei mehreren Bildschirmen kann die Auflösung für jeden Bildschirm separat eingestellt werden.

Befehl	Rechtsklick auf Desktophintergrund
Befehl	Anzeigeeinstellungen

Aufrufen der Anzeigeeinstellungen

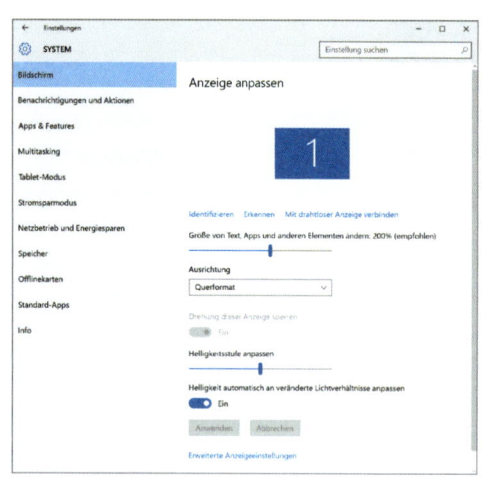

Anpassen der Bildschirmanzeige

Einstellung der Auflösung, der Farbqualität und weiterer Anzeigeeigenschaften

Soundkarte

Früher mussten Computer mit Soundkarten ausgerüstet sein, um damit Musik hören zu können. Heute ist dies mit jedem Computer möglich, weil die Soundfunktion bereits auf dem Motherboard integriert ist. Nur für spezielle Anwendungen, z. B. Mehrkanalton in Tonstudios, müssen Computer mit zusätzlichen Soundkarten nachgerüstet werden.

1.4.4 Schnittstellen

An der Hinterseite des Gehäuses und auf dem Motherboard befinden sich Steckverbindungen, sogenannte Schnittstellen (Interfaces). Daran können unterschiedliche Geräte angeschlossen werden. Um Verwechslungen möglichst zu vermeiden, sind die Schnittstellen mit verschiedenen Buchsen ausgestattet.

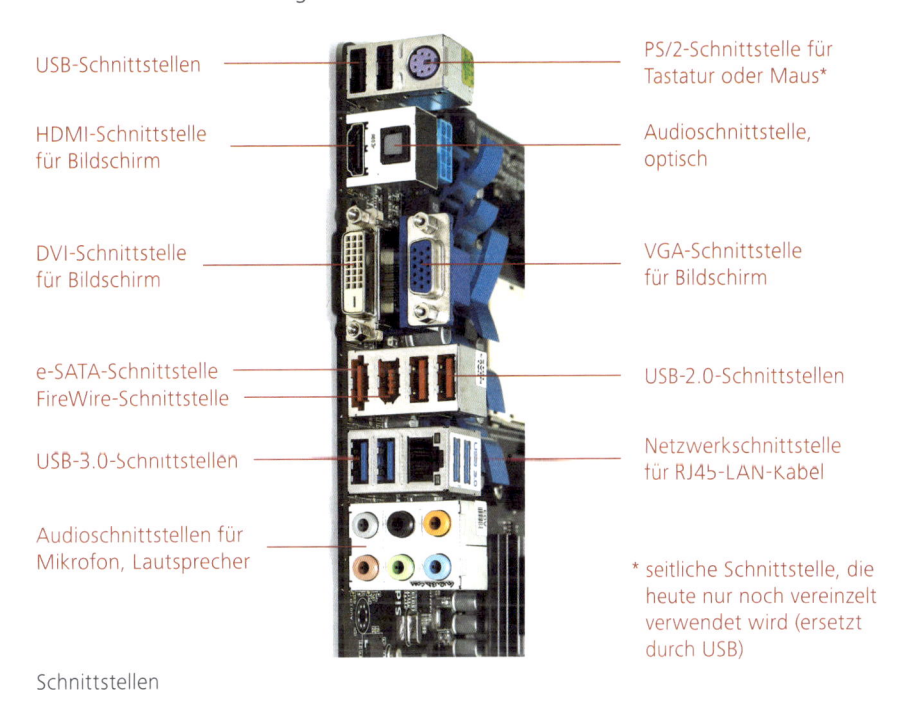

Labels (links):
- USB-Schnittstellen
- HDMI-Schnittstelle für Bildschirm
- DVI-Schnittstelle für Bildschirm
- e-SATA-Schnittstelle
- FireWire-Schnittstelle
- USB-3.0-Schnittstellen
- Audioschnittstellen für Mikrofon, Lautsprecher

Labels (rechts):
- PS/2-Schnittstelle für Tastatur oder Maus*
- Audioschnittstelle, optisch
- VGA-Schnittstelle für Bildschirm
- USB-2.0-Schnittstellen
- Netzwerkschnittstelle für RJ45-LAN-Kabel

* seitliche Schnittstelle, die heute nur noch vereinzelt verwendet wird (ersetzt durch USB)

Schnittstellen

USB-2.0-Stecker, Typ A

USB-2.0-Stecker, Typ B

USB-3.0-Stecker, Typ A

USB

Das verbreitetste Schnittstellensystem heisst **USB (Universeller Serieller Bus).** Nach dem Willen der Hersteller soll damit das Kabel- und Normenchaos am PC beseitigt werden. Alle aktuellen Betriebssysteme unterstützen diesen Bus. Computer, die mit diesem System ausgestattet sind, sollten den Anwender nicht länger mit technischen Details belasten. Aus Gründen der mechanischen Stabilität sind im Laufe der Zeit jedoch mehrere unterschiedliche Steckertypen entwickelt worden. Typ A wird am Host (z. B. Computer), Typ B am Peripheriegerät (z. B. Drucker) angeschlossen. Über die USB-Schnittstelle lassen sich Geräte mit Strom versorgen.

Das USB-Schnittstellensystem bietet folgende Datenübertragungsraten und Leistungen bei der Stromversorgung:

Standard	Übertragungsrate	Elektrische Leistung
2	480 MBit/s	2,5 W
3.0 (= 3.1 Gen1)	5 GBit/s	10 W
3.1 (= 3.1 Gen2)	10 GBit/s	100 W

Mit dem neuen Steckertyp C-Stecker, basierend auf USB 3.1, werden Übertragungsraten bis zu 10 GBit/s und höhere Stromstärken für Leistungen bis 100 Watt möglich. Angeschlossene Geräte, wie Smartphone oder Tablet, können so schneller geladen werden. Ausserdem spielt es keine Rolle mehr, wie herum der Stecker eingesteckt wird.

Aufbau und Funktionsweise eines Computersystems

USB-3.0-Stecker, Micro-B

USB-3.0-Stecker, Typ B

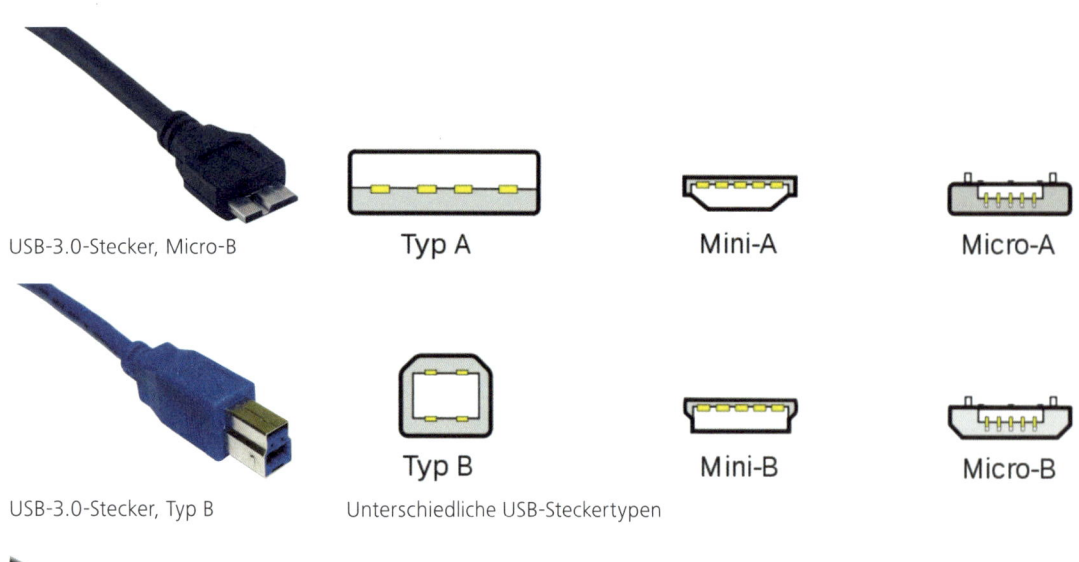

Unterschiedliche USB-Steckertypen

USB-3.1-Stecker, Typ C

Sonstige Datenübertragung

Thunderbolt

Thunderbolt dient dank seiner sehr hohen Übertragungsraten von aktuell 40 GBit/s der Verbindung von Computern mit Videokameras, externen Festplatten, aber auch dem Anschluss von Monitoren und anderen Peripheriegeräten. In Zukunft sollen sich mit Thunderbolt sogar noch deutlich höhere Übertragungsraten erzielen lassen, insbesondere mit der Erweiterung auf die optische Datenübertragung. Thunderbolt ist kompatibel mit USB 3.1 und DisplayPort-Geräten. Eine Stromversorgung ist bis 100 W möglich.

Thunderbolt-Stecker

Lightning

Lightning wurde als proprietäre Schnittstelle von Apple entwickelt und dient dem Anschluss von iPhone und iPad an USB-Schnittstellen. Die Übertragungsraten entsprechen je nach Gerät denen einer USB-2.0- oder einer USB-3.0-Schnittstelle.

Lightning-Stecker

IEEE 1394/FireWire

Die Schnittstelle IEEE 1394, besser bekannt als FireWire oder i.LINK, findet im Videobereich ihre grösste Verbreitung. Ebenfalls wird sie für den Anschluss von Massenspeichern eingesetzt. Die angeschlossenen Geräte können direkt über die Schnittstelle mit Strom versorgt werden. Über den FireWire-800-Anschluss lassen sich Übertragungsraten bis zu 3,2 GBit/s erzielen.

FireWire-400- und FireWire-800-Stecker

eSATA

Die SATA-Schnittstelle ist für den computerinternen Anschluss von Festplatten gedacht. Der Wunsch, auch ausserhalb des PCs diese sehr hohen Übertragungsraten nutzen zu können, führte zur Entwicklung der technisch praktisch identischen eSATA-Schnittstelle. Externe Festplatten lassen sich so mit sehr hohen Übertragungsraten von bis zu 16 GBit/s anschliessen.

eSATA-Stecker

Bild und Ton

VGA

Die immer noch weitverbreitete VGA-Schnittstelle dient der Übertragung analoger Bilddaten zwischen Computer und Monitor oder anderen Anzeigegeräten wie TV oder Projektoren. VGA (engl. Video Graphics Array) wurde durch digitale Verbindungsarten wie DVI, HDMI oder DisplayPort ersetzt, welche auf digitaler Ebene arbeiten und Umwandlungsverluste vermeiden.

VGA-Stecker

DVI

Digital Visual Interface (DVI) ist eine Schnittstelle zur Übertragung von Videodaten. Im Computerbereich entwickelte sich DVI zu einem Standard für den Anschluss von TFT-Monitoren an die Grafikkarte eines Computers. DVI ermöglicht die gleichzeitige Übertragung von analogen und digitalen Bilddaten: Je nach Pinbelegung des DVI-Anschlusses kann dieser analoge (DVI-A), digitale (DVI-D), oder analoge und digitale (DVI-I) Signale übertragen.

DVI-Stecker

HDMI

HDMI überträgt Bild- und Tondaten ausschliesslich in digitaler Form und findet vorwiegend in der Unterhaltungselektronik Verbreitung. Mit der zunehmenden Verschmelzung von Computertechnik und Unterhaltungselektronik sind immer mehr Notebooks und PCs mit einer HDMI-Schnittstelle ausgestattet.

HDMI-Stecker

MHL

Mobile High-Definition Link (MHL) wird für die Übertagung hochauflösender Bild- und Audiosignale von Mobilgeräten verwendet. Über diese Schnittstelle kann das Mobilgerät gleichzeitig mit bis zu 40 Watt Leistung geladen werden. Der MHL-Standard ist nicht an einen bestimmten Stecker gebunden, wird jedoch oft in Form eines Micro-USB- oder USB-Typ-C-Steckers verwendet. Es werden bis zu acht Bildschirme unterstützt, die maximale Auflösung beträgt 8K120 (7680 × 3420 Bildpunkte, 120 Bilder je Sekunde).

Adapter, um MHL-Signale an HDMI-Geräte zu übertragen

DisplayPort

Die DisplayPort-Schnittstelle überträgt digitale Bild- und Tondaten mit besonders geringer Verzögerungszeit. Der DisplayPort-Stecker erinnert an einen USB Stecker; dessen kleine Ausmasse bieten Vorteile besonders im mobilen Einsatz. Über Zwischenstecker ist die neueste DisplayPort-Version mit HDMI und DVI kompatibel.

DisplayPort-Stecker

Audio-Klinkenstecker

Audio
Über die Audio-Schnittstelle werden Tondaten ein- und ausgegeben. Zur Wiedergabe werden häufig Bildschirm mit integriertem Lautsprecher, Kopfhörer oder Home-Cinema-Systeme angeschlossen. Letztere werden oft digital (optisch oder elektrisch) angeschlossen. Mit Mikrofon- und Line-Eingang (auch als AUX bezeichnet) werden Tondaten auf den Computer übertragen. In mobilen Geräten sind Mikrofon und Lautsprecher oft bereits eingebaut.

Vorteil der optischen Übertragung ist die Störunempfindlichkeit gegenüber elektromagnetischen Einflüssen. Brummgeräusche treten nicht auf, weil die Tondaten mit Licht statt mit elektrischen Signalen übertragen werden.

Optischer TOSLINK-Stecker

Datenübertragung und Netzwerkanbindung

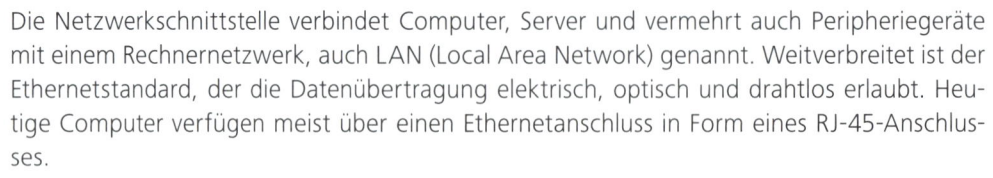

Netzwerk
Die Netzwerkschnittstelle verbindet Computer, Server und vermehrt auch Peripheriegeräte mit einem Rechnernetzwerk, auch LAN (Local Area Network) genannt. Weitverbreitet ist der Ethernetstandard, der die Datenübertragung elektrisch, optisch und drahtlos erlaubt. Heutige Computer verfügen meist über einen Ethernetanschluss in Form eines RJ-45-Anschlusses.

RJ-45-Stecker

WLAN
WLAN (Wireless Area Network) ist eine drahtlose Netzwerkschnittstelle. Mobile Geräte werden in der Regel drahtlos mit dem Netzwerk verbunden. Im Vergleich zu kabelgebundenen Netzwerken lassen sich drahtlos deutlich geringere Datenübertragungsraten erzielen.

WLAN-Router

Bluetooth
Mobile Kleingeräte lassen sich mit Bluetooth drahtlos über kurze Distanzen bis 100 m direkt miteinander verbinden. Die Übertragungsraten sind äusserst gering. Übliche Anwendungen sind Verbindungen zwischen Smartphone und Notebook, Mobiltelefon und Headset oder zwischen Smartphones. Diese Kurzdistanzvernetzung wird auch als WPAN (Wireless Personal Area Network) bezeichnet.

USB-Bluetooth-Adapter

Infrarot
Für die Datenübertragung mit Infrarotlicht (für das menschliche Auge nicht wahrnehmbar) wurde der Standard IrDA (Infrared Data Association) entwickelt. Dieser Standard ermöglicht Punkt-zu-Punkt-Verbindungen auf sehr kurzen Distanzen von weniger als einem Meter. Wegen der geringen Übertragungsdistanz ist diese Datenübertragung äusserst abhörsicher. Voraussetzung ist der direkte Sichtkontakt zwischen den Geräten, dies schränkt den Anwendungsbereich stark ein. Im Unterhaltungsbereich wird Infrarot zur Übertragung zwischen Fernbedienung und TV-Gerät verwendet.

USB-IrDA-Adapter

1.5 Peripheriegeräte

Zur Minimalausstattung eines PCs gehören die Tastatur als Eingabegerät und der Bildschirm als Ausgabegerät sowie ein Speichermedium.

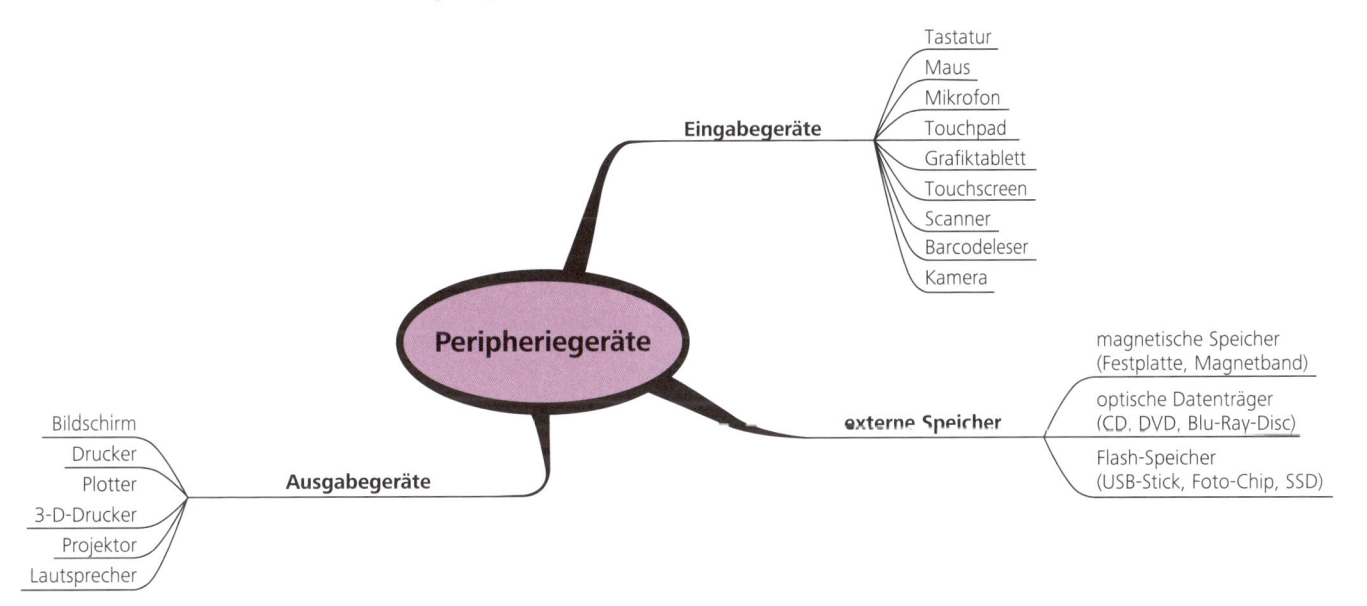

```
                                    Tastatur
                                    Maus
                                    Mikrofon
                  Eingabegeräte     Touchpad
                                    Grafiktablett
                                    Touchscreen
                                    Scanner
                                    Barcodeleser
                                    Kamera

              Peripheriegeräte
                                                    magnetische Speicher
                                                    (Festplatte, Magnetband)
                                    externe Speicher  optische Datenträger
                                                    (CD, DVD, Blu-Ray-Disc)
                                                    Flash-Speicher
                                                    (USB-Stick, Foto-Chip, SSD)
   Bildschirm
   Drucker
   Plotter        Ausgabegeräte
   3-D-Drucker
   Projektor
   Lautsprecher
```

1.5.1 Eingabegeräte

Die Bindeglieder zwischen Mensch und Computer sind die Datenerfassung und die Dateneingabe. Zwei Bedingungen müssen bei der Dateneingabe beachtet werden: Die Erfassung soll einerseits rasch erfolgen, andererseits aber auch sicher und zuverlässig sein. Diese Interessen laufen einander häufig zuwider. Anstatt etwas über die Tastatur einzugeben, wäre eine Spracheingabe einfacher. Allerdings hat der Computer bei der Spracheingabe oft Probleme, sodass häufig keine brauchbaren Ergebnisse zustande kommen.

Tastatur

Texte tippt man über die Tastatur ein. Die eingegebenen Zeichen werden vom Computer am Bildschirm angezeigt und parallel in seinem Arbeitsspeicher gespeichert.

Ergonomische Tastatur

Maus

Die Maus hat sich zur Bedienung bei sämtlichen Computerprogrammen durchgesetzt. Meist verfügt sie über zwei oder drei Tasten. Häufig befindet sich in der Mitte ein kleines Rad, mit dem man z. B. das Bildschirmbild herauf- und herunterscrollen kann. Der überwiegende Teil der Programme lässt sich über die linke und rechte Maustaste steuern.

- **Klicken** heisst, einmal kurz auf eine Taste drücken.
- **Doppelklicken** heisst, die linke Taste zweimal schnell hintereinander drücken.
- **Ziehen** bedeutet: mit der linken Taste auf ein Element klicken und die Taste gedrückt halten, die Maus bewegen und dabei das Element auf eine andere Position ziehen.

Maus

Aufbau und Funktionsweise eines Computersystems

Mikrofon (Spracheingabe)

Bei der Spracheingabe werden die analogen Signale (Schwingungen) der menschlichen Sprache in digitale Signale (1 und 0) umgewandelt. Die Spracheingabe eignet sich vor allem zur Eingabe von kurzen Befehlen oder von Rohtexten. Die Technik wird ständig verbessert, sodass in Zukunft neben der Tastatur und der Maus diese Eingabemöglichkeit im Büro an Bedeutung gewinnen wird.

Headset mit Mikrofon

Touchpad

Die Funktionen der Maus kann man bei Notebooks auch über das Touchpad ausführen. Die Bewegungen und Aktionen erfolgen auf einem 6×4 cm grossen berührungsempfindlichen Feld direkt mit dem Finger. **Präzisionstouchpads** bieten neben den reinen Mausfunktionen zusätzlich die Gestensteuerung. So kann man z. B. mit zwei Fingern vertikal oder horizontal scrollen oder die Ansicht vergrössern oder verkleinern. Windows 10 unterstützt sogar spezifische Gesten mit drei Fingern.

Touchpad

Grafiktablett (oder auch Digitalisiertablett)

Ein Grafiktablett ist ein Zeigegerät für Computereingaben. Die Spitze eines speziellen Zeigewerkzeugs, meistens eines Stifts, wird auf dem Tablett bewegt. Von ihr gehen Impulse aus, über die das Tablett die Information über den Stiftdruck und zusätzlich gedrückte Tasten an der jeweiligen Position erhält. Grafiktabletts ermöglichen das Malen und Zeichnen am PC und sind in folgenden Bereichen ein bedeutendes Hilfsmittel geworden: digitale Bildbearbeitung und digitales Malen, Audio- und Videobearbeitung.

Grafiktablett

Touchscreen

Bei Touchscreens können Befehle mit dem Finger direkt auf dem Bildschirm eingegeben werden. Die berührungsempfindliche Oberfläche lokalisiert, wo und wie ein Finger sie berührt, und sendet ein korrespondierendes Signal an den Rechner.

Touchscreen

Scanner

Scanner bauen Text- und Bildvorlagen als Pixelgrafiken auf. Mit OCR-Programmen können die so eingelesenen Textdokumente erkannt und in ASCII-Zeichen transformiert werden. Dadurch spart man sich das zeitintensive Eintippen der Texte. Einige OCR-Programme sind in der Lage, auch die Schriftart, den Schriftstil, die Schriftgrösse und ganze Absatz- und Layoutformate aus der Vorlage herauszulesen und zu übernehmen. Auch durch diese immer besser werdende Technik spielen Scanner bei der Datenerfassung eine immer wichtigere Rolle.

Flachbettscanner

Es gibt für die vielfältigen Einsatzzwecke unterschiedliche Scanner:
- Flachbettscanner eignen sich für Bücher und empfindliche Vorlagen.
- Dokumentenscanner können Dokumente rasch beidseitig einlesen und sind dank dem automatischen Vorlageneinzug (ADF) für Unternehmen, die regelmässig viele Dokumente digitalisieren, geeignet.

Peripheriegeräte

- Fotoscanner: Oft sind Flachbettscanner zusätzlich mit einer Durchlichteinheit für das Scannen von Filmstreifen oder Dias ausgerüstet. Es gibt auch Diascanner, die Diasammlungen und Fotonegative automatisch einlesen können.
- 3-D-Scanner können Gegenstände dreidimensional digitalisieren und so beispielsweise Daten für die Ausgabe mit einem 3-D-Drucker erstellen.

Barcodeleser

Ein Barcodeleser ermöglicht es, eine Reihe von verschieden breiten Strichen mit unterschiedlichen Abständen in die entsprechend festgelegten Zahlenwerte umzuwandeln. Der Barcodeleser wird im Einzelhandel zum Erfassen von Artikelnummern eingesetzt. Weitverbreitet sind die Strichcodes für die EAN (europäische Artikelnummer).

Barcodeleser

Kamera

Digitale Fotoapparate, Video- und Überwachungskameras sowie Webcams ermöglichen die Eingabe von Bild-, Video- und Tonsignalen.

- Überwachungskameras können beispielsweise Tag und Nacht den Eingangsbereich, Gänge, Lifte, Verkaufsräume oder Aussenbereiche kontrollieren und hochauflösende Bilder auf dem Server abspeichern.
- Webcams werden in der Regel direkt an den PC angeschlossen oder sind bereits integriert (Notebook, Tablet, Smartphone). Sie werden häufig zum Chatten benutzt.

Netzwerkkamera zur Videoüberwachung

Webcam auf Monitor

Aufgabe 4

Sie haben in Ihrem Betrieb den Auftrag, eine einfache, aber mehrseitige Hauszeitung mit Ihrem Text- oder Desktop-Publishingprogramm zu erstellen. Sie verfügen über einen leistungsfähigen PC. Allerdings ist an Ihrem Arbeitsplatz kein Scanner installiert. Dieser könnte Ihnen bestimmt gute Dienste leisten.

- Sie beantragen bei Ihrem Vorgesetzten, einen Scanner anzuschaffen.
  Suchen Sie im Internet nach geeigneten Geräten und schlagen Sie Ihrem Chef oder Ihrer Chefin ein bestimmtes Gerät vor.
- Begründen Sie, weshalb sich dieses Gerät besonders eignet und weshalb Sie gerade dieses Gerät vorschlagen.
- Sie haben den Eindruck, dass Ihnen auch eine Texterkennungssoftware (OCR-Software) gute Dienste leisten könnte. Begründen Sie, weshalb Sie eine solche Software anschaffen möchten und wie Sie diese für das Gestalten einer Hauszeitung einsetzen könnten.

1.5.2 Ausgabegeräte

Bildschirm

Der Bildschirm ist das zentrale Ausgabegerät bei der Arbeit am Computer. Doch Bildschirm ist nicht gleich Bildschirm: Besonders was Grösse, Auflösung, Technik, Reaktionszeit und Betrachtungswinkel angeht, bestehen grosse Unterschiede.

Bildschirmgrösse

Die Grösse eines Bildschirms wird meist in seiner **Bildschirmdiagonale** angegeben, die in der Regel zwischen 19 und 32 Zoll liegt. Ein grosser Bildschirm ermöglicht es dem Nutzenden, mehrere Fenster gleichzeitig nebeneinander anordnen zu können. Zudem werden bei Illustrationen, Fotos oder Videos Feinheiten besser sichtbar, wenn der Bildschirm diese aufgrund der grossen Fläche entsprechend grösser abbilden kann. Für jene, die überwiegend mit Webbrowsern und Büroprogrammen arbeiten, sind möglichst grosse Bilddiagonalen weniger wichtig.

Die Relation von waagrechter zu senkrechter Anzeigefläche (Breite zu Höhe) bildet das **Format** eines Monitors (z. B. 4 : 3 oder 16 : 9), auch **Seitenverhältnis** genannt. Die Breitbildformate (Widescreen) 16 : 9 und 16 : 10 sind dabei am weitesten verbreitet.

Format	Auflösung in Pixel	Seitenverhältnis	Pixel
VGA	640 × 480	4 : 3	307 200
SVGA	800 × 600	4 : 3	480 000
XGA	1024 × 768	4 : 3	786 432
WXGA	1280 × 800	16 : 10	1 024 000
WSXGA	1680 × 1050	16 : 10	1 764 000
WUXGA	1920 × 1200	16 : 10	2 304 000
HD 1080	1920 × 1080	16 : 9	2 073 600
WQHD	2560 × 1440	16 : 9	3 686 400
Ultra HD (4K)	3840 × 2160	16 : 9	8 294 400
Ultra HD (8K)	7680 × 4320	16 : 9	33 177 600

Bildschirmtechnik: LCD-, TFT- und LED-Monitore

- Ein LCD-Bildschirm (Liquid Crystal Display) ist ein Flüssigkristallbildschirm. Die auf einem Raster angeordneten Kristalle werden durch Spannungsveränderungen unterschiedlich ausgerichtet und verändern so die Lichtdurchlässigkeit der einzelnen Rasterpunkte. Winzige Lichtquellen im Hintergrund erzeugen gleichzeitig die richtige Farbmischung.
- Bei TFT-Bildschirmen (Thin Film Transistor), einer Weiterentwicklung der LCD-Monitore, wird jeder Bildpunkt unmittelbar durch einen separaten Transistor gelenkt. Das hat eine hohe Bildqualität zur Folge und minimiert Störeffekte wie Pixelfehler. Nahezu immer erhält man ein scharfes und kontrastreiches Bild. Sie sind im Büroalltag die mit Abstand am weitesten verbreiteten Monitore.
- LED-Displays sind Flüssigkristallbildschirme, bei denen als Lichtquellen LEDs eingesetzt werden. Diese energiesparenden Monitore haben den Vorteil, dass die Leuchtdioden leuchtendere und kräftigere Farben erzeugen. Die Kontrastwerte sind besser, und es kann auch tiefes Schwarz abgebildet werden.

Flachbildschirm

Bildschirmtechnik: weitere Merkmale

- **Auflösung:** Die Summe aller zur Verfügung stehenden horizontalen und vertikalen Bildpunkte eines kompletten Bildes definiert die Bildschirmauflösung. Sie ist festgelegt als gleichzeitig abbildbare Anzahl der Bildpunkte pro Zeile, multipliziert mit der Anzahl aller Bildschirmzeilen (z. B. 1920×1080).
Die Qualität des Bildes hängt aber nicht von der Auflösung alleine ab. So müssen beispielsweise Bildschirm und Grafikkarte harmonieren, da sich die tatsächliche Bildschirmauflösung aus der eingebauten Grafikkarte ergibt. Für eine optimale Darstellung sollte die für den Bildschirm vorgesehene Auflösung unverändert übernommen werden.
- **Bildwiederholfrequenz:** Als Bildwiederholfrequenz bezeichnet man beim TFT-Bildschirm das Variieren der Transistorspannungen pro Sekunde bzw. das An- und Ausschalten der LEDs. Bei 60 Bildern pro Sekunde (60 Hertz) entsteht für das menschliche Auge kein Flimmern. Soll das Bild jedoch richtig scharf sein, sollte die Bildwiederholrate 120 Hertz betragen.
- **Leuchtkraft:** Bei Flachbildschirmen wird die Leuchtkraft in Candela (Einheit der Lichtstärke einer Kerze auf einen Quadratmeter) angegeben. Für eine hohe Brillanz sowie stark leuchtende Farben ist eine entsprechende Lichtstärke erforderlich, die nicht unter 200 Candela liegen sollte. Je höher der Candela-Wert, umso besser sind die Qualität und insbesondere auch das Kontrastverhältnis.
- **Kontrast:** Das Leuchtverhältnis der schwarzen zu den weissen Pixeln nennt man Kontrast (z. B. 1000 : 1). Je grösser der angegebene Wert ist, desto höher ist der Kontrast.
- **Reaktionszeit:** Unter Reaktionszeit versteht man die Zeit, die ein Transistor braucht, um ein Bild aufzubauen, d. h., wie schnell ein Pixel die Farbe wechseln kann. Dies ist vor allem beim Umgang mit bewegten Bildern, wie bei Computerspielen und Videos, bedeutsam: Hat nämlich ein TFT-Monitor eine zu hohe Reaktionszeit, besteht die Gefahr, dass bewegte Objekte ausfransen oder einen Schleier hinter sich herziehen.

Blickwinkel oder Betrachtungswinkel

Der Betrachtungswinkel bezeichnet den Blickwinkel, aus dem man bei Bildschirmen ein scharfes Bild erkennen kann. Beträgt der maximale horizontale Blickwinkel eines TFT-Monitors beispielsweise 160 Grad, erkennt der Zuschauer selbst dann ein scharfes Bild, wenn er um 70 Grad aus der Mittelachse versetzt sitzt. Ausserhalb des angegebenen Blickwinkels kann der Betrachter des Bildschirms Farben verfälscht und Kontraste schlecht wahrnehmen.

Die optimale Sichtweise ist die frontale, also der Nullgradwinkel. Je weiter der Zuschauer von diesem Winkel entfernt ist, desto mehr verändern sich die Farben und die Kontrastwerte. In der Spitzenklasse werden bei TFT-Bildschirmen Betrachtungswinkel von bis zu 178 Grad erreicht. Diese Geräte werden meistens von professionellen Nutzern, z. B. von Grafikern oder Architekten, gekauft. Sie sitzen häufig gemeinsam mit Kunden oder Mitarbeitenden vor dem Bildschirm. Kontrast und Helligkeit, aber auch Farben sollten dann auch bei schräger Sichtweise für alle möglichst unverändert bleiben.

Unterschiedliche Blickwinkel

Bildschirmoberfläche

Die Eigenschaften der Bildschirmoberfläche wirken sich ebenfalls auf die Anzeige aus. Ein Bildschirm mit matter und entspiegelter Beschichtung **(non-glare)** ist gegen Reflexionen immun und kann an jedem Ort aufgestellt werden, ohne dass es einen Spiegelungseffekt gibt. Mit einer glänzenden, spiegelnden Oberfläche **(glare),** die häufig bei Notebooks verwendet wird, wird zwar das Positionieren des Bildschirms komplizierter, doch bieten spiegelnde Displays im Normalfall deutlich kräftigere Farben und höhere Kontrastwerte. Für das Ansehen von Videos oder bei der Bildbearbeitung ist das besonders von Vorteil.

Touchscreen

Ein Touchscreen, also ein berührungsempfindlicher Bildschirm, ermöglicht es dem Nutzenden, den Computer wie ein Tablet oder Smartphone mit Fingerkontakt und Gesten zu steuern. Je mehr Berührungen der Bildschirm gleichzeitig wahrnehmen und verarbeiten kann **(Multitouch-Gesten),** desto mehr Steuerungsmöglichkeiten per Hand sind möglich.

Schnittstellen

Um einen Monitor mit dem PC zu verbinden, werden hauptsächlich digitale Schnittstellen genutzt. Die Signalübertragung erfolgt dabei komplett digital. So müssen bei der Übertragung nicht mehr wie bei einer analogen VGA-Verbindung die Bilddaten erst ins Analogformat umgewandelt und dann im Bildschirm wieder zurücktransformiert werden. Das erhöht die Bildqualität. Während die **DVI-Schnittstelle** (DVI – Digital Visual Interface) nur das Bild verarbeitet, können die **HDMI-Schnittstelle** und der Display Port auch Audiosignale übertragen.

Zusatzfunktionen

- Die im Gehäuse untergebrachten **Lautsprecher** sparen Platz und sind unauffällig. Zwar können sie aufgrund des beschränkten Raums im Gehäuse weder tiefe Bässe noch einen voluminösen Klang wiedergeben, wenn jedoch keine hohen Ansprüche gestellt werden, sind die integrierten Lautsprecher akzeptabel.
- **Pivot-Bildschirme** können zu einer Seite hin um 90 Grad gedreht, also hochkant gestellt werden. Dabei passen sie mit einer entsprechenden Software auf dem PC das Bild automatisch an. So lassen sich DIN-A4-Seiten, oft auch DIN-A3-Seiten, im Hochkantformat vollständig abbilden.
- Bei TFT-Displays verfügt der Standfuss oder der Monitorrahmen mitunter über mehrere USB-Anschlüsse und dient somit als aktiver **USB-Hub,** mit dem sich viele Geräte parallel benutzen lassen. Für den Transport der USB-Signale in den Computer und wieder zurück wird der Monitor über ein USB-Kabel mit dem PC verbunden.
- Einige Monitore verfügen über eine in den Bildschirmrahmen eingebaute **Webcam.** Eine solch fest installierte Webcam ist zwar platzsparend und unauffällig untergebracht, doch es ist auch nicht mehr möglich, sie mit der Hand zu schwenken bzw. auf ausgewählte Objekte wie Personen oder Gegenstände zu fokussieren.

Ergonomie

Bei längerer Bildschirmarbeit besteht die Gefahr von Muskelverspannungen, wenn es keine Möglichkeit gibt, den Monitor optimal an die eigene Sitzposition anzupassen. Der Monitor sollte deshalb sowohl in der Höhe verstellbar als auch neigbar sein, da er nur so bestmöglich auf Ihren Blickwinkel eingestellt werden kann. Falls er zusätzlich auch geschwenkt werden kann, lassen sich unbeabsichtigte Spiegelungen durch leichtes seitliches Drehen vermeiden.

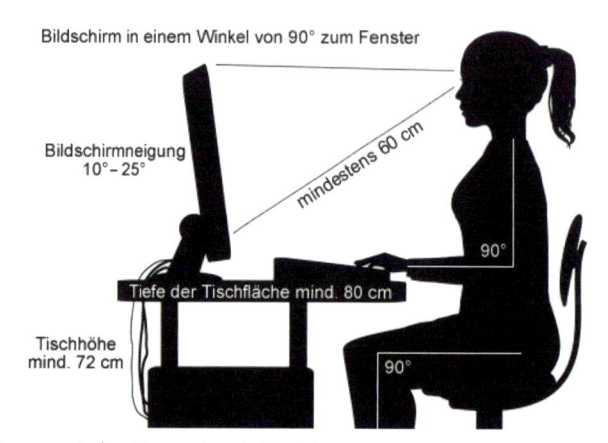

Ergonomischer Computerarbeitsplatz

TCO-Norm

Das Label «TCO CERTIFIED» erhalten alle Monitore, die eine entsprechende ergonomische Qualität aufweisen.

Logo TCO-Norm

Peripheriegeräte

| Aufgabe 5 | Ermitteln und notieren Sie die technische Ausrüstung Ihres Bildschirms am Arbeitsplatz und vergleichen Sie die gefundenen Angaben mit denen Ihres Monitors zu Hause oder bei einem Bekannten. Allenfalls müssen Sie technische Details mithilfe des Internets recherchieren. |

Gerätebezeichnung Bildschirm A: _____

wichtige technische Merkmale:

Preis:

Gerätebezeichnung Bildschirm B: _____

wichtige technische Merkmale:

Preis:

Drucker

Seit Jahren spricht man vom «papierlosen Büro». Das Gegenteil ist eingetroffen. Der Computer hat eine wahre Flut an Papier hervorgerufen. Da jedermann auf einfache Art Dokumente erzeugen kann, werden immer mehr Schriftstücke erstellt. Das wichtigste Ausgabeinstrument am Computer ist nach dem Bildschirm der Drucker.

Heute werden im Bürobereich fast ausschliesslich Laser- und nur gelegentlich Tintenstrahldrucker eingesetzt.

- Ein **Laserdrucker** funktioniert in etwa wie ein Fotokopierer. Im Speicher wird eine komplette Seite aufgebaut und in einem Schritt auf das Papier übertragen. Laserdrucker verfügen deshalb meist über einen relativ grossen Arbeitsspeicher und produzieren hochwertige Ausdrucke. Sie werden bevorzugt für die Erstellung von Papierdokumenten im Schriftverkehr eingesetzt.
- **Tintenstrahldrucker** benötigen nur einen kleinen Arbeitsspeicher, weil sie nicht erst eine ganze Seite aufbauen, sondern Punkt für Punkt die Farbe direkt aufs Papier spritzen. In ihrer Anschaffung sind sie sehr günstig.

Laserdrucker

Aufbau und Funktionsweise eines Computersystems

Tintenstrahldrucker

Alle Drucker bauen die Schriften und Grafiken aus einer Vielzahl von Punkten auf. Während ein Laserdrucker seine Farben aus Tonerkartuschen bezieht, verwendet ein Tintenstrahldrucker Tintentanks. Aus den Grundfarben Cyan, Magenta, Yellow und Schwarz mischen beide Systeme Millionen verschiedener Farbnuancen. Der Tintenstrahldrucker trägt Mikrotröpfchen Tinte, der Laserdrucker Tonerpartikel auf das Papier auf.

Allgemein kann man sagen, je mehr Punkte der Drucker auf einem Zoll unterbringt, umso besser ist die Druckqualität. Der Wert dafür heisst «Punkte je Zoll» oder auf Englisch «Dots per inch» – kurz: «dpi». Dieser Wert ist ein Mass für die Auflösung und damit für die Druckqualität. Je höher der Wert, desto höher ist die Auflösung.

Für das Ausdrucken von Dokumenten ist nicht das Anwenderprogramm (z. B. Word), sondern das Betriebssystem (z. B. Windows) zuständig. Das System verarbeitet die Druckaufträge über den Druckmanager, es reiht sie dort nacheinander auf und führt sie sukzessive aus. Bei Textausdrucken benutzt das Betriebssystem sogenannte Fonts (digitale Schrifttypensätze). Es ist empfehlenswert, skalierbare TrueType-Fonts wie Calibri, Cambria oder Arial einzusetzen. Um sicherzustellen, dass Dokumente beim Austausch auch auf anderen Rechnern ohne Schwierigkeiten verwendet und bearbeitet werden können, sollten möglichst nur Schriften eingesetzt werden, die bei Windows zum Standard gehören.

Fenster	**Systemsteuerung**
Befehl	**Hardware und Sound**
Befehl	**Geräte und Drucker**
Auswahl	**Drucker auswählen**
Befehl	**Druckaufträge anzeigen**

Druckaufträge anzeigen

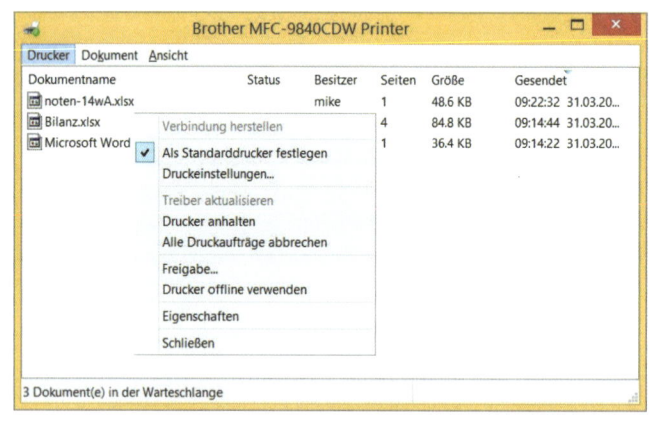

Druckmanager mit anstehenden Druckaufträgen

Im Datei-Explorer können Dateien direkt auf den Drucker ausgeben werden. Markieren Sie die gewünschte Datei mit der rechten Maustaste und wählen Sie im Kontextmenü den Befehl **Drucken**. Sie können gleichzeitig auch mehrere Elemente auswählen und drucken. Markieren Sie hierfür die einzelnen Elemente, indem Sie mit gedrückter Ctrl-Taste die entsprechenden Dateien anklicken.

Mehrere Dateien aus dem Datei-Explorer direkt drucken

Die subtraktive Farbmischung findet Anwendung bei der Wiedergabe eines Bildes mit einem Farbdrucker. Es werden die Farben Cyan (C), Magenta (M) und Yellow (Y) gemischt.

Keine Farbe – das Papier bleibt weiss.

Druckfarben **Magenta** und **Cyan** übereinandergedruckt ergeben die Farbe **Blau**.

Druckfarben **Cyan** und **Yellow** übereinandergedruckt ergeben die Farbe **Grün**.

Druckfarben **Magenta** und **Yellow** übereinandergedruckt ergeben die Farbe **Rot**.

Alle drei Farben (CMY) übereinandergedruckt ergeben theoretisch **Schwarz**.

Ein reiner CMY-Druck kann aber kein richtig tiefes Schwarz erzeugen, deshalb wird in der Praxis das CMYK-Modell verwendet; K (Key) steht für die separate vierte Farbe Black.

Aufgabe 6

Sie möchten für Ihren privaten Arbeitsplatz einen neuen Drucker kaufen.
- Erstellen Sie eine Liste Ihrer Ansprüche (Farben, Geschwindigkeit, Kosten usw.). Erkundigen Sie sich bei einem Computershop nach möglichen Druckern oder machen Sie sich im Internet kundig.
- Vergleichen Sie zwei infrage kommende unterschiedliche Drucksysteme bezüglich der technischen Möglichkeiten.

Gerätebezeichnung Drucker A:

wichtige technische Merkmale:

Preis:

Gerätebezeichnung Drucker B:

wichtige technische Merkmale:

Preis:

Aufbau und Funktionsweise eines Computersystems

Plotter

Plotter benötigt man hauptsächlich zum computerunterstützten Konstruieren. Zeichnungen, die mit CAD (Computer Aided Design) angefertigt werden, können mit einem Plotter nahtlos und grossformatig ausgegeben werden.

Plotter

3-D-Drucker

Ein 3-D-Drucker ist eine Maschine, die in der Lage ist, Objekte dreidimensional auszugeben. Dabei werden flüssige oder feste Werkstoffe (meist Kunststoffe, Kunstharze, Keramiken und Metalle) vom Computer so gesteuert, dass diese nach vorgegebenen Massen und Formen aufgebaut werden. Bei diesem Prozess finden physikalische oder chemische Härtungs- oder Schmelzvorgänge statt.

3-D-Drucker

Projektor/Beamer

Zusätzlich zu oder anstelle von einem Bildschirm werden die Daten zur Projektion auf einer Leinwand ausgegeben. Diese Datenausgabe eignet sich vor allem für Präsentationen und Filme.

Projektor/Beamer

Lautsprecher

Im Gegensatz zu Desktop- und Tower-PCs verfügen Notebooks oft über kleine, eingebaute Lautsprecher. Dies ist auch bei gewissen Monitoren der Fall. Gute Tonqualität lässt sich in der Regel jedoch nur mit externen, grösseren Lautsprechern erreichen.

Lautsprecher mit Subwoofer

| Aufgabe 7 | Ergänzen Sie das folgende Mindmap, das den Aufbau Ihres PC-Systems zu Hause, in Ihrem Lehrbetrieb oder in der Schule zeigt. |

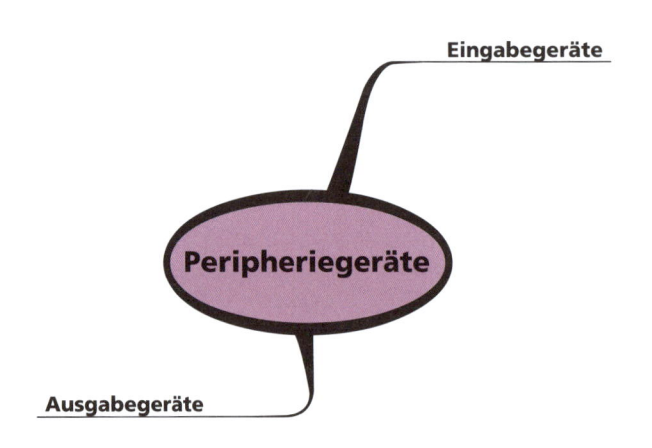

Eingabegeräte

Peripheriegeräte

Ausgabegeräte

1.5.3 Externe Speicher

Ein- und Ausgabegeräte, Prozessor und Arbeitsspeicher genügen nicht, um mit Daten zu arbeiten. Wie kommen die einzelnen Programme und die Daten in den Arbeitsspeicher, und wo werden Daten stromlos aufbewahrt?

Magnetische Speicher

Festplatten (Harddisk oder Fixed Disk)
Nahezu alle Computersysteme verfügen über eine Festplatte. Sie ist der bedeutendste externe Datenspeicher, mit dem sehr umfangreiche Datenmengen gespeichert werden können. Die Festplatte dreht sich permanent. Je nach Modell kommt sie dabei auf bis zu 9000 Umdrehungen in der Minute und kann bis zu 8 TB Daten speichern.
(1 TB = 1024 GB = 1 048 576 MB = 1 073 741 824 KB = 1 099 511 627 776 B)

In der Regel verfügt ein Laufwerk über zwei oder drei Platten (Stapel) aus Aluminium oder Glas, die eine magnetisierbare Schicht besitzen. Über jeder dieser Plattenseiten befindet sich ein Schreib-/Lesekopf. Ein extrem dünnes Luftkissen verhindert den direkten Kontakt zu den Platten. Berührt der Schreib- oder Lesekopf die Plattenoberfläche doch, z. B. durch einen Stoss, führt dies zum sogenannten Head Crash, bei dem meist die Festplatte und/oder der Lesekopf kaputtgehen. Auch aus diesem Grund sollten Daten auf Festplatten regelmässig auf einem zweiten Medium gesichert werden.

Festplatte

Magnetbänder
Auf einem Magnetband können grosse Mengen von Daten auf einen Schlag relativ billig gespeichert werden. Bandgeräte verwendet man deshalb vor allem zur Datensicherung auf Servern. Sie arbeiten langsam und haben logischerweise eine sehr hohe Zugriffszeit. Aber für die Datensicherung, die oft während der Nacht erfolgt, spielt die Geschwindigkeit keine entscheidende Rolle. Hochleistungsmagnetbänder haben heute eine Kapazität über 8,5 TB. Heutige Bänder sind in Kassetten eingebaut, die in ein Bandlaufwerk (engl. Streamer) eingeschoben werden.

Magnetband zur Sicherung der Daten auf einem Server

Optische Datenträger: CD-ROM, DVD, BD
Im Gegensatz zur Festplatte kann man von einer **CD-ROM** (Compact Disc Read Only Memory) nur Daten lesen. CD-ROMs sind sehr robust, und der Umgang sowie die Aufbewahrung sind unkompliziert. CD-ROMs werden vor allem zum Lesen grosser Datenbestände verwendet, wie Nachschlagewerke, multimediale Präsentationen, Fotoarchive usw., oder für die Auslieferung von Programmen. Neben den nur lesbaren CD-ROMs gibt es noch die Typen **CD-R** (Recordable, d. h. einmal beschreibbar) sowie die **CD-RW** (ReWritable, mehrmals beschreibbar).

CD-ROM-Laufwerk mit Tray (Schublade)

Eine Weiterentwicklung der CD ist die **DVD** (Digital Versatile Disk). Dabei handelt es sich um einen Standard, der eine Speicherkapazität von 4,7 bis 17 GB ermöglicht. Die meisten PCs verfügen heutzutage über eingebaute DVD-Brenner und können damit DVD-Rohlinge beschreiben.

Optische Laufwerke erlauben den Zugriff auf die optischen Datenträger. Dabei werden die Daten auf der CD/DVD mit einem Laserstrahl gelesen.

BD (Blu-Ray-Disc) ist der Nachfolger der DVD. Sie bietet bis 128 GB Speicherplatz.

Aufbau und Funktionsweise eines Computersystems

CD (Compact Disc)	Mehrmals beschreibbar	Schichten	Kapazität
CD-R		1	700 MB
CD-RW	X	1	700 MB

DVD (Digital Versatile Disc)	Mehrmals beschreibbar	Schichten	Kapazität
DVD-R		1	4,7 GB
DVD-R DL		2	8,5 GB
DVD-RW	X	1	4,7 GB
DVD+R		1	4,7 GB
DVD+R DL		2	8,5 GB
DVD+RW	X	1	4,7 GB
DVD-RAM	X	1	4,7 GB

BD (Blu-Ray-Disc)	Mehrmals beschreibbar	Schichten	Kapazität
BD-R		mehrere	bis 128 GB
BD-RE	X	mehrere	bis 128 GB

Optische Datenträger

Flash-Speicher

Die gerne als Memory-Sticks bezeichneten USB-Sticks sind die populärsten Flash-Speicher. Andere Flash-Speicher sind die Speicherchips in Digitalkameras, Mobiltelefonen und Smartphones.

USB-Stick

Selbst Festplatten werden zunehmend durch Flash-Speicher namens SSD (Solid State Disc) ersetzt. Die Speicherkapazität heutiger Flash-Speicher beträgt mehrere GB bis 16 TB. Die Vorteile von Flash-Speichern sind, dass sie sehr leicht sind, wenig Strom verbrauchen, geräuschlos arbeiten, ohne mechanisch bewegliche Teile auskommen und daher praktisch erschütterungsunempfindlich sind. Nachteile sind der hohe Preis je GB Speicherkapazität sowie ihre Anfälligkeit für Schreib- und Löschfehler.

SSD

1.6 Beschaffung eines Computers

Bei der Beschaffung eines neuen Geräts sollte nicht nur das Preis-Leistungs-Verhältnis im Vordergrund stehen. Der Schutz der Umwelt ist eine der wichtigsten Aufgaben unserer Gegenwart. Neben Fragen des Energieverbrauchs und der Emission von Treibhausgasen sind aus Umweltsicht aber auch noch weitere Aspekte zu berücksichtigen, etwa die Schonung natürlicher Ressourcen durch eine Erhöhung der Materialeffizienz, der Schutz der Gesundheit durch eine Minderung von akustischen Emissionen oder die Senkung des Gehalts an umweltrelevanten Inhaltsstoffen. In diesem Zusammenhang sind sowohl die Hersteller als auch die Käufer gefordert: Die Hersteller, indem sie energie- und ressourceneffiziente Produkte entwickeln und anbieten, und die Einkäufer, indem sie diese umweltfreundlichen Produkte auch tatsächlich nachfragen und ihnen so zum Durchbruch am Markt verhelfen.

Vor der Anschaffung eines neuen PCs sollten Sie sich zudem zu folgenden Punkten Überlegungen machen:

Zweck

- Wofür möchte ich das Gerät vorwiegend benutzen?
- Wie viel Geld möchte ich ausgeben?
- Wofür wird der PC am häufigsten eingesetzt?
  - Zum Arbeiten
    Für die Arbeit mit einem Office-Programm werden keine hohen Anforderungen an das System gestellt.
  - Zum Spielen
    Bei Spielen sollte darauf geachtet werden, dass das Gerät einen überdurchschnittlichen Prozessor, eine Spiele-Grafikkarte und einen Arbeitsspeicher von überdurchschnittlicher Grösse besitzt.
  - Für die Videobearbeitung (oder allgemeine Arbeit mit grossen Dateien)
    Hier empfiehlt sich eine extrem grosse Festplatte, viel Arbeitsspeicher sowie ein schneller Prozessor, denn bei der Videobearbeitung kommt es auf die Verarbeitung von hohen Datenmengen an.

Mobil oder lokal

Für jemanden, der beruflich viel unterwegs ist, fällt die Wahl auf ein Notebook; dieses Gerät kann überallhin mitgenommen werden.

Für Spiele und Videobearbeitung – also Aufgaben, die hohe Anforderungen an die Hardware stellen – fällt die Wahl auf einen Desktop- oder Tower-PC. Bei einem PC ist mehr Platz für Hardware vorhanden.

Prozessor

Bei der Prozessorauswahl müssen im Wesentlichen drei Punkte beachtet werden: die Rechenleistung, der Energieverbrauch und die Einschränkungen bezüglich des Gesamtsystems.

Die bei Prozessoren angegebenen Hertz-Werte sind nur sehr eingeschränkt zum Vergleich der **Rechenleistung** geeignet. Hiermit lassen sich lediglich modellgleiche Prozessoren einordnen. Besser eignen sich **Benchmarkergebnisse.** Hierbei wird getestet, wie schnell ein Prozessor bei bestimmten Anwendungen ist. Im Idealfall findet man Benchmarks, bei denen die getesteten Anwendungen mit dem beabsichtigten Einsatzgebiet übereinstimmen. Benchmarkergebnisse finden sich in entsprechenden Fachzeitschriften sowie im Internet.

Der **Energieverbrauch** ist ein wichtiger Faktor. Zum einen müssen die verantwortlichen Komponenten wie Mainboard und Netzteil diese Energie zuverlässig liefern und dafür entsprechend dimensioniert sein, zum anderen wird die meiste Energie in Abwärme umgesetzt. Diese erfordert eine entsprechende Kühlung, welche aufgrund der Lüfter meist wieder eine der störenden Lärmquellen des Computers darstellt.

Es sollte beachtet werden, dass aufgrund der unterschiedlichen Normen durch die Wahl eines Prozessors die Wahlmöglichkeiten bezüglich weiterer Komponenten eingeschränkt werden können. Insbesondere das Mainboard – und damit wiederum der Hauptspeicher – müssen zum Prozessor passen. Es empfiehlt sich daher, diese drei Komponenten gemeinsam zu beschaffen.

RAM (Arbeitsspeicher, Hauptspeicher)

Der Arbeitsspeicher entlastet den Prozessor und dient als temporäres Speichermedium. Je grösser die Kapazität des Arbeitsspeichers, umso besser. Sie wird in Gigabyte gemessen. Auf dem Markt dominieren zwei Arten von Arbeitsspeichern:
- der etwas langsamere, aber dafür billigere **SD-RAM**
- der schnellere, dafür aber teurere **DDR-RAM**

Der Arbeitsspeicher wird charakterisiert durch die **Zugriffsgeschwindigkeit** und die damit verbundene **Datenübertragungsrate** sowie die Grösse. Die Zugriffsgeschwindigkeit beschreibt die Dauer, bis eine angefragte Information gelesen werden kann. Die Datenübertragungsrate gibt an, wie schnell Daten gelesen werden können.

Die Grösse des Arbeitsspeichers hat ebenfalls einen wesentlichen Einfluss auf die Leistungsfähigkeit eines Computers. Speicherkapazitäten von mehreren GB sind vor allem dann sinnvoll, wenn Sie speicherintensive Anwendungen benutzen. Dazu gehören z. B. Bild- und Videobearbeitung.

Festplatte und Solid-State-Drive (SSD)

Bei der Wahl der Festplatte sind Grösse und Drehgeschwindigkeit massgebend.

Wie viel Festplattenspeicher Sie brauchen, hängt davon ab, für welche Aufgaben Sie Ihr System einsetzen wollen: Für die Bild- und Videobearbeitung benötigen Sie eine grosse Festplatte (mindestens 1 Terabyte).

Bei der Geschwindigkeit gilt: Je mehr Umdrehungen in der Minute die Festplatte schafft, desto besser ist es; zurzeit gibt es Festplatten mit 5400, 7200 und 10 000 rpm.

Der SSD-Speicher ergänzt die Festplatte und kann die Arbeitsgeschwindigkeit eines PCs markant erhöhen. Eine SSD (Solid State Drive) ist ein Datenspeicher, der wie ein USB-Stick oder eine Speicherkarte die Daten auf einem Flashchip speichert und zudem vollkommen geräuschlos arbeitet. SSD-Laufwerke lesen und schreiben die Daten praktisch ohne Zeitverlust und sind so deutlich schneller als herkömmliche Festplatten. Es empfiehlt sich, Betriebssystem und Programme auf der SSD zu speichern und die Daten auf der herkömmlichen Festplatte, welche zwar langsamer, dafür aber günstiger ist und mehr Speicherplatz bietet.

Grafikkarte

Bei den Grafikkarten gibt es drei unterschiedliche Typen:
- Standardgrafikkarten
- 3-D-Grafikkarten

Für Büroarbeiten und Videobearbeitung empfiehlt sich die Wahl einer Standardgrafikkarte. Sie reicht völlig aus und ist zudem auch noch billig.

Für das Anwendungsgebiet Spiele ist eine 3-D-Grafikkarte ein Muss. Ohne sie werden Sie Probleme mit dem Spielen bekommen, da die Bewegungen im Spiel nicht flüssig ablaufen.

Gehäuse und Netzteil

Bei der Wahl des Gehäuses sollten Sie darauf achten, dass Sie Platz zum Aufrüsten haben. Schauen Sie auch darauf, dass die Möglichkeit zum Einbauen weiterer Kühler gegeben ist. Im Allgemeinen empfiehlt sich ein Tower-Gehäuse.

Im Gehäuse sind meist auch Netzteile integriert. Achten Sie hier darauf, dass das Netzteil eine gute Leistung bringt. Die Stromversorgung sollte mindestens 320 Watt bei einem Wirkungsgrad von 94 % betragen.

Bildschirm

Beim Kauf des Monitors ist es auch wieder wichtig zu wissen, wozu Sie ihn verwenden wollen. An sich reicht ein Monitor ab 21 Zoll für alle Office-Arbeiten aus. Für die Augen sind aber grössere Monitore (beispielsweise 27 Zoll) angenehmer, da sie mehr Übersicht bieten.

Betriebssystem

Sofern Sie sich nicht mit Linux auskennen oder das MacOS nutzen wollen, gibt es nur eine Wahl: Microsoft Windows. Windows ist benutzerfreundlich, und die meisten Anwendungen sind auf dieses Betriebssystem zugeschnitten.

Software

Bei der Software haben Sie eine grosse Auswahl. Es empfiehlt sich aber, gerade bei den Office-Anwendungen ein Produkt zu kaufen, das weitverbreitet ist. Achten Sie darauf, dass Sie zum ersten Start des PCs alle Software zur Verfügung haben, die Sie für Ihr Vorhaben benötigen, sei es nun ein Videoschnittprogramm oder ein Textverarbeitungsprogramm. Installieren Sie keine Raubkopien – Sie machen sich damit strafbar. Viele leistungsfähige Programme sind als kostenlose Freeware oder Open Source erhältlich.

Aufgabe 8

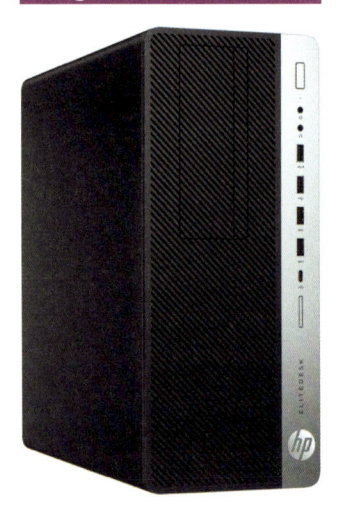

Auf der Homepage eines Computerhändlers ist folgendes Angebot beschrieben:

Allgemein	
Modell	HP PC EliteDesk 800 G4 TWR 4KX44EA
Garantie	3 Jahre vor Ort
Chipsatz	Intel Q370
Audio	Realtek ALC221
Netzwerk	LAN (10/100/1000 Mbps)
Erweiterungssteckplätze	1 × PCI-Express 3.0 × 16 2 × PCI-Express 3.0 × 1 2 × PCI-Express 3.0 × 4

Prozessor	
Modell	Intel Core i5-8500 Hexa-Core-Prozessor
Taktfrequenz	3,0 GHz, bis zu 4,1 GHz
Prozessorkerne	6
Intel Smart Cache	8 MB

Arbeitsspeicher	
Grösse	16 GB
Typ	DDR4 2666 MHz 4 × DIMM (1 belegt)
Erweiterbar	max. 64 GB

Grafikkarte	
Modell	Nvidia GeForce GTX 1080
Grafikspeicher-Typ	GDDR5X
Grafikspeicher	8 GB

Optisches Laufwerk	
Typ	Flacher SATA-SuperMulti-DVD-Brenner, DVD±RW (± R DL)/DVD-RAM

Festplatte	
Grösse	1 × 1000 GB + 256 GB SSD
Umdrehungen	7200 rpm
Cache	8 MB

Gehäuse/Netzteil	
Formfaktor	Microtower
Freie Laufwerkschächte	1 × 3,5" 1 × 5,25"
Abmessungen	154 (B) × 365 (H) × 370 (T) mm

Anschlüsse		
	4 × USB 2.0 Typ A	2 × DisplayPort
	2 × USB 3.0 (3.1 Gen. 1) Typ A	1 × Audioeingang
	4 × USB 3.1 (Gen. 2) Typ A	1 × Audioausgang
	1 × USB 3.1 (Gen. 2) Typ C	1 × RJ 45 Gigabit-LAN
	1 × VGA	

Software	
Betriebssystem	Windows 10 Pro 64 Bit
Software	Diverse HP-Tools

Beantworten Sie die folgenden Fragen:

Welches Betriebssystem ist auf diesem Rechner installiert?

_____

Mit welcher Taktfrequenz arbeitet der angebotene PC?

_____

Über wie viel Arbeitsspeicher verfügt der angebotene PC?

_____

Wie viele optische Laufwerke sind im PC eingebaut?

_____

Welche Vorteile bietet ein DVD-Laufwerk gegenüber einem veralteten CD-Laufwerk?

_____

_____

_____

Wozu dient die Schnittstelle 1 × RJ 45 Gigabit-LAN?

_____

Wie viel Speicher hat die Grafikkarte?

_____

Welche Vorteile bietet die USB-3.0-Schnittstelle im Vergleich zur USB-2.0-Schnittstelle?

_____

Worin unterscheiden sich die VGA- und die DisplayPort-Schnittstellen?

_____

Aufgabe 9

Kreuzen Sie die richtige Antwort an. Es ist jeweils nur eine Möglichkeit korrekt.

1. Was bezeichnet die Einheit «dpi»?
   - ☐ A Die Anzahl Nachkommastellen (digits post integer)
   - ☐ B «dots per inch»; Masseinheit für die Druckqualität
   - ☐ C Die Geschwindigkeit des DVD-ROM-Laufwerks
   - ☐ D Die Anzahl der möglichen PCI-Steckplätze
   - ☐ E Die Taktrate der DDR-RAM-Bausteine

2. Wie viele Bits enthält ein Byte?
   - ☐ A 64
   - ☐ B 258
   - ☐ C 8
   - ☐ D 1024
   - ☐ E 32

Aufbau und Funktionsweise eines Computersystems

3. Was versteht man unter «Plug and Play»?
   ☐ A Spiel-Software
   ☐ B Automatische Hardwareerkennung
   ☐ C Grafische Benutzeroberfläche
   ☐ D Multitasking
   ☐ E Netzwerkfähigkeit

4. In einem Angebot wird ein Drucker als Multifunktionsgerät bezeichnet.
   Es handelt sich um einen Drucker,
   ☐ A der auch ein Dokument scannen und kopieren kann.
   ☐ B der direkt an ein Netzwerk angeschlossen werden kann.
   ☐ C an den mehrere PCs angeschlossen werden können.
   ☐ D der mehrere Kopien gleichzeitig erstellen kann.
   ☐ E der sowohl schwarz-weiss wie auch farbig drucken kann.

5. Was ist ein «Chip Set» bzw. «Chipsatz»?
   ☐ A Das Rechenwerk eines Prozessors
   ☐ B Eine wichtige Bausteingruppe auf dem Motherboard, welche die unterschiedlich schnellen Verbindungswege koordiniert
   ☐ C Ein Synonym für den EISA-Bus
   ☐ D Eine Erweiterung des Arbeitsspeichers
   ☐ E Ein ultraschneller Pufferspeicher für Daten und Befehle, welcher die Arbeitsweise des Prozessors beschleunigt

6. Wo ist das BIOS (Basic Input/Output System) enthalten?
   ☐ A Im Festplatten-Controller
   ☐ B Im Prozessor-Cache
   ☐ C Im RAM
   ☐ D Keine Antwort trifft zu
   ☐ E Im ROM/CMOS

7. Ein Bildschirm in TFT-Technologie ist ein
   ☐ A Bildschirm mit Trinitron-Röhre.
   ☐ B Bildschirm mit sehr hoher Wiederholfrequenz.
   ☐ C interaktiver Bildschirm.
   ☐ D flacher Bildschirm.
   ☐ E Plasma-Bildschirm.

8. Die USB-Schnittstelle
   ☐ A erlaubt den Anschluss von mehreren Peripheriegeräten.
   ☐ B ist ein kabelloser Anschluss.
   ☐ C wird als direkter Anschluss ans Internet verwendet.
   ☐ D ist der übliche Anschluss für Bildschirm und Tastatur.
   ☐ E verbindet im PC die CPU mit der Festplatte.

9. Was gehört nicht zur Hardware?
   ☐ A Maus
   ☐ B Joystick
   ☐ C ROM-Speicher
   ☐ D Harddiskdriver
   ☐ E RAM-Speicher

10. Welche Abkürzung steht für den Hauptprozessor eines PCs?
    - ☐ A CPU
    - ☐ B ROM
    - ☐ C RAM
    - ☐ D DVD
    - ☐ E FPU

11. ROM bezeichnet
    - ☐ A einen Speicher, der sowohl gelesen als auch beschrieben werden kann.
    - ☐ B ein magneto-optisches Speicherverfahren.
    - ☐ C einen Speicher, der nur gelesen werden kann.
    - ☐ D die Speicherungstechnik von Daten auf CD-ROM und DVD.
    - ☐ E die Speicherungstechnik von Daten auf einem Magnetband.

12. Der Cache-Speicher
    - ☐ A schützt die Daten einer Festplatte gegen Virenverseuchung.
    - ☐ B regelt Konflikte bei gleichzeitig anfallenden Schreibe- und Leseoperationen.
    - ☐ C verkürzt den Zugriff auf bereits gelesene oder geschriebene Daten.
    - ☐ D ist verantwortlich für die Verschlüsselung der Daten auf der Festplatte.
    - ☐ E verhindert, dass nicht berechtigte Personen auf die Festplatte zugreifen.

13. Was versteht man unter «Prozessor Cache»?
    - ☐ A Eine wichtige Bausteingruppe auf dem Motherboard, welche die unterschiedlich schnellen Verbindungswege koordiniert
    - ☐ B Das Rechenwerk eines Prozessors
    - ☐ C Wird benutzt, um die Taktfrequenz des Prozessors zu erhöhen (overclocking)
    - ☐ D Ein ultraschneller Pufferspeicher für Daten und Befehle, welcher die Arbeitsweise des Prozessors beschleunigt
    - ☐ E Ein Synonym für den PCI-Express-Bus

14. Die Taktfrequenz eines Prozessors wird ausgedrückt in:
    - ☐ A MHz
    - ☐ B MIPS
    - ☐ C MB
    - ☐ D MFlops
    - ☐ E Mbaud

15. Welche der folgenden Komponenten befindet sich nicht auf dem Motherboard?
    - ☐ A RAM
    - ☐ B Harddisk
    - ☐ C Bus
    - ☐ D ROM
    - ☐ E Taktgeber

Netzwerke

2

Netzwerke

2.1 Netzwerkgrundlagen

Jeder Rechner in einem LAN (Local Aren Network) oder im Internet muss über eine eigene, gültige Adresse verfügen, damit er von anderen Rechnern angesprochen werden kann. Zur Identifizierung jedes am Netzwerk angeschlossenen Geräts dient die sogenannte IP-Adresse. Im Normalfall erhält jeder Rechner im LAN seine persönliche Adresse beim Starten vom Router zugewiesen. Nun können die Rechner untereinander kommunizieren (z. B. mit einem Ping-Befehl). Will ein Rechner auf das Internet zugreifen, agiert der Router als Vermittler zwischen LAN und WAN. So können auch Rechner ausserhalb des eigenen LAN erreicht werden. Im Internet sind wir dann nicht mit der privaten IP-Adresse unseres Rechners, sondern mit der öffentlichen IP-Adresse des Routers sichtbar. Die öffentliche IP-Adresse wird dem Router vom ISP (Internet Service Provider) zugeordnet. Bei Kabelnetzbetreibern (z. B. upc cablecom) ist es möglich, dass die öffentliche IP-Adresse direkt dem Rechner zugewiesen wird.

Auf verschiedenen Websites können Sie die vom ISP zugewiesene öffentliche IP-Adresse ausfindig machen: www.wieistmeineip.ch.

Die Notation der IP-Adressen besteht aus vier Zahlen, die Werte von 0 bis 255 annehmen können und mit einem Punkt voneinander getrennt werden, beispielsweise 192.23.2.42.

Befehl	Windows-Taste +R
Befehl	cmd eingeben und OK

Eingabeaufforderung mit alten Windows-Systemen öffnen

Befehl	Klick auf Lupe
Befehl	Eingabeaufforderung

Eingabeaufforderung mit Windows 10 öffnen

Fenster	Systemsteuerung
Befehl	Netzwerk und Internet
Befehl	Netzwerk- und Freigabecenter
Befehl	Adaptereinstellungen ändern
Auswahl	gewünschten Adapter mit Doppelklick öffnen
Befehl	Eigenschaften
Befehl	Internetprotokoll auswählen
Befehl	Eigenschaften

Einstellen der IP-Adresse

In der Eingabeaufforderung können Sie die interne IP-Adresse Ihres Rechners ausfindig machen. **Klick auf Lupe → Eingabeaufforderung** eingeben. Nun befinden Sie sich in der Kommandoebene. Schreiben Sie in die Zeile, auf welcher der Cursor blinkt: **ipconfig/all**.

Sie erhalten ausführlich Auskunft über Ihre IP-Konfiguration.

Mit dem Befehl **ping** auf der Kommandoebene können Sie feststellen, ob Sie mit einem Computer im LAN oder im Internet in Kontakt stehen. Dazu geben Sie nach dem Befehl die IP-Adresse des gesuchten Computers ein, z. B. ping 192.168.1.34.

Dialogfeld zum Einstellen der IP-Adresse

Aufgabe 10

▶ Suchen Sie Ihre aktuelle IP-Adresse, welche Ihnen vom ISP zugeordnet ist.

▶ Rufen Sie auf der Kommandoebene Ihre IP-Konfiguration ab.

▶ Pingen Sie den Computer Ihres Pultnachbarn an.

2.2 Netzwerktechnologien

Im geschäftlichen Alltag finden wir heute kaum noch Computer, die nicht vernetzt sind. Die Verbindung von Computern innerhalb eines Unternehmens wird durch lokale Netzwerke (LANs) hergestellt. Ein lokales Netzwerk ist die Verbindung mehrerer Rechner innerhalb eines begrenzten Bereichs. Lokale Netzwerke ermöglichen eine hohe Datenübertragungsrate mit geringem Verbindungsaufwand (kurze Leitungswege). Peripheriegeräte wie Drucker, CD-ROMs usw. können in Netzen gemeinsam genutzt werden, was eine deutliche Kostenersparnis bedeutet. Als Übertragungsmedium dienen keine öffentlichen, sondern interne Leitungen (Kupferkabel, Glasfaserkabel, Funk).

LAN

In einem lokalen Netzwerk lassen sich Zugangs- und Zugriffsmöglichkeiten beschränken (Rechte). Programme und Daten (Textverarbeitung, Datenbanken, gemeinsame Terminverwaltungen und Austausch von E-Mails) werden gemeinsam benutzt. Ein weiterer Vorteil besteht in einem gemeinsamen Internetzugang mit entsprechenden Sicherheitseinrichtungen (Anti-Malware-Tools sowie sogenannte Firewalls) gegen Virenattacken und Angriffe von aussen.

WAN

Das Verbinden mehrerer Netze oder das Verknüpfen von Netzen über grosse Entfernungen ist ein Weitverbundnetz (Wide Area Network, abgekürzt WAN). Die Verbindung solcher Netze geschieht über Vermittlungstechniken auf Datenkommunikationsnetzen, z. B. über Leitungen der Swisscom. In der Praxis steht das WAN als Synonym für die Verbindung zum Internet.

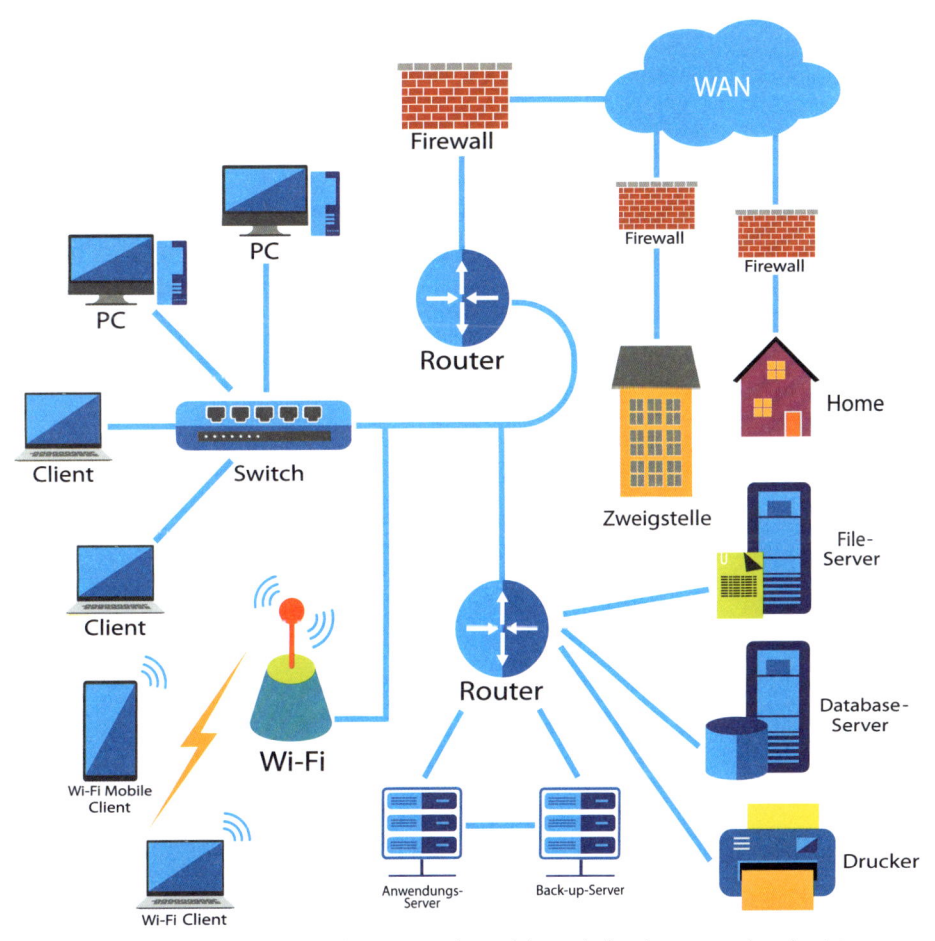

Schematische Darstellung eines lokalen Netzwerks, welches mit dem Internet verbunden ist

Kupferkabel

Kupferkabel übertragen Daten in Form von elektrischen Signalen. Ein Kupferkabel besteht aus mehreren verdrillten Kupferdrähten (Twisted-Pair) oder einem ummantelten Kern (Koaxialkabel). Verbindungen über Kupferkabel sind weitverbreitet, kostengünstig, zuverlässig und schnell. Im geschäftlichen Umfeld sind die meisten Computer mit Kupferkabel oder Glasfaser (Fiber) am LAN angeschlossen.

Lichtwellenleiter – Glasfaser

Mit Lichtwellenleitern lassen sich sehr hohe Übertragungsraten erzielen. Sie bestehen aus Glasfaser oder Kunststoff. Im Gegensatz zu Kupferkabeln werden Lichtsignale transportiert. In städtischen Gebieten werden Internetanschlüsse zunehmend mit Lichtwellenleitern realisiert, weil der Bedarf für schnelle Internetanbindung stetig wächst.

Funk – WLAN

Daten können auch mit Funk übertragen werden, sei dies im Mobilfunk oder in den weitverbreiteten WLAN (Wireless LAN). WLAN ist besonders praktisch, weil auf physische Kabel zwischen Computern verzichtet werden kann. Allerdings sind Funkverbindungen in der Regel deutlich langsamer als Verbindungen über Kupferkabel oder Glasfaser (Fiber). Die Zuverlässigkeit von WLAN hängt stark von den örtlichen Gegebenheiten ab. Gegenstände wie Wände, Pflanzen, Möbel oder fremde Funksender in der Umgebung können die Übertragungsqualität stark beeinträchtigen. Wichtig ist zudem eine gute Verschlüsselung des WLAN, weil sonst die Gefahr besteht, dass übertragene Daten abgehört oder manipuliert werden können.

Gefahren WLAN

Moderne WLAN-Router bieten eine Verschlüsselung nach den sicheren WPA/WPA2-Standards, welche der ehemaligen und weniger sicheren Verschlüsselung WEP (Wired Equivalent Privacy) vorzuziehen sind. WPA (Wi-Fi Protected Access) konnte durch Funktionen wie dynamische Schlüssel und Authentifizierung die Sicherheit in Funknetzen gewährleisten. Inzwischen wurde der noch leistungsfähigere Verschlüsselungsalgorithmus AES entwickelt, und dieser wurde in WPA integriert. Daraus entstand der Standard WPA2, später WPA3. Es ist dringend zu empfehlen, mindestens WPA2 zu aktivieren und einen langen Netzwerkschlüssel (mindestens 20 Zeichen, mit Gross- und Kleinbuchstaben sowie Sonderzeichen und Zahlen) zu verwenden. Ein mit ausreichend langem Passwort geschützter Wireless-Router mit WPA2-AES-Verschlüsselung gilt aus heutiger Sicht als sicher. Mit WPA3 werden vier neue Funktionen implementiert: besserer Schutz bei einfachen Passwörtern, vereinfachte Sicherheitskonfiguration, verbesserter Datenschutz in öffentlichen Netzwerken, Einsatz auch bei sehr hohen Sicherheitsanforderungen möglich.

2.3 Vernetzungsmöglichkeiten

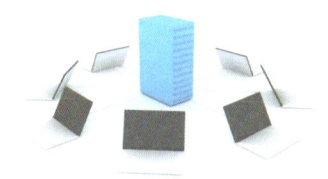

Client-Server

Rechner, die mit einem Netzwerk-Betriebssystem gesteuert werden, bezeichnet man als Server. Server bieten den Netzwerkstationen (Clients) eine Reihe von Diensten an. Clients können z. B. Massenspeicher auf dem Server nutzen und Peripheriegeräte im Netzwerk, in erster Linie leistungsfähige Drucker, ansteuern. Server zeichnen sich in der Regel durch hohe Leistung und Betriebssicherheit aus. Dabei werden schnelle Prozessoren und grosse Arbeitsspeicher eingesetzt. Wichtig für eine gute Leistung ist auch ein schnelles Bussystem, damit ein hoher Datendurchsatz möglich wird. Zur Sicherheit werden Festplatten im RAID-Verbund mehrfach gesichert, sodass bei einem Harddisk-Crash kein Betriebsunterbruch stattfindet und keine Daten verloren gehen. Gegen Stromausfälle wird ein Server in der Regel mit einer unterbrechungsfreien Stromversorgung (USV) abgesichert.

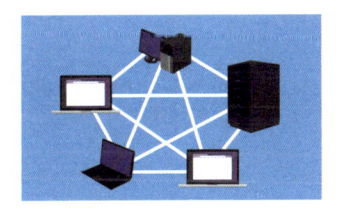

Client-Server-Vernetzung

Peer-to-Peer

Wenn nur wenige Rechner miteinander verbunden werden, genügt meist ein Peer-to-Peer-Netzwerk. Bei dieser Netzstruktur sind alle Teilnehmer einander gleichgestellt. Sie können untereinander Rechte erteilen und Festplatten bzw. Ein- und Ausgabegeräte verfügbar machen. Für kleine Arbeitsgruppen oder Kleinbetriebe, ja selbst im privaten Bereich, bieten solche Netzwerkstrukturen Vorteile. Man benötigt keine besonderen Server. Die Installation und vor allem die Betreuung des Netzwerks sind wesentlich weniger anspruchsvoll. Komplexe Client-Server-Netze werden von Spezialisten betreut.

Peer-to-Peer

Cloud-Computing

Beim sogenannten Cloud-Computing, was man mit «Rechnen in einer Wolke» übersetzen kann, werden dem Nutzer bestimmte IT-Infrastrukturen (z. B. Rechenkapazität, Datenspeicher, Netzwerkkapazitäten) oder auch eine komplette Software nur noch über ein Netzwerk als Dienst bereitgestellt und nicht mehr vor Ort installiert. Dies wirkt für den Nutzer, als wäre diese bereitgestellte IT-Infrastruktur wie von einer Wolke umschlossen, die weit weg und wenig transparent ist. Über ein Netzwerk wie das Internet oder das Intranet können dann die weit weg deponierten Daten genutzt werden. Die Anwendungen und Daten befinden sich also nicht mehr auf dem lokalen Rechner oder im Unternehmensrechenzentrum, sondern in der Cloud, der Wolke.

Cloud-Computing

Cloud-Computing bietet inzwischen die ganze Bandbreite der Informationstechnik an. Es beinhaltet neben infrastrukturellem Service wie Rechenleistung und Speicherkapazitäten auch Plattformen und Software und ermöglicht Kosteneinsparungen gegenüber bisherigen Systemen. Dies ist z. B. dann der Fall, wenn sich beispielsweise die Bezahlung nach der Dauer der Nutzung des Dienstes richtet und der Dienst nur gelegentlich genutzt wird. Lokale Ressourcen (Software und Hardware) lassen sich zudem einsparen.

Aufgrund der Fortschritte im Bereich der Verschlüsselungstechnik sind die Anwendungsdaten bei der Übertragung zwischen lokalem Client und entferntem Server inzwischen vor unbefugtem Zugriff relativ sicher. Dies gilt dank der Kryptografie auch weitgehend für die Verschlüsselung der Daten, welche in der Cloud gespeichert sind.

Allerdings sind für die Administratoren des Cloud-Anbieters und der Dienste die Nutzerdaten während der Datenverarbeitung zugänglich. Das führt zu Bedenken, dass marktbeherrschende Dienstleister wie Google so immer mehr Möglichkeiten haben, über private Daten von Nutzern zu verfügen. Diese Bedenken könnten über neue Verschlüsselungsalgorithmen vermindert werden, die sich für einen breiten und umfangreichen Einsatz beim Cloud-Computing eignen.

Netzwerke

Ungeklärt ist für private Nutzer auch das Schicksal ihrer Daten in der Cloud, falls der entsprechende Dienstleister insolvent wird. Inzwischen reagieren Anbieter auf diese Problematik, indem sie die Option einer Rücksicherung der Daten auf dem eigenen Computer anbieten.

Wer seine Daten in die Cloud auslagern oder Software aus der Wolke nutzen will, sollte darauf achten, dass im Vertrag folgende wichtige Fragen eindeutig beantwortet werden:
- Sind die Daten sicher?
- Wird ein bestimmter Service-Level garantiert?
- Wie überträgt der Anbieter bei Vertragsende die Daten?
- Wo genau werden die Daten gelagert?
- Gibt es Subunternehmer, welche Daten in Drittländer weiterleiten?

Aufgabe 11

Beantworten Sie die folgenden Fragen.

Welches ist der Hauptunterschied zwischen einem Peer-to-Peer- und einem Client-Server-Netzwerk?

Nennen Sie fünf Gründe für die lokale Vernetzung von Computern (LAN).

Zählen Sie fünf Chancen und Risiken des Cloud-Computings auf und suchen Sie fünf Anbieter dieser Dienstleistung, welche für Privatpersonen oder kleine Unternehmen geeignet sind.

2.4 Zugriffsrechte auf Daten im Netz

Auf einem Server werden Daten und Programme in der Regel nicht einfach jedem Benutzer zugänglich gemacht. Für jeden Benutzer werden Rechte vergeben, die ihm ermöglichen, auf bestimmte Programme, Festplattenbereiche und Peripheriegeräte zuzugreifen. Die meisten Rechte benötigen die Administratoren von Netzwerksystemen. Andere Netzwerkbenutzer erhalten in einzelnen Bereichen nur das Recht, Daten zu lesen (Lesezugriff), in anderen Bereichen dürfen sie auch Daten verändern (Schreibzugriff). Der Server kontrolliert, wer gerade welche Datei oder welchen Datensatz bearbeitet.

Befehl	**Rechtsklick auf Ordner**
Befehl	**Eigenschaften**
Register	**Sicherheit**
Befehl	**Erweitert**

Berechtigungen setzen

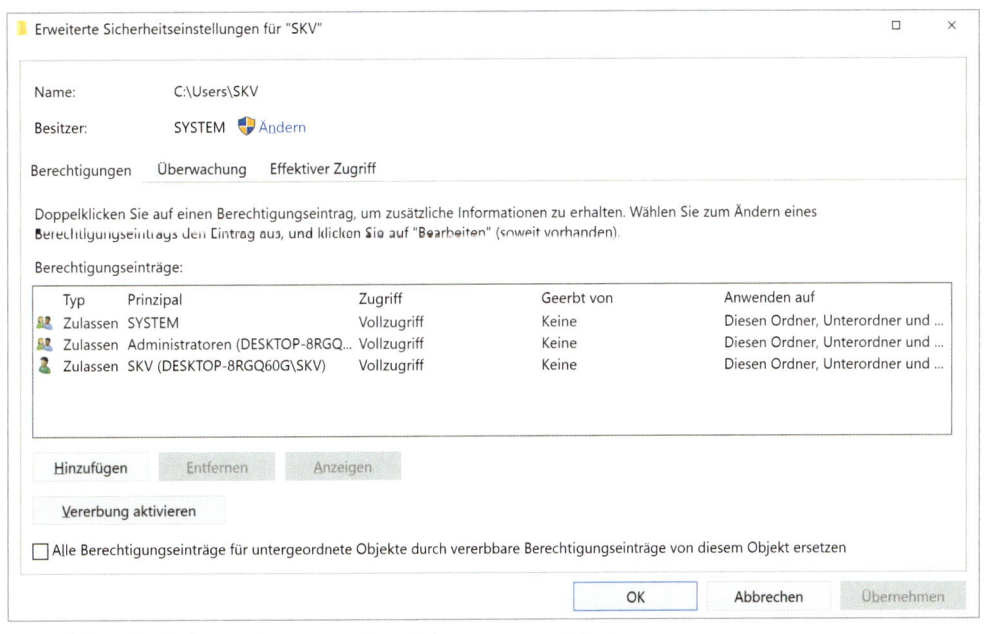

Dialogfeld Sicherheit zum Setzen von Berechtigungen unter Windows

Aufgabe 12

Kreuzen Sie die richtige Antwort an. Es ist jeweils nur eine Möglichkeit korrekt.

1. Welches ist die treffendste Bezeichnung für einen Router?
   - ☐ A Netzwerkkomponente zur Wegbestimmung und Weiterleitung von Datenpaketen
   - ☐ B Schnelle Verbindung von einem PC zu einem externen Festplattensystem
   - ☐ C Hardwarekomponente zum Anschluss eines PCs an ein Peer-to-Peer-Netz
   - ☐ D Netzwerkkomponente zum Anschluss von mehreren PCs an ein Netz
   - ☐ E Komponente des Prozessorchips, die den Datentransfer zwischen CPU und Speicher regelt

2. Wie bezeichnet man einen Computer, der für mehrere andere Rechner gemeinsame Dienste leistet, z. B. eine Datenbank enthält oder Speicherplatz für gemeinsam benutzte Dateien bietet?
   - ☐ A Host
   - ☐ B Server
   - ☐ C Router
   - ☐ D Hub
   - ☐ E Client

3. Für was steht das Internetprotokoll FTP?
- [ ] A Forward to Packet
- [ ] B File to Packet Multitasking
- [ ] C File Transfer Protocol
- [ ] D File To Protokoll
- [ ] E Forward Transfer Protokoll

4. Was bezeichnet der Begriff URL?
- [ ] A Eine IP-Adresse
- [ ] B Eine E-Mail-Adresse
- [ ] C Den Namen eines Benutzers in einem Netzwerk
- [ ] D Die Adresse eines Knotens in einem Netzwerk
- [ ] E Den Namen einer Website oder eines Webdokuments

5. Wie heisst die Abkürzung der am meisten verwendeten Protokollfamilie im LAN/WAN?
- [ ] A FTP
- [ ] B TCP/IP
- [ ] C OSI
- [ ] D Data Link
- [ ] E SCSI

6. Wie nennt sich eine Einheit, die den Datenfluss protokolliert, ihn zulässt oder sperrt sowie Zugriffsrichtlinien durchsetzt?
- [ ] A Router
- [ ] B Switch
- [ ] C Firewall
- [ ] D Server
- [ ] E RJ-45

7. Welches ist eine gültige IP-Adresse?
- [ ] A 192.268.1.33
- [ ] B 192.168.1.33.5
- [ ] C 190.225.223.0
- [ ] D 10.0.254
- [ ] E 135.0.254

8. Extranet und Intranet sind unternehmenseigene Netzwerke mit Internettechnologie. Ein Extranet unterscheidet sich aber von einem Intranet dadurch, dass es
- [ ] A drahtlos funktioniert.
- [ ] B Mitarbeitern im Aussendienst zugänglich ist.
- [ ] C Funktionen enthält, die mit einem normalen Browser nicht ausgeführt werden können.
- [ ] D für die Telefonie (Voice over IP) verwendet wird.
- [ ] E bestimmten Benutzergruppen ausserhalb der Firma zugänglich ist.

9. Ein Netzwerk ist ein WAN, wenn
- [ ] A Windows-Rechner angeschlossen sind.
- [ ] B das Netz aus Teilen besteht, die über öffentliche Linien verbunden sind.
- [ ] C die Arbeitsplätze auf verschiedene Räume oder Stockwerke verteilt sind.
- [ ] D Rechner mit verschiedenen Betriebssystemen angeschlossen sind.
- [ ] E mehr als ein Dutzend Arbeitsplätze angeschlossen sind.

Software

3

3.1 Einführung

In den vorangehenden Kapiteln haben wir die Hardware und die Netzwerkeinrichtungen beschrieben. Um die Hardware und um Netzwerkeinrichtungen zum Leben zu erwecken, benötigen wir Software(-Programme). Software besteht lediglich aus Informationen und ist nicht materiell wie Computerbestandteile.

Software teilt man in der Regel in zwei grosse Bereiche ein:

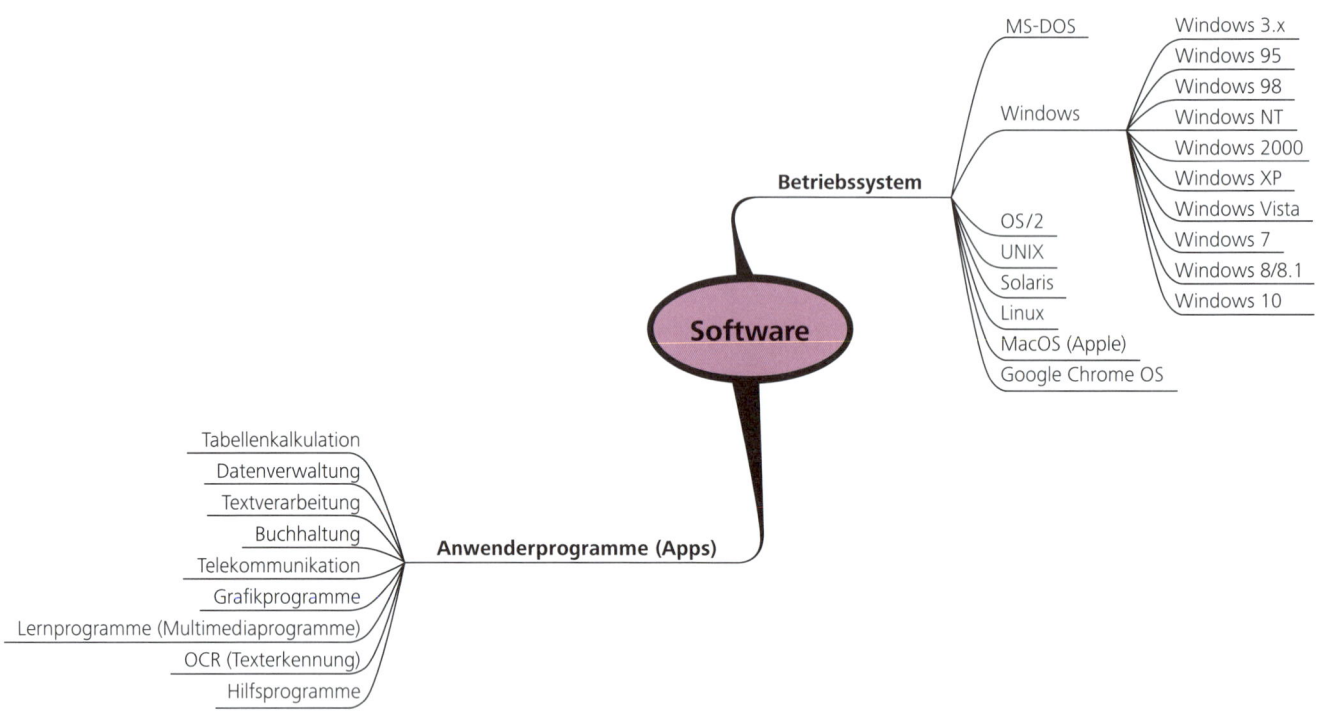

Software

- **Betriebssystem**
  - MS-DOS
  - Windows
    - Windows 3.x
    - Windows 95
    - Windows 98
    - Windows NT
    - Windows 2000
    - Windows XP
    - Windows Vista
    - Windows 7
    - Windows 8/8.1
    - Windows 10
  - OS/2
  - UNIX
  - Solaris
  - Linux
  - MacOS (Apple)
  - Google Chrome OS

- **Anwenderprogramme (Apps)**
  - Tabellenkalkulation
  - Datenverwaltung
  - Textverarbeitung
  - Buchhaltung
  - Telekommunikation
  - Grafikprogramme
  - Lernprogramme (Multimediaprogramme)
  - OCR (Texterkennung)
  - Hilfsprogramme

Das Schema zeigt nur eine Auswahl häufig eingesetzter Programme.

3.2 Betriebssystemsoftware

3.2.1 Funktion

Mit der Betriebssystemsoftware werden Laufwerke, Tastatur, Bildschirme usw. verwaltet und gesteuert. Ohne Betriebssystem ist die Hardware unbrauchbar. Das Betriebssystem sorgt dafür, dass der Benutzer nach dem Einschalten des Computers arbeiten kann. Es übernimmt die Anpassung der Bildschirmausgabe aufgrund verschiedener Monitortypen. Anwendungsprogramme werden mittels Betriebssystem gestartet, benutzt und wieder beendet.

Die wichtigsten Aufgaben des Betriebssystems sind:
- Starten und Beenden des Rechnerbetriebs
- Organisation und Verwaltung des Arbeitsspeichers
- Verwaltung der Daten mit geeigneten Organisationsmitteln (z. B. Dienstprogrammen)
- Steuerung sämtlicher Hardwarekomponenten
- Organisation und Verwaltung der Speichermedien
- Steuern der Bildschirmanzeige
- Laden und Kontrollieren der Anwenderprogramme/Apps, Weitergabe von Benutzereingaben
- Mehrere Anwendungsprogramme gleichzeitig ausführen (Multitasking)
- Behandlung von Fehlern
- Verwaltung von Benutzerrechten (Administrator- oder Standardbenutzerrecht)
- Verwaltung und Bedienung mehrerer Benutzer mit eigenen Zugriffsrechten und Nutzungsprofilen
- Bereitstellung von Dienstprogrammen für verschiedene Zwecke: Datensicherung, Texteingabe, Telekommunikation, Rechnen usw.
- Automatische Hardwareerkennung (Plug and Play)

Nach dem Laden der Informationen aus ROM und CMOS lädt der PC das Betriebssystem in den Hauptspeicher. Diesen Vorgang nennt man in der Fachsprache **booten.** Damit Anwenderprogramme mit verschiedenen Peripheriegeräten wie Druckern, Maus oder Tastatur zusammenarbeiten können, übernimmt das Betriebssystem die Kontrolle dieser Geräte. Beim Booten werden die Treiber für die Hardwarekomponenten (z. B. Grafik- und Maustreiber) eingelesen. Ein Treiber bildet die Brücke zwischen den Hardwarekomponenten und dem jeweiligen Betriebssystem. Zuletzt wird die grafische Oberfläche des Betriebssystems geladen.

Software

Aufgabe 13

Sprechen Sie mit einem Systemverantwortlichen Ihres Lehrbetriebs oder Ihrer Schule. Welches Betriebssystem wird am PC Ihres Arbeitsplatzes eingesetzt? Nennen Sie Gründe für die Wahl des entsprechenden Betriebssystems.

3.2.2 Kurze Entwicklungsgeschichte des Betriebssystems Windows

Entstehung

Das bekannteste und am weitesten verbreitete Betriebssystem auf PCs heisst Microsoft Windows, dessen erste Version 1985 veröffentlicht wurde.

Windows hat die Bedienung des PCs grundlegend verändert. War der Benutzer früher darauf angewiesen, Befehle per Tastatur im Betriebssystem MS-DOS einzutippen, ermöglichte Windows fortan das Arbeiten auf einer grafischen Oberfläche mit Maus, Tastatur und parallel geöffneten Fenstern (daher der Name «Windows»).

Die ersten Versionen waren allerdings noch langsam und fehleranfällig. Der Durchbruch gelang Microsoft im Jahr 1990 mit der Version 3.0. Zum ersten Mal stand nun eine ausgereifte Windows-Version zur Verfügung, sodass grafische Betriebssysteme von nun an breiten Einzug in die PC-Welt hielten.

Die wichtigsten Versionsschritte für den Privatkundenbereich

Mit Windows 3.0 standen 1990 erstmals ein einfaches Multitasking und eine leistungsfähige Speicherverwaltung zur Verfügung. Grosse Verbreitung fand die Version 3.1. In ihr wurden erstmals TrueType-Schriften unterstützt, und das Drag and Drop feierte Premiere.

Logo Windows 3.0

1995 brachte Microsoft das Betriebssystem Windows 95 auf den Markt. Die grafische Oberfläche wurde stark verändert, Startmenü und Taskleiste erleichterten die Bedienung, und endlich konnten Dateinamen mit mehr als acht Zeichen vergeben werden.

Logo Windows 95

Windows XP war 2001 die nächste stark veränderte Version. Das Betriebssystem wurde mit einer neuen Benutzeroberfläche versehen und mit vielen neuen Funktionen und Hilfsprogrammen ausgestattet. So gab es z. B. erstmals eine Systemwiederherstellung, der Datei-Explorer (früher: Windows-Explorer) wurde erweitert und das Produkt musste aktiviert werden.

Logo Windows XP

Nach Windows XP erschien 2007 Windows Vista, dessen schlechter Ruf trotz grosser Verbesserungen nie ganz korrigiert werden konnte. Dennoch brachte Vista wesentliche Veränderungen mit sich: Neben der grafischen Oberfläche Aero wurden das Snipping Tool und die Fotogalerie hinzugefügt, die Suchfunktion grundlegend überarbeitet und eine erweiterte Benutzerkontensteuerung eingeführt.

Logo Windows Vista

Im Oktober 2009 lancierte Microsoft Windows 7. Die grafischen Verbesserungen, die gute Benutzerunterstützung und der effiziente Umgang mit den Rechnerressourcen machen Windows 7 zum beliebten Betriebssystem.

Logo Windows 7

Im Oktober 2012 wurde Windows 8 veröffentlicht. Windows 8 vereinheitlichte mit seiner radikal überarbeiteten Oberfläche die Darstellung auf PCs, Tablets und Smartphones. Es liess sich sowohl mit Gesten wie auch mit Maus und Tastatur bedienen.

Logo Windows 8

Software

Logo Windows 10

Windows 10 ist nicht nur auf dem Desktop-Computer und auf Notebooks lauffähig, sondern ist eine einheitliche Plattform für verschiedenartige Geräte (wie Tablets, Smartphone, Spielkonsolen). Die grafische Benutzeroberfläche passt sich an den Typ des Geräts an. Windows 10 erkennt auch, ob eine Tastatur angeschlossen ist, und kann automatisch zwischen Touch- und Tastaturoberfläche wechseln.

Voraussichtlich ist Windows 10 die letzte Windows-Version, die als eigenständiges neues Paket veröffentlicht wird. Stattdessen wird Windows zu einem Service von Microsoft, der Verbesserungen, Aktualisierungen und Weiterentwicklungen fortlaufend als Updates einspielt.

Befehl	Windows-Taste +R
Befehl	winver

Anzeige der Versionsbezeichnung

Unter dem Markennamen «Windows 10» verraten nun interne Versionsbezeichnungen, welche Windows-Version installiert ist. Die neuen Versionsnummern setzen sich aus dem Jahr und dem Monat der Veröffentlichung zusammen. «Version 1809» bedeutet beispielsweise, dass es sich um die Version handelt, die im September 2018 veröffentlicht wurde. Die aktuelle Versionsbezeichnung kann mit dem Befehl **winver** abgerufen werden.

Infofenster zur Windows-Version

Andere Betriebssysteme als Windows

Auch wenn Windows – mindestens als lokales Betriebssystem – die grösste Verbreitung hat, haben auch andere Betriebssysteme ihre Bedeutung, allen voran Linux und OS X von Apple. Linux bildet heute eine ernst zu nehmende Alternative zum Betriebssystem-Standard Windows. Als Netzwerkbetriebssysteme sind neben Windows-Systemen vor allem auch Unix und wiederum Linux marktführend.

Tux, Maskottchen von Linux

Das Betriebssystem OS X von Apple geniesst zunehmende Verbreitung, es lässt sich jedoch ausschliesslich auf Macintosh-Computern von Apple betreiben. OS X ist eine proprietäre Version des freien Unix-Betriebssystems Darwin.

3.2.3 Wichtige Elemente von Windows: Desktop, Hilfe und das Fensterprinzip

Die bekannte Arbeitsoberfläche von Windows, die Schaltzentrale, welche beim Start von Windows aktiv ist, heisst «Desktop». Mit Windows 8 führte Microsoft das neue Oberflächensystem «Modern UI» ein, welches Apps und Inhalte in Kachelform darstellt und speziell für Bedienung mit Touchscreens geeignet ist. Windows 10 verfügt über einen Tabletmodus, der die Bedienung über Touchscreen optimiert. Seine Oberfläche ist nicht der klassische Desktop, sondern die aus Windows 8.1 bekannte Kacheloberfläche Modern UI.

Modern UI mit Kacheln in Windows 8.1

Betriebssystemsoftware

Desktop

Auch unter Windows 10 ist der bekannte Desktop als Arbeitsoberfläche vorhanden.

Objekte
Objekte sind Gegenstände (Symbole), die auf dem Desktop abgelegt sind. Durch einen Doppelklick auf das Symbol öffnet sich die Anwendung.

Start
Öffnet das Startmenü mitsamt der Kachelübersicht. Mit der rechten Maustaste lassen sich Änderungen am System vornehmen.

Taskleiste
Auf der Taskleiste sind gestartete (geöffnete) Anwendungen abgelegt. Zusätzlich können Verknüpfungen zu installierten Programmen an die Taskleiste angeheftet werden.

Taskbar
In der Taskbar stehen Icons zum Starten von Hilfsprogrammen wie Änderungen der Systemzeit, der Netzwerkeinstellungen oder der Lautstärke der Lautsprecher.

Windows-Desktop: Aufbau und Funktion sind im Wesentlichen vergleichbar mit den Vorgängerversionen.

Windows-Hilfe

Das Hilfesystem von Windows 10 wurde vollständig ins Internet ausgelagert. Mit der Tastenkombination **Windows + F1** gelangen Sie mithilfe der Microsoft-Suchmaschine Bing zu den Hilfethemen, Lernvideos, Foren und Downloads zu Windows. Ausführliche Informationen zu allen Bereichen in Windows 10 erhalten Sie auch in der Hilfe-App.

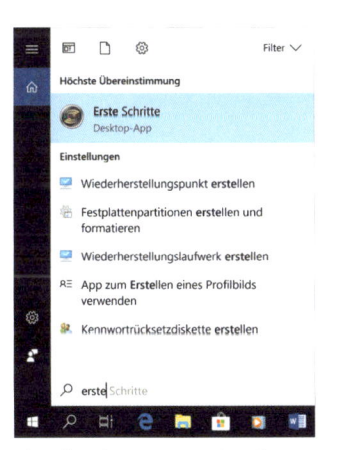

Eingabe einer Frage oder eines Schlüsselworts im Suchfeld

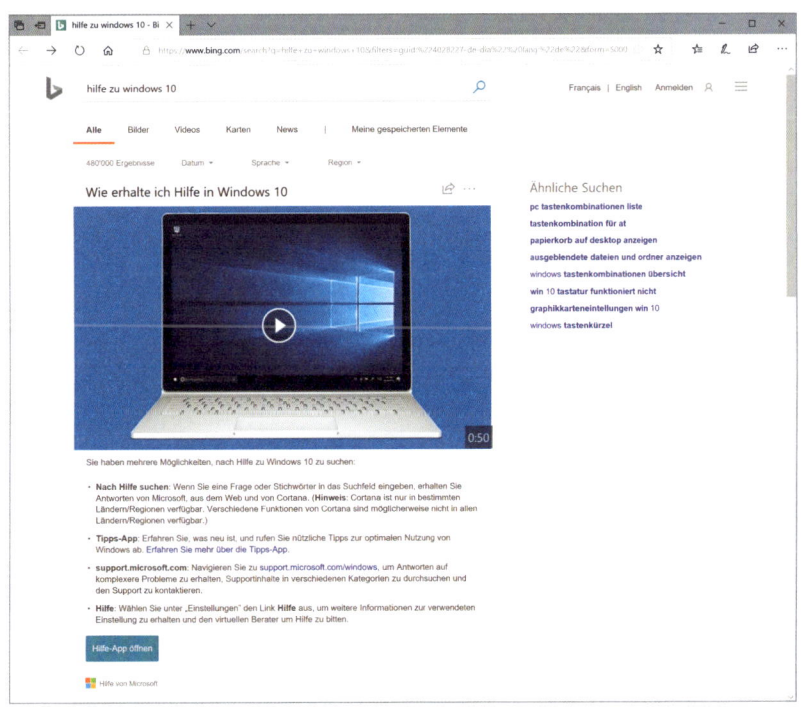

Mit **Windows + F1** Hilfe zu Windows 10 erhalten

Software

Der Aufbau eines Fensters

Unter Windows öffnen sich alle Programme und Dateien in einzelnen Fenstern. Egal, ob es sich um eine Office-Anwendung, den Datei-Explorer oder einen Internetbrowser handelt: die Rahmenelemente des Fensters sind immer die gleichen.

Der Bildschirmaufbau des Datei-Explorers

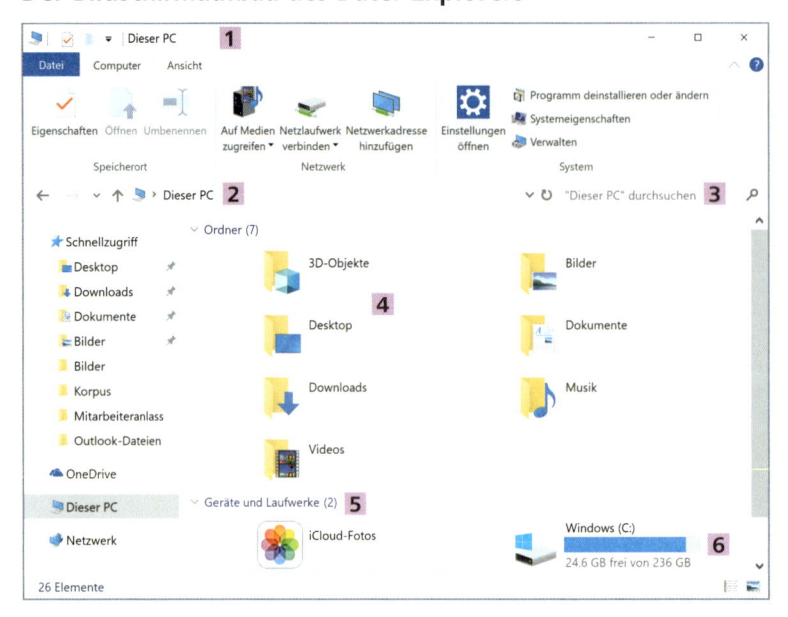

1 Titelleiste
Jedes Fenster in Windows ist mit einer Titelleiste ausgestattet. Eine Titelleiste steht auch im Datei-Explorer und in Dialogfeldern.
In Anwendungsprogrammen werden in der Titelleiste jeweils der Programmname sowie die aktuell bearbeitete Datei aufgeführt.

2 Navigationsleiste
Die Navigationsleiste wird standardmässig im Datei- und Internet-Explorer angezeigt. Sie zeigt den Pfad zum aktuell angezeigten Laufwerk bzw. Ordner an. Mit einem Mausklick ins Adressfeld ändert sich die Anzeige auf die von früheren Windows-Versionen bekannte klassische Anzeige des Pfades.

3 Suchfeld
Um gezielt in einem bestimmten Ordner nach Dateien zu suchen, eignet sich die Eingabe des gewünschten Suchbegriffs in das Suchfeld. Die Suchergebnisse werden im Arbeitsbereich angezeigt.

4 «Dieser PC»-Ordner
«Dieser PC» enthält die eigenen Ordner (Bilder, Desktop, Dokumente usw.) des aktuell angemeldeten Benutzers.

5 Geräte und Laufwerke
Die interne Festplatte, angeschlossene Geräte und Wechselmedien wie z. B. USB-Sticks, CD, DVD, Blu-Ray oder externe Festplatten werden als Gerät bzw. Laufwerk angezeigt. Jedes Laufwerk erhält vom Betriebssystem automatisch einen Laufwerkbuchstaben zugeteilt.

6 Netzwerkadressen
Zugriffe auf entfernte Rechner oder Server werden als Netzlaufwerke unter Netzwerkadressen angezeigt.

Die drei Schaltflächen am rechten Rand der Titelleiste stehen für folgende **Funktionen**:

Minimieren (Fenster auf Symbolgrösse verkleinern)

Maximieren oder Wiederherstellen (wechselt abhängig von der aktuellen Fenstergrösse zum Vollbild- oder Fenstermodus)

Schliessen (kann das Fenster in seiner Grösse nicht verändert werden, erscheint lediglich das Schliessensymbol)

Die Ränder eines in der Grösse veränderbaren Fensters können mit der Maus angeklickt und damit kann die Fenstergrösse verändert werden. Je nach Funktion wechselt der Mauszeiger seine Form.

Aufgabe 14

Versuchen Sie selbst hinter die Möglichkeiten zu kommen, die Ihnen nach dem Öffnen des Ordners «Dieser PC» zur Verfügung stehen. Sofern notwendig, können Ihnen die Hilfefunktionen von Windows wertvolle Unterstützung bieten.

Wie viel Speicherplatz ist auf Ihren lokalen Laufwerken belegt? Wie viel Speicherplatz haben Sie auf Ihren lokalen Laufwerken noch zur Verfügung?

_____
_____
_____

Wozu dient die Formatierung eines Datenträgers?

_____
_____
_____

Wie formatieren Sie einen Datenträger? (Vorsicht beim Ausprobieren!)

_____
_____
_____
_____

Wie stellen Sie fest, ob auf einem Datenträger noch genügend Speicherplatz verfügbar ist?

_____
_____

Welche Ansichtsmöglichkeiten stehen Ihnen im Ordner «Dieser PC» zur Verfügung?

_____
_____
_____
_____

Wie können Sie den Computer mit einem weiteren Netzlaufwerk verbinden?

_____
_____

Wie können Sie einen neuen Netzwerkdrucker hinzufügen?

_____
_____

Software

3.3 Betriebssystem effizient nutzen

Benutzerkonten ermöglichen es, dass mehrere Personen einen Computer problemlos gemeinsam verwenden können. Jede Person kann ein getrenntes Benutzerkonto mit eigenen Einstellungen und Voreinstellungen haben. Über Benutzerkonten kann auch gesteuert werden, für welche Dateien und Programme der Zugriff möglich ist und welche Änderungen am Computer vorgenommen werden dürfen.

Der Computer sollte unbedingt ordnungsgemäss ausgeschaltet werden; es stehen dafür verschiedene Möglichkeiten zur Verfügung. Dadurch wird nicht nur Energie gespart, der Computer wird auch geschützt und es wird sichergestellt, dass keine Daten verloren gehen.
Das Betriebssystem kann auf vielfältige Weise auf die Bedürfnisse der Benutzer eingestellt werden.

3.3.1 Benutzerkonto

Bei der Arbeit am Computer melden Sie sich mit Ihrem Benutzerkonto an. Das Benutzerkonto legt fest, auf welche Dateien und Ordner Sie zugreifen und welche Änderungen Sie am Computer vornehmen können. Persönliche Einstellungen wie Desktophintergrund, Bildschirmschoner usw. werden ebenfalls im Benutzerkonto abgelegt. Mit einem Benutzernamen und einem Kennwort (Credentials) gelangen Sie in Ihr Benutzerkonto. Anstelle eines Kennworts können auch andere Anmeldeoptionen wie Gesichtserkennung, PIN oder Bildcode eingerichtet werden.

Kontotypen

Benutzerkonten können unterschiedliche Rechte aufweisen. Je nach Berechtigung sind mehr oder weniger tiefe Eingriffe ins Computersystem möglich. Mehr Zugriffsrechte bringen ein höheres Risiko unerwünschter oder unerlaubter Manipulation.

- **Administratorkonten** bieten die meisten Steuerungs- und Einstellungsmöglichkeiten und sollten nur verwendet werden, wenn dies erforderlich ist. Mit Administratorkonten können Programme installiert und deinstalliert werden.
- **Standardkonten** sind für die meisten Anwender ideal; sie sind für alltägliche Aufgaben geeignet und bieten einen gewissen Schutz vor unerwünschter oder unerlaubter Manipulation im System, da die Benutzer keine Software installieren oder Sicherheitseinstellungen ändern können. Viren und Malware haben also kaum die Möglichkeit, unbemerkt Schaden am Computer anzurichten.

Neues Benutzerkonto erstellen

Arbeiten mehrere Personen am Computer, empfiehlt es sich, mit einem separaten Benutzerkonto je Benutzer zu arbeiten.

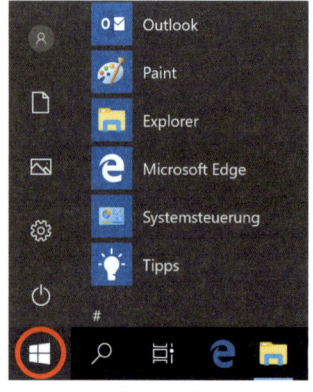

Mit einem Klick auf **Start** können Sie die Einstellungen öffnen.

Betriebssystem effizient nutzen

Fenster	**Windows-Einstellungen**
Befehl	**Konten**
Befehl	**Familie & weitere Kontakte**
Befehl	**Diesem PC eine andere Person hinzufügen**

Weitere Kontakte hinzufügen

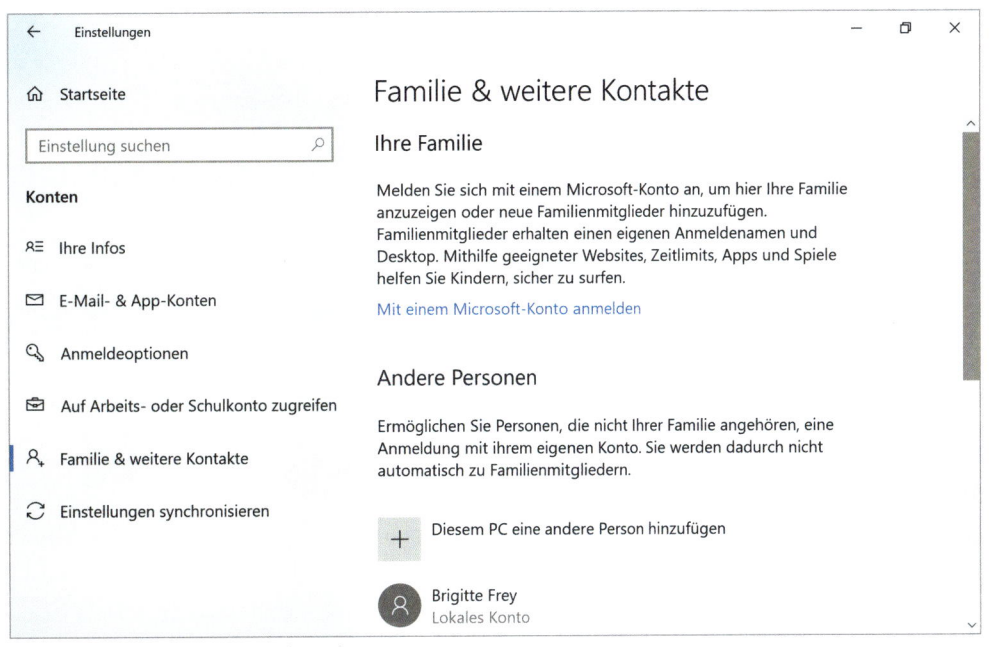

Familie und weitere Personen hinzufügen

Benutzerkonten ändern

Geben Sie im Suchfeld der Taskleiste den Begriff «Systemsteuerung» ein.

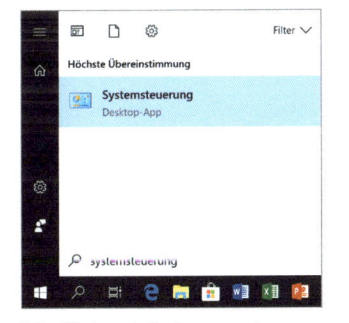

Mit Klick auf die Lupe und Eingabe des Textes «Systemsteuerung» gelangen Sie in die Systemsteuerung.

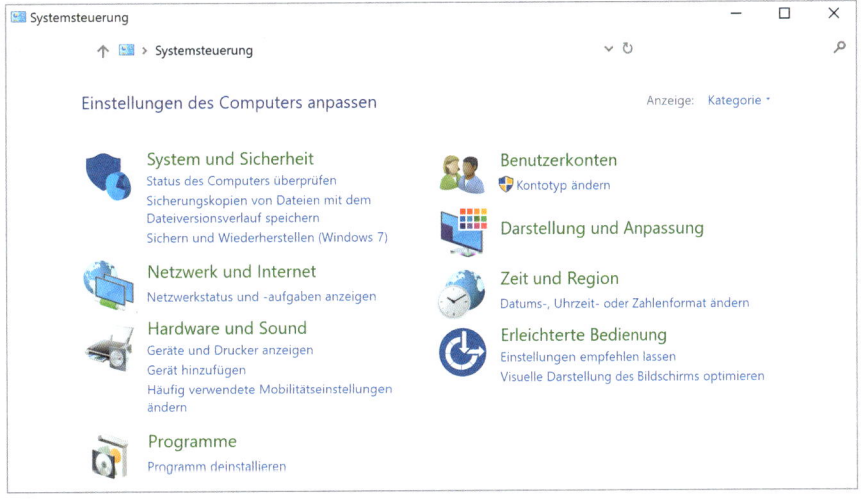

Systemsteuerung

Fenster	**Systemsteuerung**
Befehl	**Benutzerkonten**
Befehl	**Benutzerkonten**

Benutzerkonten ändern

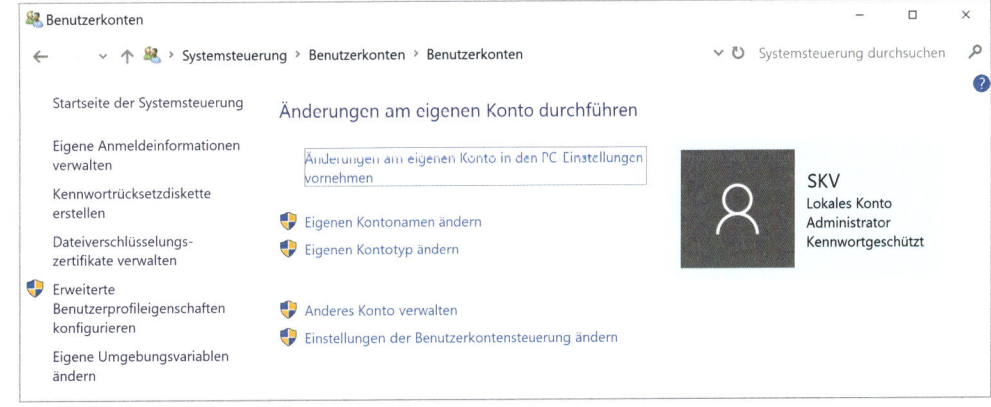

Änderungen an Benutzerkonto durchführen

67

Software

Passwort setzen oder ändern

Das Passwort (auch Kennwort) Ihres Benutzerkontos sollten Sie aus Sicherheitsgründen regelmässig ändern. Gewisse Betriebe kennen eine regelmässige Änderungspflicht.

Ein sicheres Passwort besteht aus kleinen und grossen Buchstaben. Ebenfalls kommen Ziffern und Sonderzeichen darin vor. Wie sicher Ihr Passwort ist, erfahren Sie mit dem Tool «Passwort-Check» auf www.datenschutz.ch.

Fenster	**Systemsteuerung**
Befehl	**Benutzerkonten**
Befehl	**Benutzerkonten**
Befehl	**Anderes Konto verwalten**
Befehl	**Benutzerkonto auswählen**
Befehl	**Kennwort ändern**

Kennwort ändern

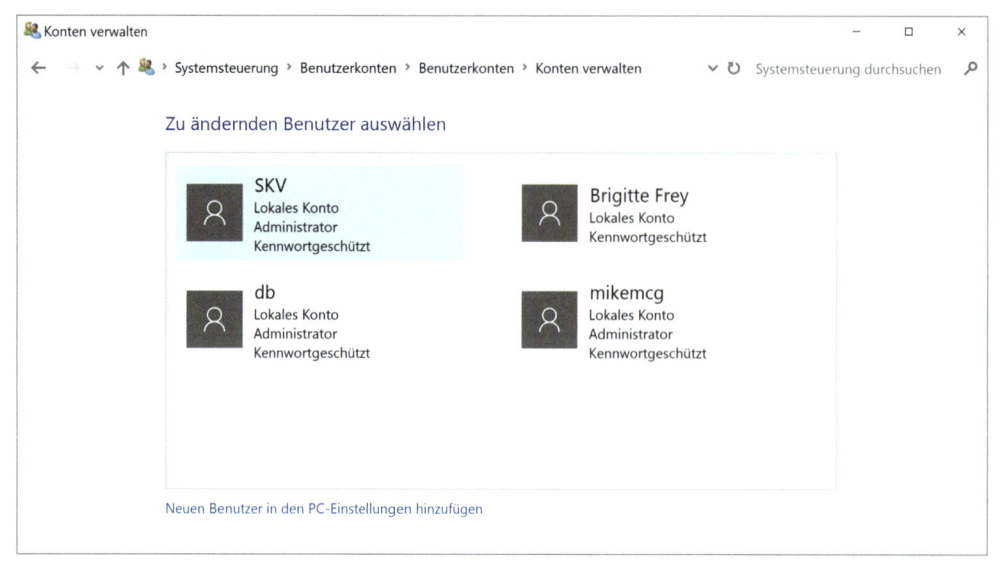

Benutzerkonten im Überblick

Änderungen an Benutzerkonto durchführen

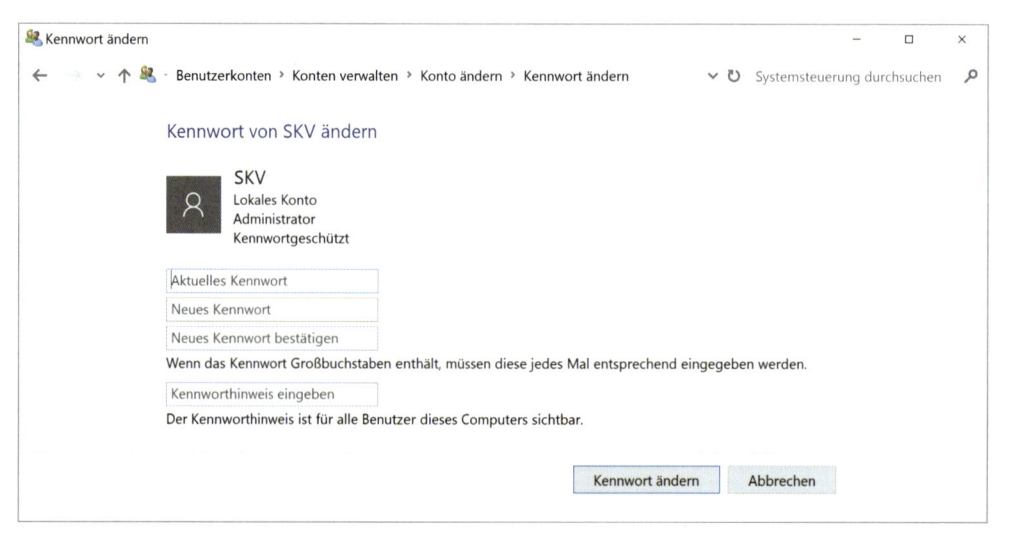

Kennwort ändern

Weitere Anmeldeoptionen (Credentials)

Um die Anmeldung am Computer zu erleichtern, stehen neben der Kennworteingabe weitere Anmeldeoptionen zur Verfügung.

Fenster	**Einstellungen**
Befehl	**Konten**
Befehl	**Anmeldeoptionen**

Anmeldeoptionen festlegen

Startbildschirm mit erweiterten Anmeldeoptionen (Bildcode, PIN und Kennwort)

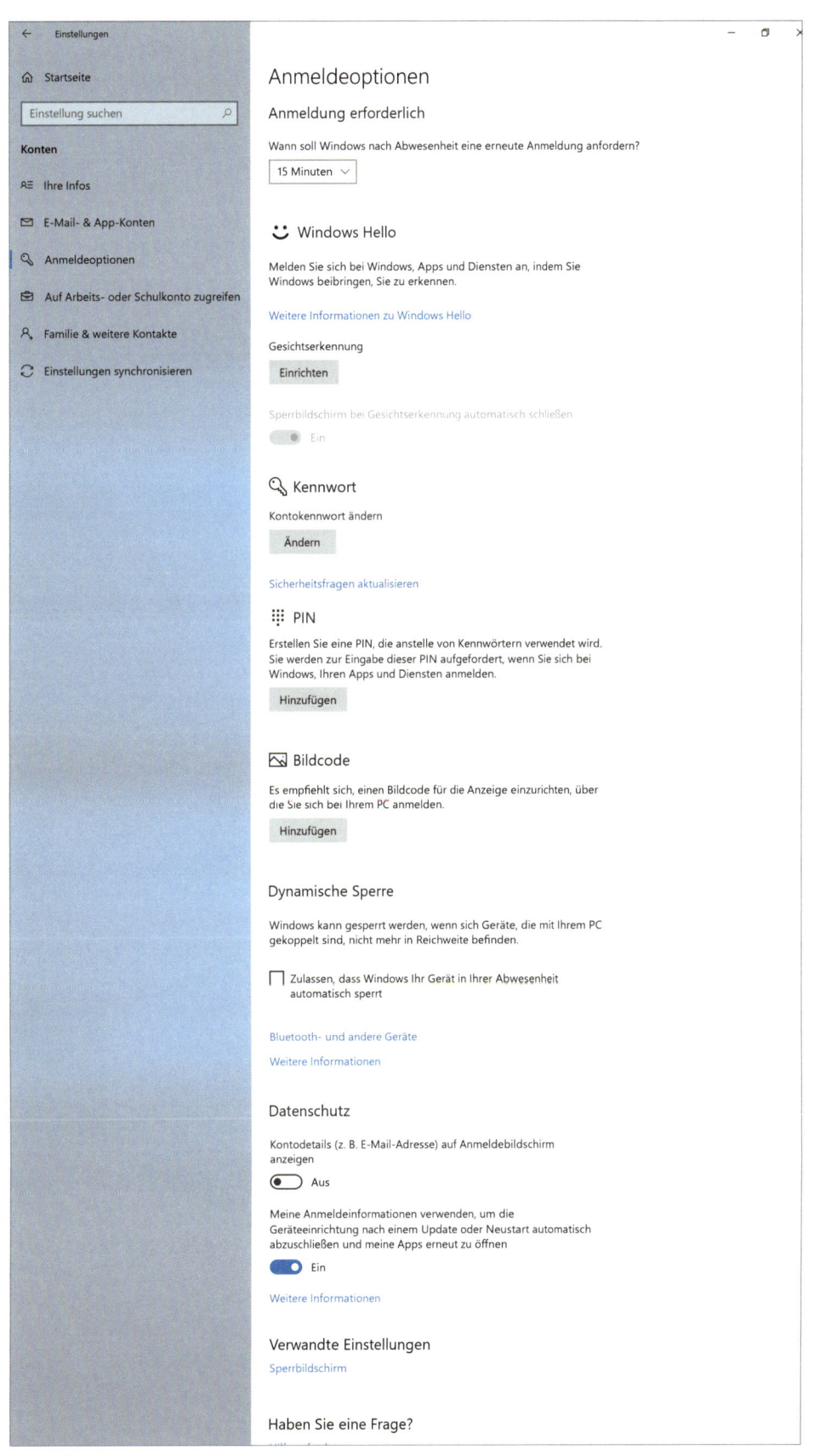

Anmeldeoptionen

Software

3.3.2 Betriebszustände eines PCs

Wenn Sie die Arbeit an Ihrem Computer unterbrechen oder beenden wollen, können Sie ihn sperren, in den Energiesparmodus versetzen oder ganz ausschalten.

Tasten-kombi-nation	Windows-Taste + L

Computer sperren

Wenn Sie den Computer sperren, läuft er weiter und kann nach Eingaben Ihres Passwortes sofort wieder benutzt werden. Dies empfiehlt sich nur, wenn Sie Ihren Arbeitsplatz kurz verlassen und verhindern wollen, dass andere Ihre Programme benutzen und Daten einsehen können.

Befehl	Rechtsklick auf Startknopf
Befehl	Herunterfahren oder abmelden
Befehl	Energie sparen

Energiesparmodus

Mit dem Energiesparmodus schalten Sie den Computer nicht aus, sondern versetzen ihn lediglich in einen Stand-by-Modus, der weniger Energie verbraucht. Die Arbeit kann nach der Reaktivierung des Computers besonders schnell, in der Regel innert weniger Sekunden, wieder aufgenommen werden.

Befehl	Rechtsklick auf Startknopf
Befehl	Herunterfahren oder abmelden
Befehl	Herunterfahren

Herunterfahren

Am meisten Energie sparen Sie, wenn Sie den Computer herunterfahren bzw. ganz ausschalten. Dies empfiehlt sich nach getaner Arbeit oder wenn Sie eine längere Pause einlegen und den Computer während mehr als einer Viertelstunde nicht benutzen.

Betriebszustand mit dem Startknopf auswählen

3.3.3 Betriebssystemeinstellungen

Wie jedes Betriebssystem kann Windows genau auf Ihre Bedürfnisse eingestellt werden. Wenn Sie Ihren Computer auf eine Geschäftsreise oder in die Ferien mitnehmen, kann es notwendig sein, dass Sie Zeit, Zeitzone, Eingabesprache oder Tastaturlayout anpassen müssen.

Datum, Uhrzeit und Zeitzone ändern

Windows aktualisiert die Systemuhr automatisch, solange der Computer mit dem Internet verbunden ist. In seltenen Fällen, wenn z. B. die Stützbatterie auf dem Motherboard leer ist, verliert der Computer Zeit und Datum, sodass Sie diese manuell einstellen müssen.

Befehl	Rechtsklick auf Datum und Uhrzeit in Taskbar
Befehl	Datum/Uhrzeit ändern
Schalt-fläche	Uhrzeit automatisch festlegen ausschalten
Befehl	Ändern

Datum und Uhrzeit ändern

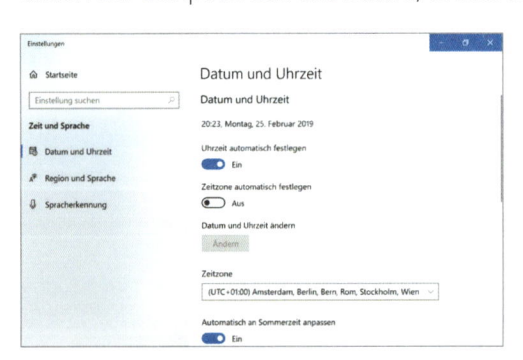

Datum, Uhrzeit und Zeitzone ändern

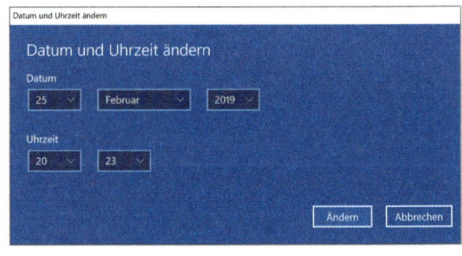

Datum und Uhrzeit ändern

70

Betriebssystem effizient nutzen

Eingabesprache und Tastaturlayout einstellen

Befehl	**Startknopf**
Befehl	**Einstellungen**
Befehl	**Zeit und Sprache**
Befehl	**Region und Sprache**
Befehl	**Sprache hinzufügen**

Sprache hinzufügen

Windows kennt eine Fülle von Eingabesprachen. Durch Ändern der Eingabesprache können Sie Informationen in unterschiedlichen Sprachen eingeben. Bevor Sie die unterschiedlichen Eingabesprachen verwenden können, müssen Sie diese zur Liste der Sprachen hinzufügen.

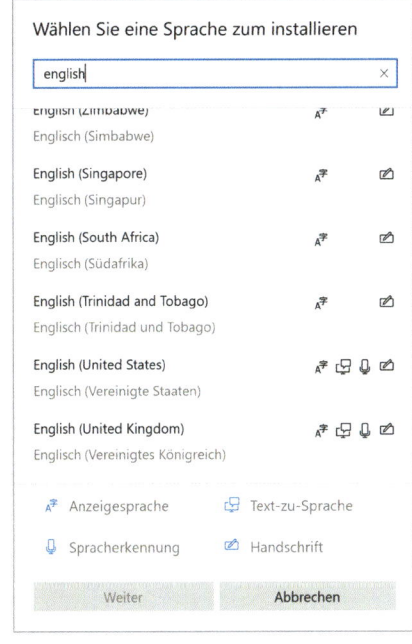

Zusätzliche Eingabesprache hinzufügen

Datums-, Uhrzeit- oder Zahlenformate sowie Sprache ändern

Fenster	**Systemsteuerung**
Befehl	**Zeit**
Befehl	**Datums-, Uhrzeit- oder Zahlenformate ändern**

Datums-, Uhrzeit- oder Zahlenformate ändern

Damit Datum, Uhrzeitangaben, Zahlen- und Währungsformate den Normen und der Sprache des Landes entsprechen, können diese im Dialogfeld **Region** eingestellt werden.

Datums-, Uhrzeit- oder Zahlenformate ändern

Wenn Dokumente in mehreren Sprachen eingegeben und bearbeitet werden müssen, können weitere Eingabesprachen hinzugefügt werden. Diese Eingabesprachen unterstützen auch die fremdsprachigen Tastaturlayouts.

Ebenfalls können Sie die Anzeigesprache ändern; Assistenten, Dialogfelder, Menüs und andere Elemente in der Benutzeroberfläche werden dann in der gewünschten Sprache angezeigt.

Spracheinstellungen ändern

Software

Netzbetrieb und Energiesparen
Das Verhalten des Computers lässt sich für den Akkumodus oder Netzbetrieb unterschiedlich einstellen. Je kürzer die Zeit eingestellt ist, desto mehr Energie lässt sich sparen.

Fenster	**Einstellungen**
Befehl	**System**
Befehl	**Netzbetrieb und Energiesparen**

Energiespar-Optionen einstellen

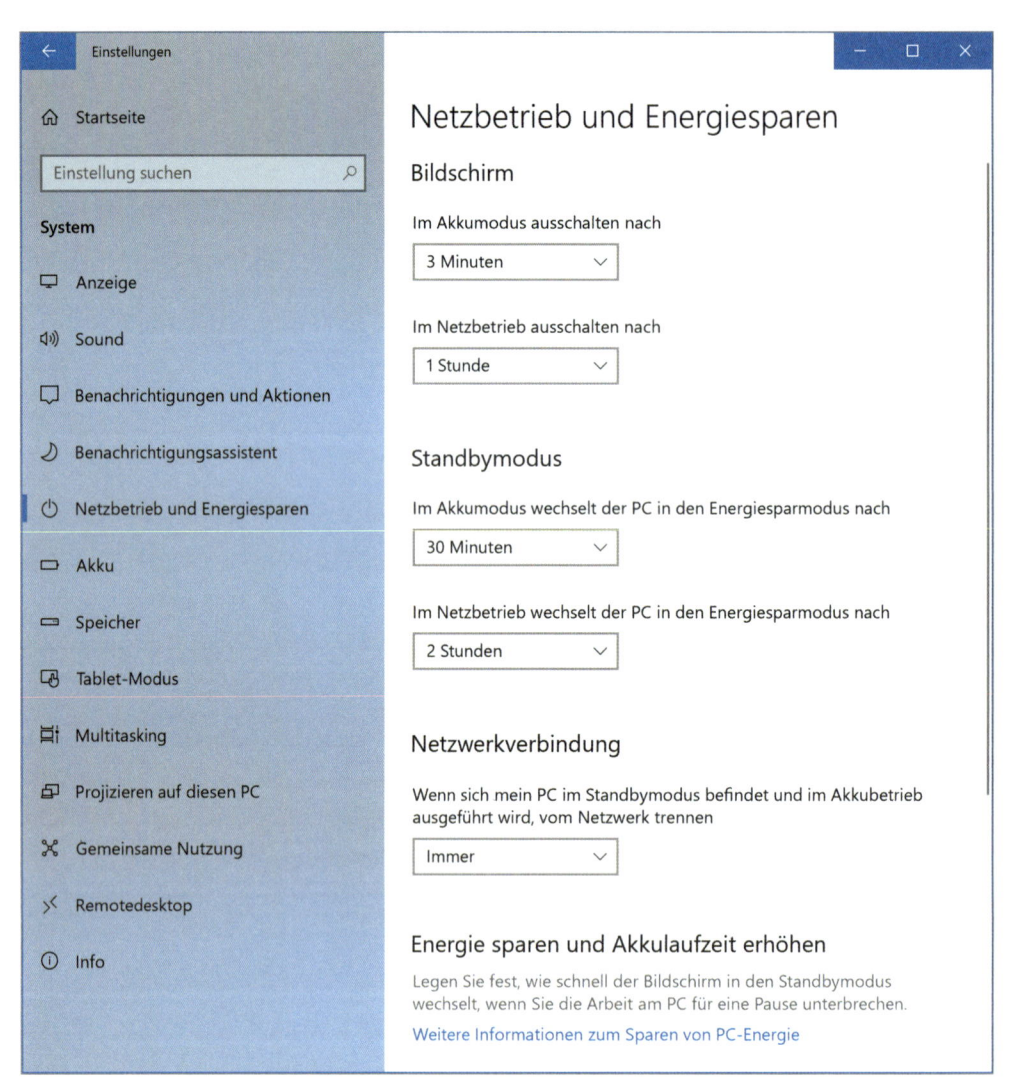

Anzeige der Energiespar-Optionen im Akkumodus und Netzbetrieb

3.3.4 Programme deinstallieren und ändern

Windows enthält bereits eine Menge Programme und Funktionen. Weitere Programme können, je nachdem, wo sich die Installationsdateien für das Programm befinden (beispielsweise ab USB-Stick, DVD, LAN oder über Internet), installiert werden.

Deinstallieren oder Ändern von Programmen

Nicht benötigte Programme können Sie vom Computer entfernen. Auch kann die Konfiguration der installierten Programme geändert werden.

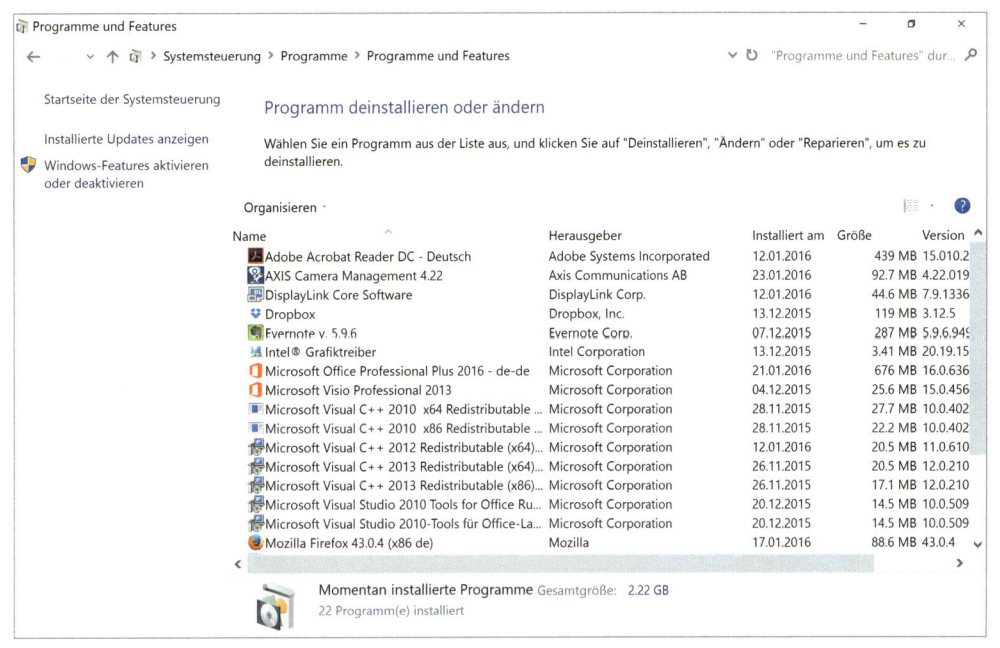

Fenster	**Systemsteuerung**
Befehl	**Programme**
Befehl	**Programme deinstallieren**
Befehl	**Startknopf**
Befehl	**Einstellungen**
Befehl	**Apps**
Befehl	**deinstallieren**

Programme deinstallieren

Programme deinstallieren oder ändern

3.3.5 Peripheriegeräte anbinden

Peripheriegeräte können über drahtgebundene oder drahtlose Schnittstellen angebunden werden. Drahtgebundene Verbindungen sind i. d. R. abhör- und störungssicherer. Zudem erlauben sie oft höhere Datenübertragungsraten. Drahtlose Verbindungen bieten eine höhere örtliche Flexibilität und ermöglichen den Verzicht auf Kabel.

Fenster	**Startknopf**
Befehl	**Windows-Einstellungen**
Befehl	**Geräte**

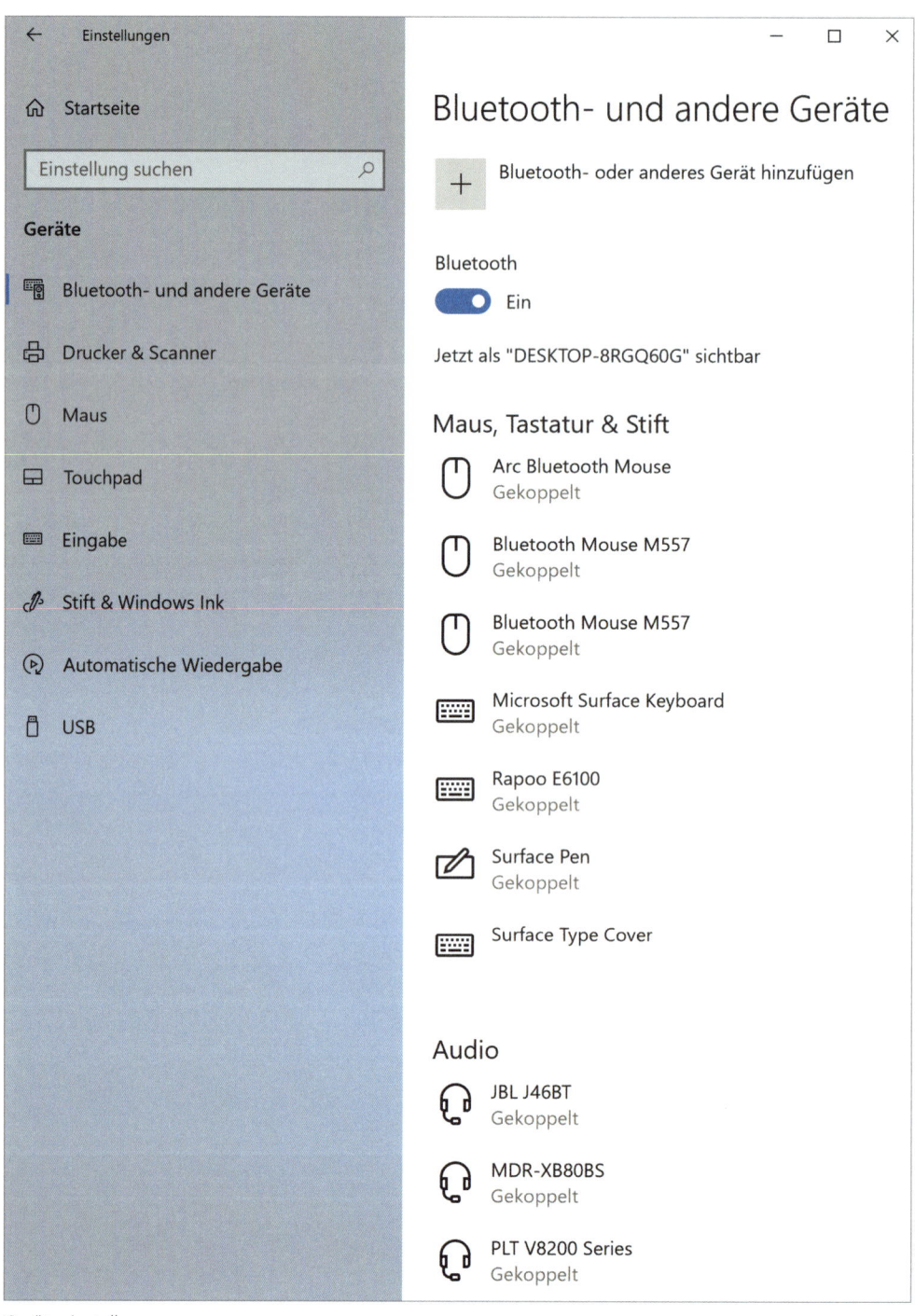

Geräteeinstellungen

Geräteeinstellungen

Betriebssystem effizient nutzen

3.3.6 Computer mit dem Internet verbinden

Computer werden in der Regel via WLAN (drahtlos) oder Ethernet (drahtgebunden) mit dem Internet verbunden.

Befehl	WLAN-Symbol in Taskleiste
Befehl	Gewünschtes WLAN auswählen
Befehl	Verbinden
Befehl	Häkchen «Automatisch verbinden» setzen
Befehl	Netzwerksicherheitsschlüssel eintippen

WLAN auswählen

In der Umgebung verfügbare WLAN-Netzwerke

Software

Netzwerksicherheitsschlüssel eingeben

Via WLAN verbundener PC

Via Ethernet verbundener PC

3.3.7 Screen-Sharing

Bildschirminhalte eines Computers können auf einem anderen Computer angezeigt werden. In Schulungsräumen ist es üblich, dass der Bildschirminhalt des Lehrergeräts auf die Geräte der Schulungsteilnehmenden übertragen wird. Vom Lehrergerät kann auf die Schulungscomputer zugegriffen werden.

Via Remotedesktopverbindung lässt sich der Bildschirminhalt eines entfernten Computers oder Servers auf den eigenen Computer übertragen. Ebenso ist es möglich, das entfernte Gerät zu bedienen. Hauptzweck ist es, an einem entfernten Gerät arbeiten zu können, ohne sich dorthin begeben zu müssen.

Geben Sie im Suchfeld der Taskleiste den Begriff «Remotedesktopverbindung» ein.

Tragen Sie den Computernamen oder die IP-Adresse des entfernten Computers ein, dessen Bildschirminhalt Sie übernehmen wollen, und klicken Sie auf **Verbinden**.

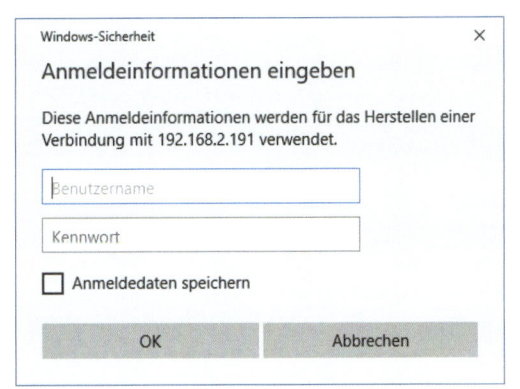

Melden Sie sich mit Benutzernamen und Kennwort des entfernten Computers an, als wären Sie direkt vor diesem Gerät.

Befehl	Start
Befehl	Ein/Aus
Befehl	Trennen

Beenden der Remotedesktopverbindung

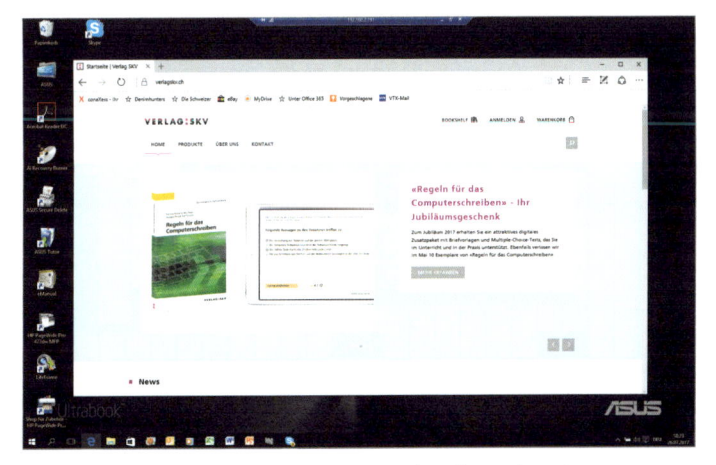

Jetzt sind Sie mit dem entfernten Gerät verbunden, sehen dessen Bildschirminhalt und können damit arbeiten.

3.4 Dateiverwaltung am PC

3.4.1 Ordner und Dateien

Angenommen, Sie schreiben jeden Tag an Ihrem Arbeitsplatz fünf Briefe auf dem PC. In 200 Tagen macht das schon 1 000 Briefe, die Sie auf Ihrem PC ablegen und wiederfinden müssen. Wie wurde das früher in der Registratur organisiert? Briefe wurden in Ordnern oder in Mappen abgelegt, nach Sachgruppen geordnet, z. B. in einem Ordner die Rechnungen, im anderen die Mahnungen. Innerhalb des Ordners hat man dann alphabetisch oder chronologisch – die neuesten Schriftstücke immer zuoberst – abgelegt.

Auf der Festplatte müssen Sie ebenfalls ein Ordnungssystem aufbauen. Das Registratursystem am Computer ist gegeben: Man arbeitet mit Ordnern. Wie Sie die Möglichkeiten des Systems einsetzen, ist Ihnen entweder vom Arbeitgeber vorgeschrieben, oder Sie können mindestens in den Feinheiten Ihr System selber organisieren.

So oder so: Ein sinnvolles, übersichtliches Ablagesystem ist von zentraler Bedeutung, und zwar nicht nur in einem grossen Netzwerk, wo vielleicht Zehntausende von Ordnern und Hunderttausende von Dateien abgelegt sind. Auch in kleineren Verhältnissen lohnt es sich, die Verwaltung der Dateien sorgfältig zu planen und bei der täglichen Arbeit die Dateien am richtigen Ort abzulegen. Das beste System nützt nichts, wenn Sie nicht gewillt sind, bei der Datenablage diszipliniert zu handeln. Auch hier unterscheidet sich die Technik am Computer nicht von der Arbeit mit einem Registratursystem konventioneller Art.

Auf einer Festplatte im Netzwerk oder im lokalen PC liegen Programme und Daten. Sowohl Programme als auch Daten werden in Dateien abgelegt. Dateien sind geschlossene Informationseinheiten. Programmierer schreiben den Programmcode und speichern diesen Code in einer Datei. Bei grossen Programmen wird der Code in mehrere Dateien aufgeteilt. Mit den von Programmierern entwickelten Programmen schreiben wir als Anwender Texte, erstellen Tabellen oder Zeichnungen u. a. m. Es entstehen Daten, die wiederum in Dateien abgelegt werden. Eine Datei kann also Programmcode (z. B. das Programm Word) oder Daten (z. B. einen mit Word erstellten Brief) enthalten.

Dateinamen

Damit das Betriebssystem Dateien verwalten kann, benötigen Sie einen Dateinamen. Nur so können Dateien auf einem externen Datenträger abgelegt und wiedergefunden werden. Ein Dateiname könnte z. B. lauten «BRIEF1.DOCX» oder «MEIN ERSTER BRIEF.DOCX». Meist erhalten Dateien eine kurze Erweiterung (Extension). Die drei oder vier Zeichen werden dabei vom Dateinamen durch einen Punkt getrennt. Anhand dieser Erweiterung erkennen der Benutzer und das Betriebssystem, um welche Art von Datei (Dateityp) es sich handelt. Die Endung *.TXT z. B. zeigt uns, dass es sich um eine einfache Textdatei handelt. An dieser Endung erkennt ein Anwendungsprogramm, ob die Datei eingelesen werden kann. Eine Textdatei können Sie sicher mit einem Textprogramm bearbeiten, nicht aber mit einem Grafikprogramm.

Hier eine kleine Übersicht von Endungen:

Programmdateien		Daten	
EXE			
WINWORD.EXE	Programmdatei des Textverarbeitungsprogramms Word	**DOCX**	Textdatei (Microsoft Word)
		XLSX	Tabelle (Microsoft Excel)
EXCEL.EXE	Programmdatei des Tabellenkalkulationsprogramms Excel	**PPTX**	Präsentation (Microsoft PowerPoint)
POWERPNT.EXE	Programmdatei des Präsentationsprogramms PowerPoint	**TIF, GIF, JPG**	Grafikdateien

Dateiverwaltung am PC

Programme und Daten

Es ist sinnvoll, bei der Dateiablage Programme und Daten klar zu trennen:

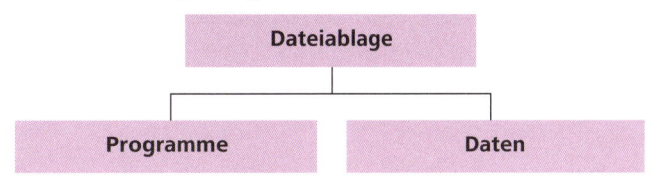

```
                    Dateiablage
                   /           \
              Programme       Daten
```

Oft werden Programme und Daten auf unterschiedlichen Datenträgern abgelegt. Dieses Ordnungsprinzip erleichtert den Umgang mit dem PC und kann den Schutz vor Datenverlust verbessern:

PROGRAMME (C:)
174 GB frei von 476 GB

DATEN (D:)
771 GB frei von 931 GB

3.4.2 Dateien verwalten

Zur Dateiverwaltung verfügen Betriebssysteme über Dienstprogramme, die es uns ermöglichen, Ordner zu erstellen, zu löschen, zu benennen und umzubenennen. Unter Windows können Sie Dateien mit dem Datei-Explorer verwalten (EXPLORER.EXE).

Der Bildschirmaufbau des Datei-Explorers

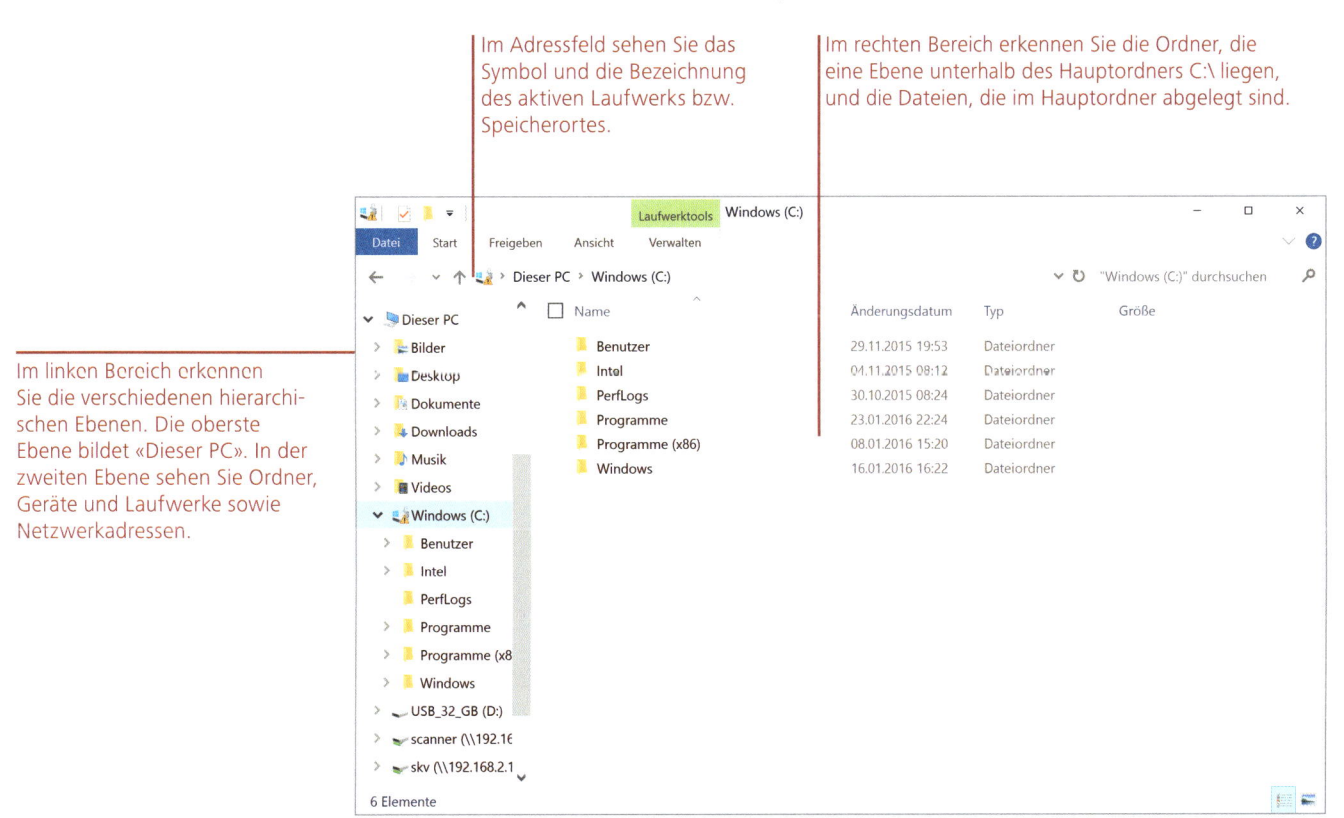

Im Adressfeld sehen Sie das Symbol und die Bezeichnung des aktiven Laufwerks bzw. Speicherortes.

Im rechten Bereich erkennen Sie die Ordner, die eine Ebene unterhalb des Hauptordners C:\ liegen, und die Dateien, die im Hauptordner abgelegt sind.

Im linken Bereich erkennen Sie die verschiedenen hierarchischen Ebenen. Die oberste Ebene bildet «Dieser PC». In der zweiten Ebene sehen Sie Ordner, Geräte und Laufwerke sowie Netzwerkadressen.

Der Bildschirmaufbau des Datei-Explorers unter Windows

Anzeige Dateieigenschaften einstellen

Windows versteckt üblicherweise die Dateiendungen. Erfahrene Anwender wissen, dass die Anzeige der Dateiendungen die Arbeit am Computer erleichtert. Im Datei-Explorer können Sie die Anzeige der Dateieigenschaften wie folgt anpassen:

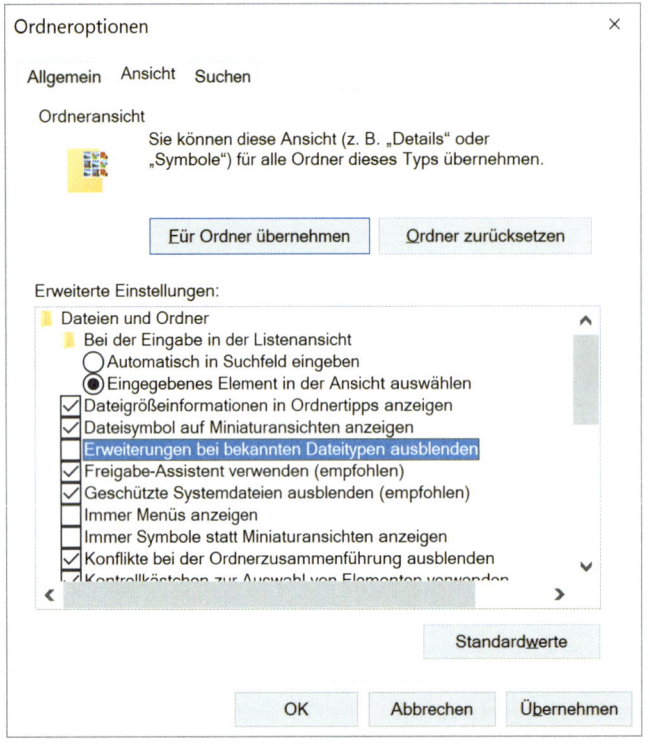

Register	**Ansicht**
Befehl	**Optionen**
Befehl	**Ordner- und Suchoptionen ändern**
Register	**Ansicht**

Ordneroptionen ändern

Alle Erweiterungen bei Dateien anzeigen lassen

Pfad

Im Feld **Adresse** steht der Pfad (Path) mit dem aktiven Ordner (Vorlagen) innerhalb des Ordnungssystems. Die einzelnen Ebenen werden durch ein Dreieck getrennt:

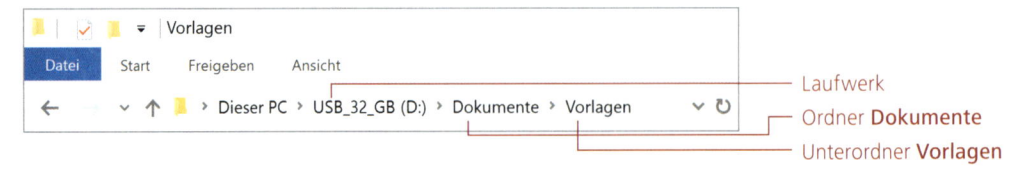

Mit einem Klick in die Adresszeile wird der klassische Pfad angezeigt. Die Ebenen werden nun durch das Zeichen \ (Backslash) getrennt. Die klassische Pfadansicht beginnt immer mit einem Laufwerksbuchstaben (D:\Dokumente\Vorlagen) oder einer Serverbezeichnung (\\Server\Dokumente\Vorlagen).

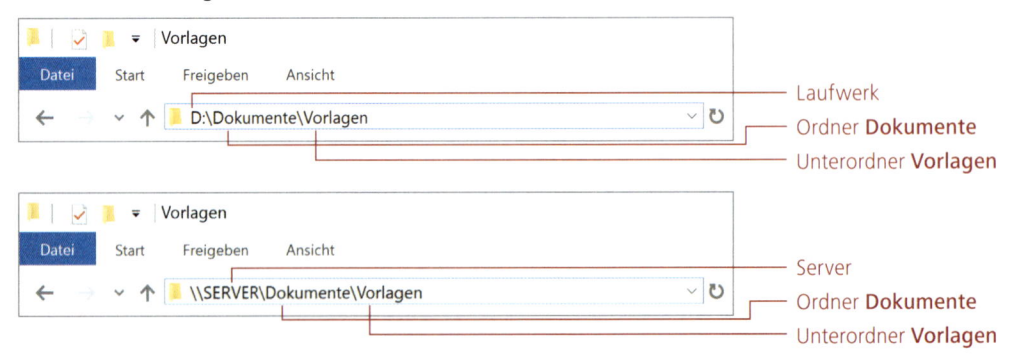

Dateiverwaltung am PC

Eine Ordnungsstruktur am Computer können Sie gut mit den Ordnungseinrichtungen einer Wohnung vergleichen. Vom Wohnungskorridor gelangt man in alle Räume, aber es bestehen nicht zwingend Verbindungen zwischen den einzelnen Räumen. In einer einfachen Dreizimmerwohnung z. B. könnte folgendes Ordnungssystem gegeben sein:

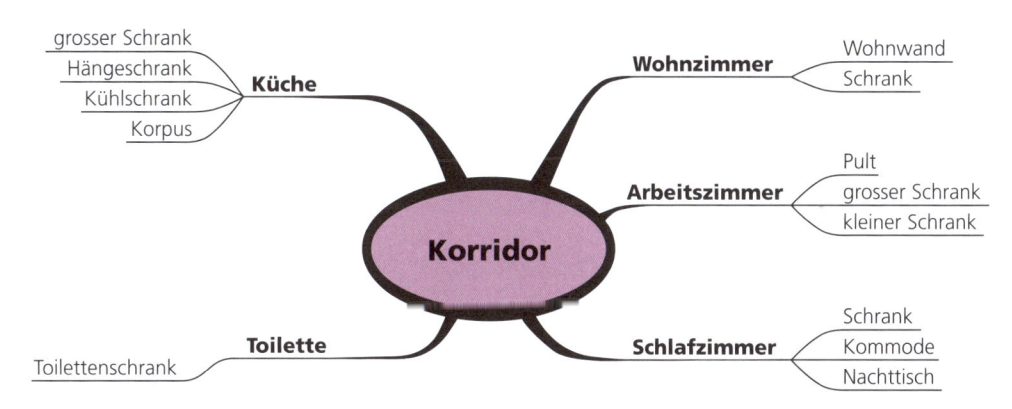

Korridor
- **Küche**: grosser Schrank, Hängeschrank, Kühlschrank, Korpus
- **Wohnzimmer**: Wohnwand, Schrank
- **Arbeitszimmer**: Pult, grosser Schrank, kleiner Schrank
- **Schlafzimmer**: Schrank, Kommode, Nachttisch
- **Toilette**: Toilettenschrank

Im Ordnungssystem des Computers sieht die gleiche Ordnung so aus:

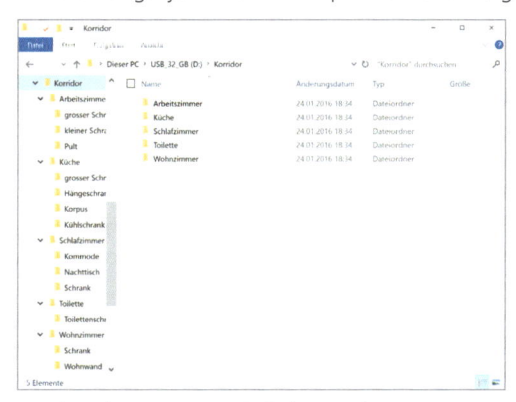

Datei-Explorer-Fenster mit Ordnerstruktur

Eine Ordnungsstruktur lässt sich beliebig verfeinern:

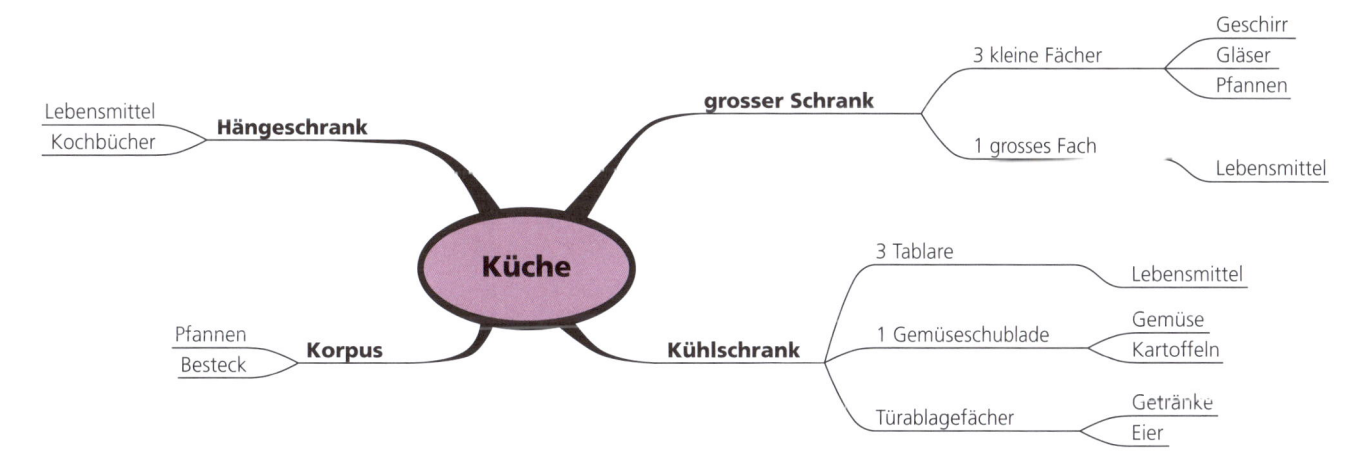

Küche
- **Hängeschrank**: Lebensmittel, Kochbücher
- **grosser Schrank**:
  - 3 kleine Fächer: Geschirr, Gläser, Pfannen
  - 1 grosses Fach: Lebensmittel
- **Korpus**: Pfannen, Besteck
- **Kühlschrank**:
  - 3 Tablare: Lebensmittel
  - 1 Gemüseschublade: Gemüse, Kartoffeln
  - Türablagefächer: Getränke, Eier

In dieser Struktur haben wir nicht nur die Ordnungsmittel (am Computer «Ordner»), sondern wir haben bereits Gegenstände in die Schränke und in den Korpus gelegt (am Computer «Dateien»).

Software

Aufgabe 15

- Erstellen Sie in Excel eine Tabelle analog der unten abgebildeten, in der Sie in der Spalte links gängige Anwendungssoftware aufführen und in der Spalte rechts die zugehörigen Dateinamenserweiterungen nennen. In einer dritten Spalte notieren Sie die Verwendung des Formats.
- Beachten Sie, dass einige Anwenderprogramme mehrere zugeordnete Dateinamenserweiterungen kennen. Welche beispielsweise?

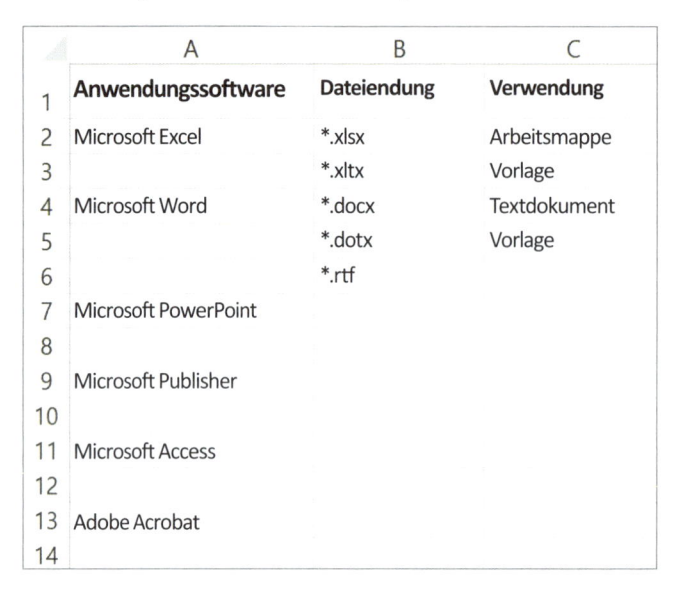

	A	B	C
1	**Anwendungssoftware**	**Dateiendung**	**Verwendung**
2	Microsoft Excel	*.xlsx	Arbeitsmappe
3		*.xltx	Vorlage
4	Microsoft Word	*.docx	Textdokument
5		*.dotx	Vorlage
6		*.rtf	
7	Microsoft PowerPoint		
8			
9	Microsoft Publisher		
10			
11	Microsoft Access		
12			
13	Adobe Acrobat		
14			

Aufgabe 16

Erstellen Sie mit dem Datei-Explorer auf einem USB-Stick die auf der vorigen Seite abgebildete Ordnungsstruktur der Küche.

Aufgabe 17

Erweitern Sie Ihre Struktur, sodass folgender Aufbau entsteht:

- Korridor
  - Arbeitszimmer
    - grosser Schrank
    - kleiner Schrank
    - Pult
  - Küche
    - grosser Schrank
    - Hängeschrank
    - Korpus
    - Kühlschrank
  - Schlafzimmer
    - Kommode
    - Nachttisch
    - Schrank
  - Toilette
    - Toilettenschrank
  - Wohnzimmer
    - Schrank
    - Wohnwand

Dateiverwaltung am PC

Aufgabe 18

Legen Sie in den Ordner «Küche\Korpus» zwei Dateien, die Sie mit irgendeinem Programm (z. B. Word) erstellen. Die beiden Dateien benennen Sie «Geschirr» und «Besteck». Im Datei-Explorer entsteht dann folgendes Bild:

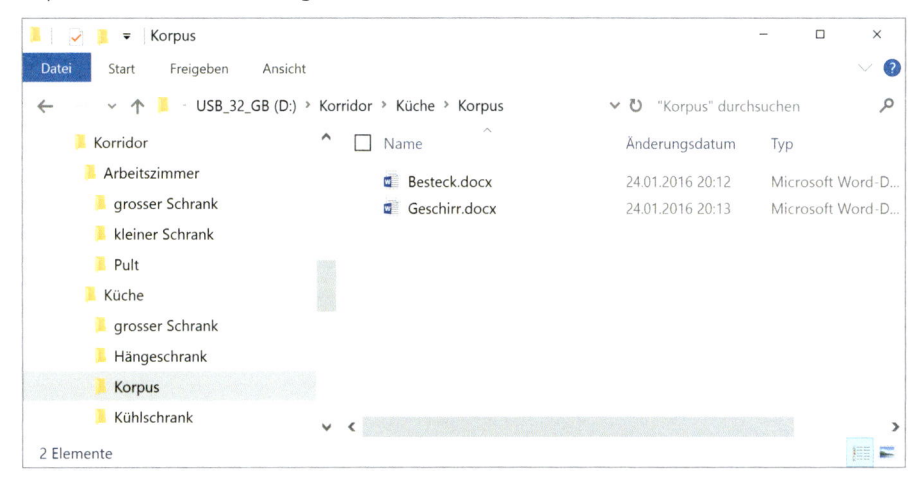

Datei-Explorer-Fenster mit Ordnerstruktur

Aufgabe 19

▶ Erstellen Sie aufgrund der folgenden Angaben auf einem USB-Stick eine sinnvolle Dateiablage.

An einem privaten PC arbeiten alle vier Familienmitglieder mit dem PC, nämlich

Mutter Petra	verwaltet mit Access ihre Rezepte. Zusammen mit ihrem Ehemann Rolf besitzt sie eine Eigentumswohnung, welche die Familie selbst bewohnt. Als Verwalterin dieser Eigentümergemeinschaft erstellt sie Protokolle, Einladungen und viele andere Korrespondenzen. Mit dem Buchhaltungsprogramm SESAM führt sie die Buchhaltung der Eigentümergemeinschaft.
Vater Rolf	führt ein kleines Geschäft mit drei Mitarbeitern. An seinem Arbeitsplatz verwendet er oft das Tabellenkalkulationsprogramm Excel. Gelegentlich arbeitet er auch zu Hause an Tabellen, die für berufliche Zwecke dienen. Auch privat erstellt er oft Tabellen mit Excel. Zudem ist er politisch tätig. Er ist im Vorstand einer kommunalen Parteiorganisation und hat oft Korrespondenz in diesem Zusammenhang zu erledigen. Für diese Arbeiten benützt er Word. Zudem erstellt er für seine Vorträge Folien mit PowerPoint.
Tochter Sandra	Für Schularbeiten setzt sie Word und Excel ein, Word auch privat.
Sohn Michael	Er benützt vor allem das Internet und lädt gelegentlich Programme aus dem Internet auf die Festplatte. Sonst benützt er den PC wie Tochter Sandra.

▶ Speichern Sie mit verschiedenen Programmen, z. B. Word und Excel, einige kleine Dateien in die erstellten Ordner.

▶ Üben Sie das Kopieren, Verschieben, Löschen und Umbenennen von Dateien, indem Sie die entsprechenden Möglichkeiten mit den Hilfefunktionen von Windows erlernen.

3.4.3 Umgang mit zahlreichen Dateien

Je grösser die Menge an Dateien ist, desto wichtiger ist deren sinnvolle Ablage. Ziel ist, die gewünschte Information rasch und effektiv wiederzufinden.

Jeder Betrieb hat individuelle Arbeits- und Geschäftsprozesse. Die Ablage- bzw. Ordnerstruktur soll auf die entsprechenden Bedürfnisse ausgerichtet sein. Dateien werden in Ordnern und Unterordnern abgelegt. Eine effektive Ordnerstruktur soll übersichtlich und nachvollziehbar sein, damit die gewünschte Information schnell und ohne lange Suchzeiten gefunden werden kann.

Beim Aufbau einer neuen Ordnerstruktur lohnt sich eine sorgfältige Planung mithilfe eines Aktenplans. Die wichtigsten Regeln sind:
- Hauptordner von 0 bis 9 nummerieren (z. B. 0_Finanzen, 1_Personal etc.)
- Unterordner von 00 bis 09 nummerieren (z. B. 00_Kassa, 01_Bank etc.)
- Keine Ordner mit nichtssagenden Bezeichnungen (z. B. «Sonstiges», «Übriges» oder «Diverses»)
- Kein Unterordner heisst wie der darüber liegende Ordner
- Umlaute, Leer- und Sonderzeichen in Dateinamen und Ordnern vermeiden (gewisse Ablagesysteme vertragen diese nicht gut)
- Einheitliche Datumsschreibweise in Dateinamen (z. B. 20190820_Offerte.docx für den 20. August 2019)
- Einheitliche Versionsnummern (z. B. 20190820_Flyer_V1_2_SAG.docx für die Version 1.2, bearbeitet durch Person mit Kürzel SAG)

Besteht ein Aktenplan mit vorgegebener Ordnerstruktur, ist es wichtig, dass sich alle Mitarbeitenden genau an die unternehmensinternen Weisungen halten und ihre Dateien in den korrekten Ordnern abspeichern.

```
▼ 📁 0_Finanzen
    📁 00_Kassa
    📁 01_Bank
    📁 02_Post
  ▼ 📁 03_Debitoren
      📁 030_Kundendebitoren
      📁 031_Uebrigen_Debitoren
    📁 04_Kreditoren
▼ 📁 1_Personal
    📁 10_Stellenbeschreibungen
    📁 11_Qualifikationen
    📁 12_Mitarbeitergespraeche
```
Mögliche Ordnerstruktur

Auswahl mehrerer Dateien

Um mehrere Dateien gleichzeitig auszuwählen, sind folgende Tastenkombinationen hilfreich:

Auswahl	So geht's
Alle Dateien auswählen	Drücken Sie Ctrl +A
Mehrere einzelne Dateien auswählen	Halten Sie Ctrl gedrückt, dann klicken Sie die gewünschten Dateien mit der Maus einzeln an.
Mehrere zusammenhängende Dateien auswählen	Klicken Sie die erste gewünschte Datei an, halten Sie Shift gedrückt und klicken Sie dann die letzte gewünschte Datei an.

Versionierung von Dokumenten

Mit Versionieren schützen Sie Ihre Daten gegen Verlust: Sie könnten aus Versehen Ihre Dokumentdatei löschen oder Teile daraus unbedacht ausschneiden und vergessen einzufügen. Sie möchten wissen, wie ein Abschnitt lautete, bevor Sie ihn umgeschrieben haben. Manchmal formuliert man neu, stellt aber dann fest, dass die erste Formulierung besser gewesen wäre. Schreiben Sie zusammen mit anderen an einem gemeinsamen Bericht, lässt sich mithilfe der Versionierung feststellen, wer wann welchen Teil bearbeitet hat.

```
20160104_Flyer_V0_1_SAG.docx
20160107_Flyer_V0_2_MCG.docx
20160118_Flyer_V1_0_SAG.docx
20160120_Flyer_V1_1_SAG.docx
20160121_Flyer_V1_2_MCG.docx
20160122_Flyer_V1_3_SAG.docx
```
Speichern unterschiedlicher Versionen

Dateiverwaltung am PC

Dateien und Ordner suchen

Im Kachelbildschirm Modern UI können direkt Suchbegriffe eingetippt werden. Am rechten Bildschirmrand erscheint ein Suchfenster. Damit lassen sich der ganze Computer und gewisse Webinhalte (Bilder und Videos) durchsuchen. Bereits während der Eingabe zeigt Windows passende Ergebnisse an.

Um gezielt in bestimmten Ordnern und Bildbibliotheken nach Dateien, Fotos oder Musik zu suchen, eignet sich die Eingabe des gewünschten Suchbegriffs in das Suchfeld oben rechts im Datei-Explorer. Der Suchbegriff wird in den Suchresultaten hervorgehoben.

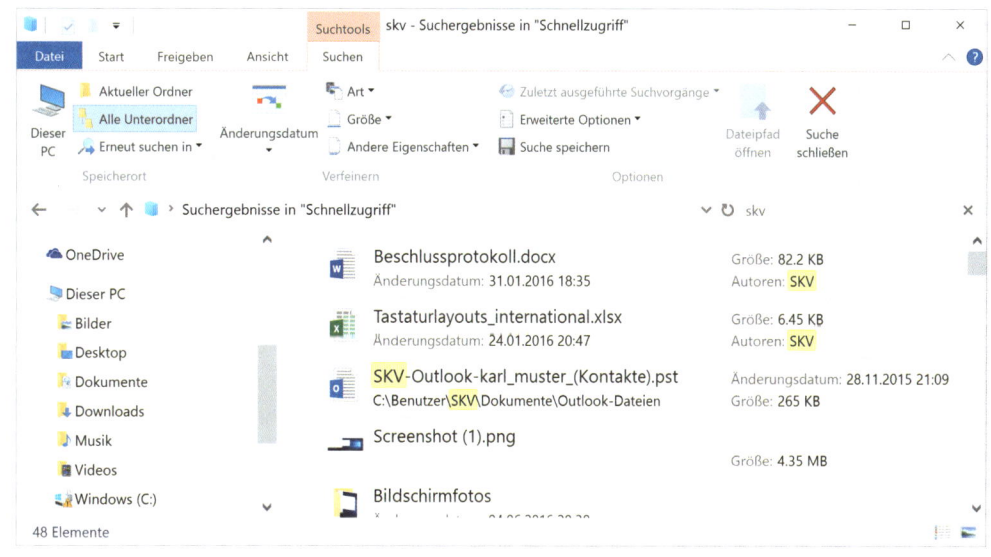

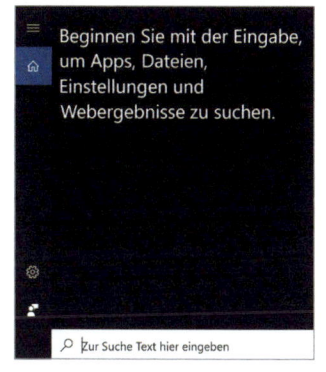

Universelle Suche

Universelle Suche mit Stichwort im Eingabefeld. In diesem Beispiel werden alle Elemente, welche die Zeichenkette «Tastatur» im Dateinamen oder Inhalt enthalten, angezeigt.

Suchfunktion im Datei-Explorer (Ansicht Inhalt): Suchbegriff «skv» zeigt alle Dateien an, die «skv» im Dateinamen enthalten.

Suchergebnisse können z. B. nach Name, Änderungsdatum, Typ, Grösse und weiteren Kriterien sortiert werden.

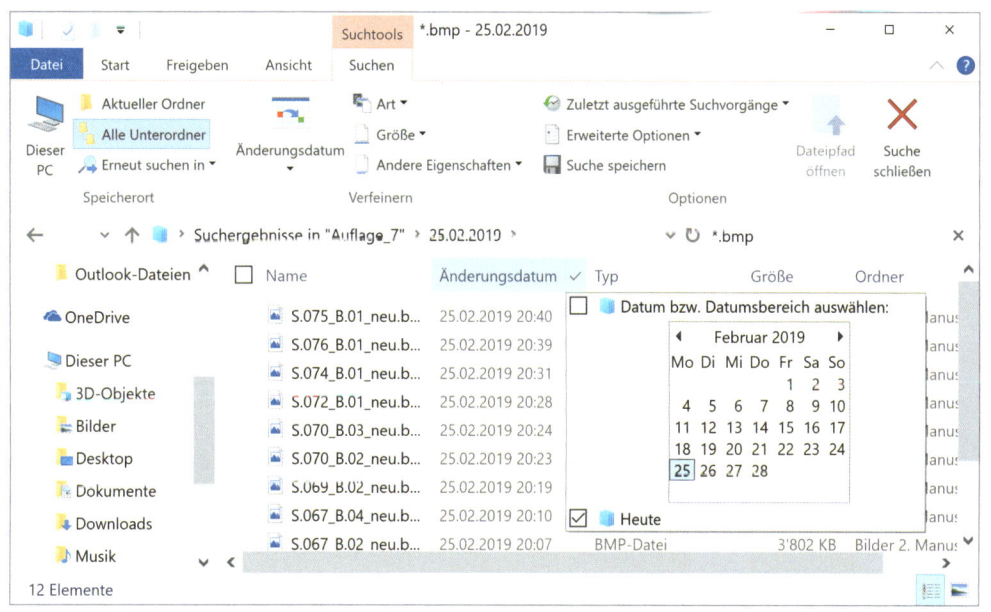

Register	**Ansicht**
Befehl	**Layout**
Befehl	**Details**

Suchergebnisse mit der Ansicht «Details» anzeigen.

Suchfunktion im Datei-Explorer (Ansicht Details): Suchbegriff «*.bmp» zeigt alle Dateien mit der Endung «*.bmp» an. In diesem Beispiel werden nur die Suchergebnisse vom 26. Juli 2019 angezeigt.

85

Software

Aufgabe 20	Verwenden Sie die Hilfefunktion des Suchprogramms, um selber die verschiedenen Möglichkeiten herauszufinden.

- Wie viele Dateien auf Ihrem Computer beginnen mit «Mi»?
- Wo ist die Datei «WINWORD.EXE» gespeichert?
- Welche Dateien wurden während der letzten beiden Wochen geändert?
- In welchen Textdateien kommt der Begriff «immer» vor?

3.4.4 Dateien löschen und wiederherstellen

Wenn Sie Dateien oder Ordner löschen, werden diese in der Regel in den Papierkorb verschoben. Sie können diese bei Bedarf zu einem späteren Zeitpunkt wiederherstellen.

Wollen Sie Dateien und Ordner dauerhaft löschen und den Speicherplatz freigeben, können Sie wahlweise einzelne Elemente aus dem Papierkorb löschen oder den gesamten Papierkorb leeren.

Papierkorb auf dem Desktop

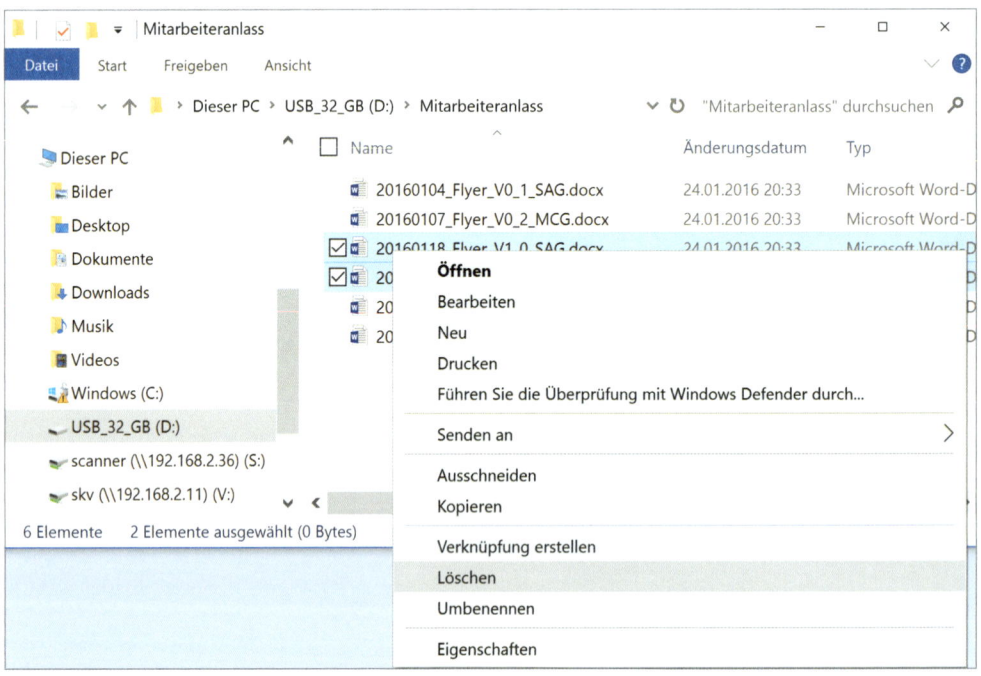

Ausgewählte Elemente aus Papierkorb löschen

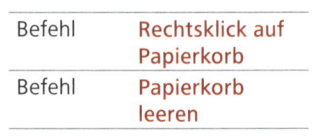

Befehl	Rechtsklick auf Papierkorb
Befehl	Papierkorb leeren

Papierkorb leeren

Gesamten Inhalt des Papierkorbs leeren

3.4.5 Dateien komprimieren und extrahieren

Komprimierte Dateien beanspruchen weniger Speicherplatz als nicht komprimierte Dateien und können schneller übertragen werden. Die Arbeit mit komprimierten Dateien und Ordnern unterscheidet sich nicht von der Arbeit mit unkomprimierten Dateien und Ordnern. Mehrere Dateien und Ordner können in einem einzelnen ZIP-komprimierten Ordner zusammengefasst und so auf einfachere Weise weitergegeben werden.

ZIP-komprimierter Ordner

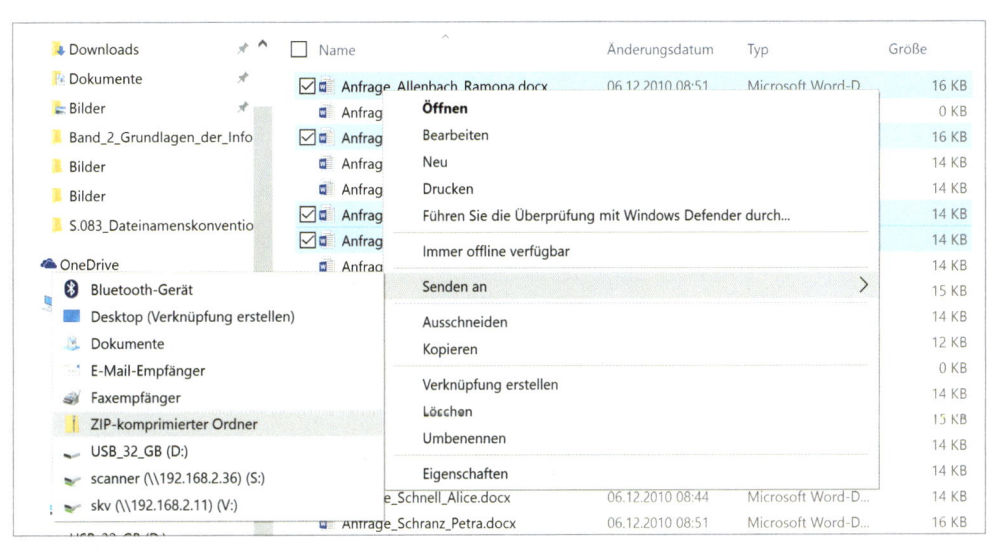

Ausgewählte Dateien komprimieren

Wenn Sie einem komprimierten Ordner verschlüsselte Dateien hinzufügen, werden die Dateien beim Extrahieren entschlüsselt, wodurch unter Umständen persönliche oder vertrauliche Informationen unbeabsichtigt offengelegt werden. Aus diesem Grund sollten verschlüsselte Dateien nicht komprimiert werden.

Einige Dateitypen (beispielsweise Bilder im Format JPEG) sind bereits stark komprimiert. Werden mehrere JPEG-Bilder in einem Ordner komprimiert, unterscheidet sich die Grösse dieses Ordners nur minimal von der Grösse der ursprünglichen Bildersammlung.

Durch das Extrahieren erhalten die Dateien ihren ursprünglichen Zustand und die originale Grösse zurück.

Register	**Extrahieren**
Befehl	**Alle extrahieren**
	Zielort wählen
Befehl	**Extrahieren**

Dateien extrahieren

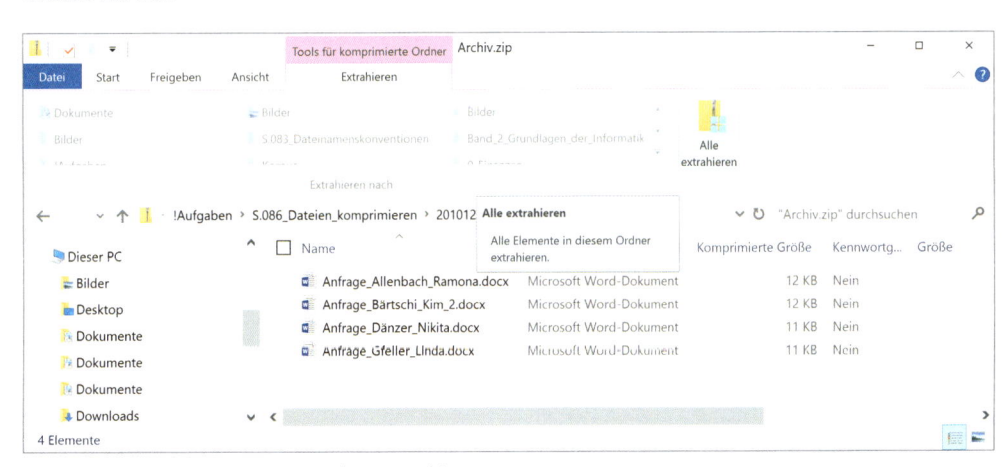

Dateien aus ZIP-komprimierten Ordner extrahieren

Software

Zielort für die zu extrahierenden Dateien wählen

3.4.6 Programme vom Desktop starten

Sie können Programme via folgende Möglichkeiten öffnen:

Programm starten

1 Verknüpfung auf dem Desktop   **2** Kacheln im Startbereich   **5** Kalender
3 Liste aller **Apps**   **4** Verknüpfung in Taskleiste

Diejenigen Programme, die Sie am meisten brauchen, können Sie auch an die Taskleiste anheften oder vom Desktop aus öffnen. Der Desktop von Windows ist ja nichts anderes als ein Ordner. Allerdings sollten Sie in diesen Ordner keine Programmdateien legen. Betriebssysteme kennen daher für diesen Fall das Werkzeug der Verknüpfung (Link).

Verknüpfungen erkennen Sie am kleinen Pfeil ⬈ innerhalb des Symbols.
Bei einem Doppelklick auf dieses Verknüpfungssymbol startet das Programm.

Aufgabe 21   Organisieren Sie auf Ihrem Desktop den Programmaufruf von Word und Excel mithilfe einer Verknüpfung. Suchen Sie zu diesem Zweck die Programmdateien (Erweiterung «EXE») mit dem Suchprogramm. Wie Sie eine Verknüpfung organisieren, finden Sie im Hilfsprogramm zu Windows.

3.4.7 Task-Manager

Wenn ein Programm nicht mehr reagiert, kann es mit diesem Tool beendet werden. Auch hilft der Task-Manager beim Ermitteln von Software, welche den Prozessor, den Arbeitsspeicher, die Festplatte und das Netzwerk stark belasten.

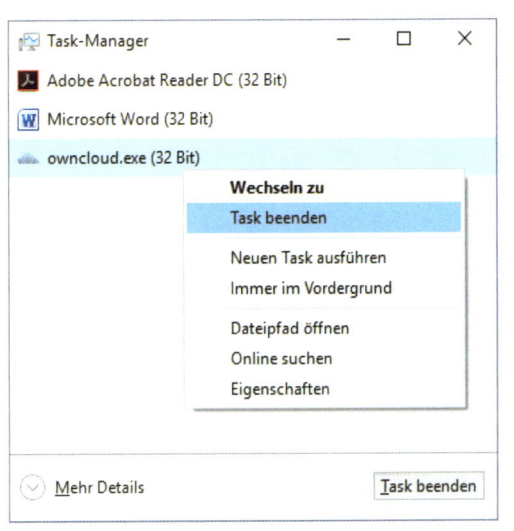

Befehl	Ctrl + Alt + Delete
Befehl	Task-Manager

Task-Manager starten

Task-Manager mit weniger Details. Mit dem Kontextmenu lässt sich der markierte Task beenden.

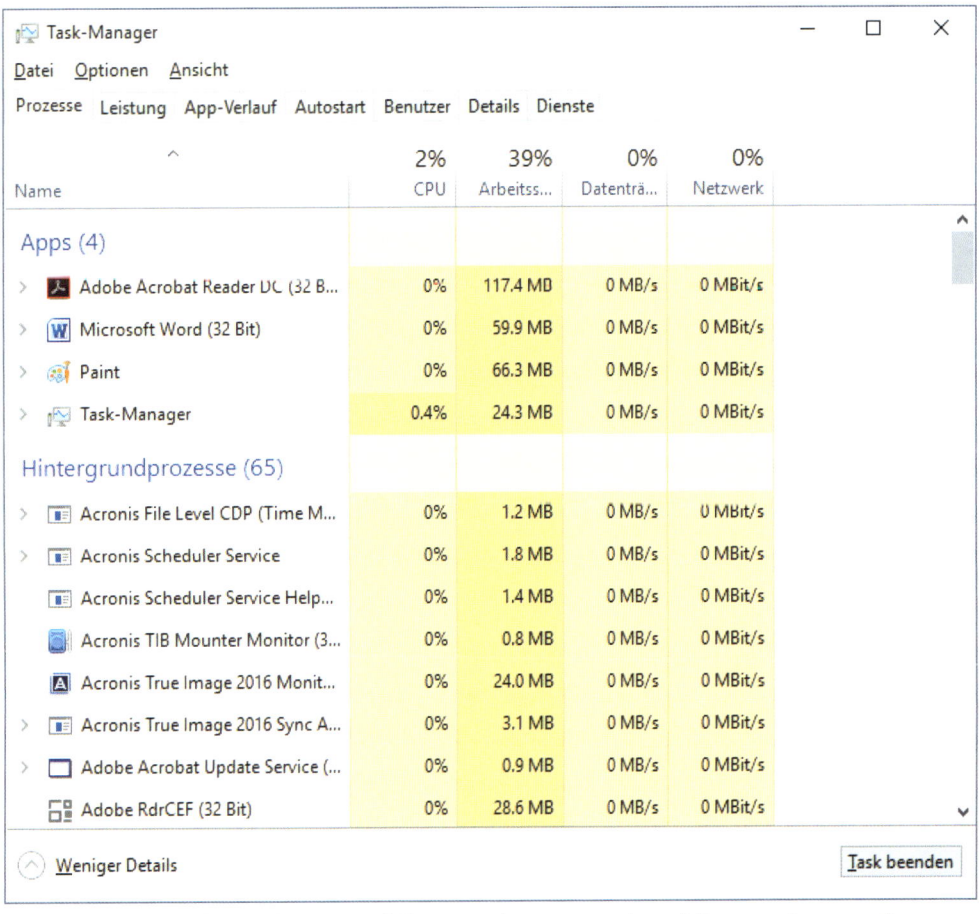

Task-Manager mit mehr Details. Apps und Hintergrundprozesse werden mit Beanspruchung von Prozessor, Arbeitsspeicher, Datenträger und Netzwerk angezeigt.

3.5 Anwendersoftware

3.5.1 Anwenderprogramme

Anwenderprogramme dienen dem Benutzer, bestimmte Aufgaben am PC zu lösen. In der Fachsprache bezeichnet man Anwenderprogramme auch als **Applikationen** oder umgangssprachlich als «Apps». Die wichtigsten Anwendungen für den kaufmännischen Angestellten sind Programme zum Rechnen, zum Schreiben, zur Datenverwaltung, Buchhaltungsprogramme sowie Präsentations- und Kommunikationsprogramme. Anwenderprogramme werden in Standard- und Individualsoftware eingeteilt.

Das in der Praxis im Büro am meisten verwendete Standardpaket heisst Microsoft Office. Zu diesem integrierten Programmpaket gehören folgende Anwendungen:

- Word   Textverarbeitung
- Excel   Tabellenkalkulation
- PowerPoint   Präsentation
- OneNote   Notizenverwaltung
- Outlook   Adressverwaltung, Terminverwaltung, Kommunikation
- Publisher   Desktop Publishing (DTP)
- Access   Datenbank

In den Bänden Textgestaltung, Tabellenkalkulation und Präsentation machen wir Sie ausführlich mit den wichtigsten Funktionen und Möglichkeiten dieser Anwenderprogramme bekannt. Um Programme zu erlernen ist es notwendig, sich mit den Programmkonzepten auseinanderzusetzen. Nur damit wird es Ihnen möglich sein, Lösungsmöglichkeiten bei Problemen mit Befehlen und Funktionen selbstständig zu finden.

Versuchen Sie bei der Arbeit mit Anwenderprogrammen, Funktionen selber am Programm auszuprobieren. Benutzen Sie die Hilfefunktionen der Programme. Moderne Programme haben kontextsensitive Hilfen, d. h., man kann im Programm jederzeit Hilfe anfordern, die im Idealfall genau zum Problem Auskunft gibt.

Die meisten Anwenderprogramme verfügen heute über Assistenten, auch Ratgeber oder Wizzards genannt. Sie sind eine Weiterentwicklung der Onlinehilfe. Diese Werkzeuge führen mit Erläuterungen und Handlungsanweisungen den Anwender durch Befehlsabfolgen, die zur Lösung einer Aufgabe notwendig sind.

Mit der Zeit und mit etwas Erfahrung wird es Ihnen gelingen, in jeder Situation selber weiterzukommen. Diese Selbstständigkeit bedeutet letztlich Kompetenz bei Ihrer Arbeit am PC.

3.5.2 Hilfsprogramme

Unter Hilfsprogrammen, auch Dienstprogrammen, Tools oder Utility, versteht man Programme, welche dazu dienen, die Handhabung eines Betriebsprogramms oder eines Anwenderprogramms zu verbessern.

Hilfsprogramme, welche bereits im Betriebssystem eingebunden sind:
- Der Datei-Explorer kopiert, sichert und stellt Dateien wieder her.
- Paint ermöglicht das Anzeigen und Bearbeiten von Grafiken und Fotos.
- Mit der Systemsteuerung werden die Einstellungen angepasst, die Hardware konfiguriert (Treiber) oder die Funktionalität des Computers angepasst.
- Der «Windows Defender» schützt im Hintergrund vor Schadsoftware.
- Dokumente können statt auf einem Drucker in eine XPS-Datei ausgegeben werden. Mit einem XPS-Viewer können diese Dateien auf Windows-Rechnern angezeigt werden.

Zusätzliche, oft kostenlose Hilfsprogramme übernehmen folgende Aufgaben:

- Der kostenlose **Adobe Reader** zeigt Dokumente im PDF-Format an. Diese PDF-Dateien können ausgedruckt werden. PDF bedeutet «Portable Document File/Format» und ist ein einheitliches Format für Druck-Erzeugnisse.
- Mit dem **CCleaner** (Crap Cleaner) wird der Computer optimiert. Das kostenlose Wartungswerkzeug für alle modernen Windows-Betriebssysteme entfernt Datenmüll von der Festplatte und vom Browser (temporäre Dateien, Verlauf, Cookies, Autovervollständigung, index.dat-Dateien).
- **WinZip** und **WinRAR** sind Dienstprogramme für das Komprimieren, Verschlüsseln, Packen und Sichern von Dateien.
- **Nero** ist ein Tool zum Brennen und Kopieren von Audio- und Video-CDs, DVDs und Blu-Rays. Es kann damit für die CDs und DVDs das passende Cover gestaltet und ausgedruckt werden. Neben weiteren Funktionen ist auch das Bearbeiten von Wave- und anderen, beispielsweise MP3-Dateien möglich.

3.5.3 Lizenzformen und Urheberrecht

Mit einer Softwarelizenz erwirbt man die Erlaubnis des entsprechenden Softwareherstellers, dass man eine bestimmte Software von ihm auf dem eigenen Computer installieren und nutzen darf. Beim Erwerb einer Softwarelizenz bietet der Markt je nach Person und Organisation sowie benötigter Software immer vielfältigere Formen an. Es gibt Lizenzen, die man mit einem einzigen einfachen Klick zur Bestätigung der Anbieterbedingungen erwerben kann. Anderen Softwarelizenzen geht ein Verhandlungsmarathon über die Nutzungsbedingungen voraus.

Lizenzformen

Die Lizenz legt fest, zu welchen Konditionen eine Software benutzt werden darf. In ihr ist vor allem festgehalten, was die Lizenzrechte umfassen und welchen Begrenzungen sie unterliegen. So können sich Rechte zum Beispiel nur auf einen bestimmten Zweck oder Ort beschränken, oder sie können die Hardware begrenzen, auf der die Software verwendet werden darf. Üblicherweise enthält der Lizenzvertrag eine Produktbeschreibung, die Nutzungsbedingungen sowie Garantiebestimmungen. In der Regel erwirbt ein Lizenznehmer den Anspruch auf die Nutzung eines Exemplars der Software für eine begrenzte Zahl von Benutzern; es ist nicht erlaubt, die Software zu vervielfältigen oder an andere weiterzugeben.

Softwarelizenzen lassen sich nach verschiedenen Arten unterteilen:

Lizenzart	Erkärung
Public Domain (Freie Software)	Bei einer Public Domain kann die Software unbegrenzt kostenlos benutzt werden, da der Urheber auf sein Urheberrecht komplett verzichtet. Der Urheber legt den Quellcode offen, und der Lizenznehmer darf diesen einsehen, verändern und den geänderten Quellcode sowie die daraus entstandene Software weiterverbreiten. Beispiele: GnuWin (beinhaltet verschiedene Programme wie Packprogramme, Textverarbeitungs-, Grafik- oder Mathematikprogramme) oder SQLite (relationales Datenbankprogramm)
Open Source	Der Begriff Open Source darf nicht mit freier Software gleichgesetzt werden; er bedeutet nur die Offenheit des Quellcodes. Die Nutzung kann kostenpflichtig oder kostenlos sein. Der offengelegte Quellcode ermöglicht die Anpassung der Software auf die besonderen Bedürfnisse. Es fallen zwar bei Open-Source-Produkten keine Lizenzgebühren an, aber es entstehen Kosten für die Anpassung und Erweiterung der Software. Beispiele: Betriebssystem Linux, Firefox (Internetbrowser) oder OpenOffice (Officepaket)
Freeware	Freeware darf nicht mit freier Software verwechselt werden; diese Software darf zwar kostenlos genutzt werden, der Quellcode ist in der Regel aber nicht öffentlich. Freeware-Versionen sind durch die Copyright-Bestimmungen geschützt. Sie dürfen nur mit der Zustimmung des Urhebers geändert werden. Es gibt auch Programme, die nur unter bestimmten Bedingungen – z. B. bei privater Nutzung – Freeware sind. Beispiele: kostenlose Virenscanner wie AVG oder unentgeltliche Apps wie WhatsApp und Skype
Donationware	Die Donationware ist eine Unterart der Freeware. Das Verwenden der Software ist an sich kostenlos, es wird jedoch um eine Spende gebeten, um die Urheber finanziell zu unterstützen und die weitere Entwicklung der Software zu ermöglichen. Beispiel: Pixlie (Bildergalerie)
Betaversion	Eine Betaversion ist eine unfertige Version eines Computerprogramms. Häufig sind Betaversionen die ersten Versionen eines Programms, welche vom Hersteller zu Testzwecken veröffentlicht werden. Als Betatester bezeichnet man im Allgemeinen den oder die ersten unabhängigen Fremdtester und Anwender. Alle wesentlichen Funktionen des Programms sind vorhanden, aber noch nicht vollständig getestet, und das Programm enthält daher vermutlich noch viele, auch schwerwiegende Fehler, die einen produktiven Einsatz nicht empfehlenswert machen.

Lizenzart	Erkärung
Shareware	Bei Shareware wird dem Nutzer die Möglichkeit gegeben, die Software kostenlos zu testen und weiterzugeben. In der Regel ist die Testphase auf eine vorher festgelegte Zeitspanne eingeschränkt, oder in der Testversion ist nur ein Teil der Softwarefunktionen aktiviert. Wie lange eine Testphase dauert, wird meist in Tagen oder der Anzahl an Programmaufrufen angegeben. Wer eine Shareware-Software vollständig nutzen will, muss die Lizenz kaufen.
	Beispiele: WinRAR (Archivierungs- und Komprimierungsprogramm) oder verschiedene Programme für die Erstellung von PDF-Dokumenten
Kommerzielle Software	Bei Software unter einer kommerziellen Lizenz wird nur das Recht an der Nutzung der Software erworben. Der Erwerb einer solchen Lizenz ist in der Regel kostenpflichtig. Am weitesten verbreitet sind Kauflizenzen, welche die einmalige Investition und normalerweise auch die Updates beinhalten. Oft werden Softwarepakete aber auch im Abonnement, verbunden mit weiteren Dienstleistungen (wie Cloud-Speicher und Support) angeboten.
	Beispiele: Microsoft-Office-Programme, Bildbearbeitungsprogramme von Adobe

Raubkopie

Als Raubkopie wird das unerlaubte Kopieren und/oder Installieren einer Software bezeichnet und gilt auch für rechtswidrig hergestellte oder verbreitete Kopien von urheberrechtlich geschützten (meist elektronischen) Medien. In der Regel handelt es sich um Medien wie Filme, Musikstücke, Bücher, Computerprogramme, Datenbanken oder ähnliches urheberrechtlich geschütztes Material. Dabei unterbleibt die Bezahlung, welche beim Kauf einer legalen Kopie erfolgt wäre.

Urheberrecht

Software ist das Ergebnis kreativer Arbeit und wird als solche – genauso wie Bücher, Musik und Filme – durch das Urheberrechtsgesetz geschützt; es bestimmt klar, wann ein Werk geschützt ist, worin dieser Schutz besteht und zu welchen Bedingungen man ein Werk nutzen darf. So darf dieses ohne ausdrückliche Genehmigung der Urheber weder kopiert, weitergegeben noch im öffentlichen Raum verbreitet werden.

Art. 19 des Urheberrechtsgesetzes (URG) regelt die Verwendung zum Eigengebrauch. Grundsätzlich dürfen veröffentlichte Werke zum Eigengebrauch verwendet werden. Dieser Artikel findet aber keine Anwendung auf Computerprogramme, es besteht also kein Recht auf eine Privatkopie für Software.

3.5.4 Cloud-Computing

Unter Cloud-Computing versteht man eine IT-Infrastruktur (Hard- und Software), welche standortunabhängig via Internet zur Verfügung gestellt wird. Unternehmen setzen immer öfter auf Cloud-Dienste, um die IT-Kosten im Griff zu haben. Fixe monatliche oder jährliche Nutzungsgebühren ersetzen die Investitionskosten für die Beschaffung und die laufenden Kosten für die Wartung einer eigenen IT-Infrastruktur.

Der Zugriff auf die Cloud kann mit unterschiedlichen Geräten erfolgen und ist verschlüsselt. Typische Anwendungen sind: Webmail, Social Media, E-Banking, Datenablage und -freigabe, Schulung und Weiterbildung, Anwendungen im betrieblichen Umfeld.

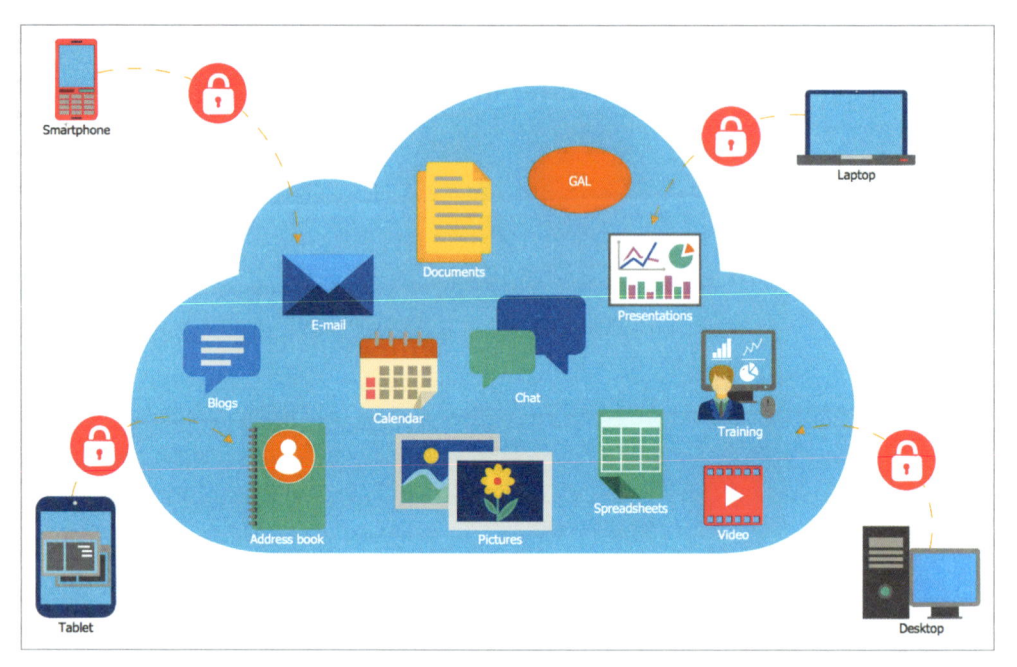

Cloud-Computing

Public Cloud

Bei Cloud-Diensten ist es für den Anwender grundsätzlich nicht relevant, wo die physische IT-Infrastruktur des Cloud-Dienst-Anbieters steht, sie ist irgendwo im Internet (auch Wolke bzw. Cloud genannt). Allerdings hat der Standort Einfluss auf Datenschutz und -sicherheit. Es kann sinnvoll sein, dass der Cloud-Anbieter seine Infrastruktur im eigenen Land betreibt, damit die Daten seiner Kunden nicht dem Zugriff ausländischer Behörden zur Verfügung stehen.

Zweck	Anbieter, Apps
Einfache Dateifreigabe/ Dateiversand	Wetransfer, Zeta Uploader, ge.tt, Sendanywhere, Wikisend
Datenablage und gemeinsamer Zugriff	Dropbox, Microsoft OneDrive, Google Drive
Fernwartung über das Internet	Teamviewer, Chrome Remote Desktop, AnyDesk
E-Banking	Banken und Finanzinstitute
Geschäftsanwendungen: E-Mail, Kontakte, Kalender usw.	Microsoft Office 2019 / Office 365, Google G Suite

Anwendersoftware

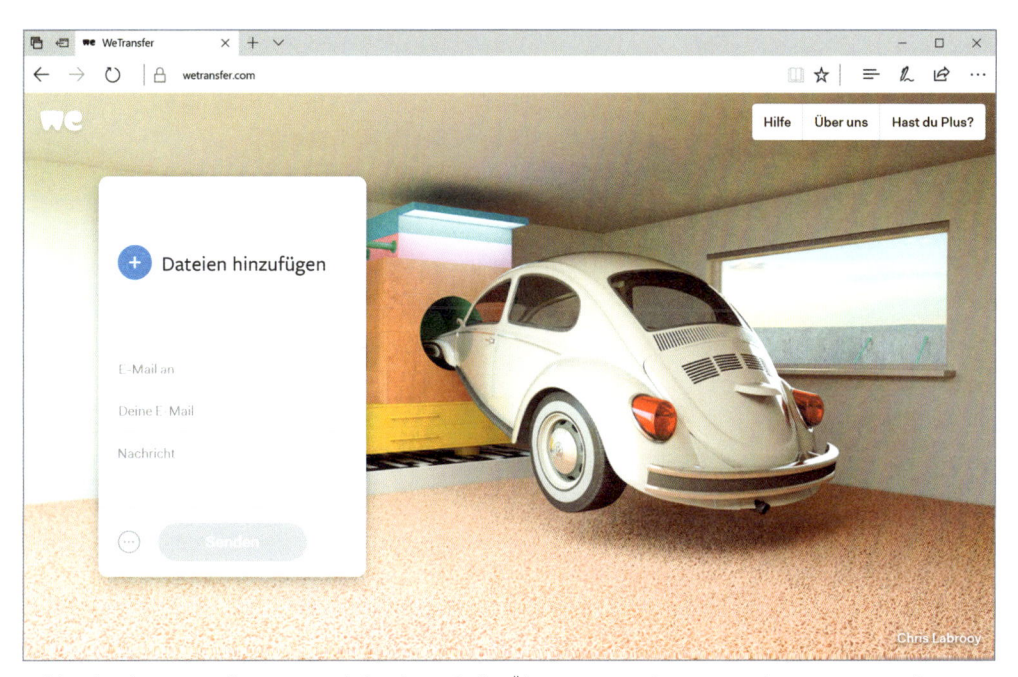

Public Cloud: WeTransfer eignet sich für die einfache Übertragung grösserer Dateien, z. B., wenn diese zu gross für den Versand per E-Mail sind.

Private Cloud

Die höchste Vertraulichkeitsstufe bietet die Private Cloud. Die Cloud-Infrastruktur wird dabei am eigenen Standort betrieben und steht einem ausgewählten Anwenderkreis via Internet oder über eigene Netzwerke zur Verfügung. Die eigene Hard- und Software birgt ein gewisses Kostenrisiko, da diese selber beschafft und gewartet werden muss.

Datenablage auf eigenem Fileserver	ownCloud auf Endgeräten in Kombination mit Fileserver zu Hause oder im eigenen Unternehmen (On-Premises)

Hybrid Cloud

Mit einer Kombination aus Public Cloud und Private Cloud lassen sich die Vorteile beider Varianten nutzen. Kosten können optimiert, Datenschutz und -sicherheit den eigenen Bedürfnissen angepasst werden.

Datenablage auf eigenem Fileserver und auf Fileserver bei externem Provider	ownCloud auf Endgeräten in Kombination mit Fileserver On-Premises (für höheren Datenschutz) und Fileserver gehostet (für weniger sensible Daten mit höherer Internetanbindungsgeschwindigkeit)

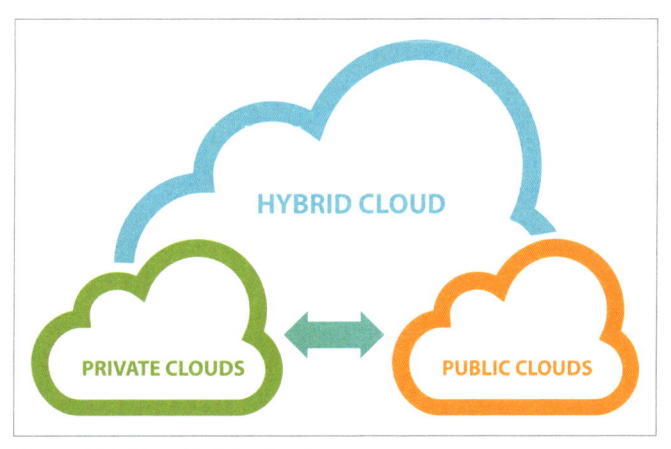

Private, Hybrid und Public Cloud

Software

Aufgabe 22

Kreuzen Sie die richtige Antwort an. Es ist jeweils nur eine Möglichkeit korrekt.

1. Sie installieren eine mit Ihrem PC mitgelieferte Windows-Version auf weiteren Rechnern. Das bezeichnet man als:
   - ☐ A illegale Installation
   - ☐ B Installation einer Beta-Version
   - ☐ C Installation eines Plug-ins
   - ☐ D Installation einer Netzwerklizenz
   - ☐ E Installation von Shareware/Freeware

2. Welcher Fachbegriff bezeichnet die gleichzeitige Ausführung mehrerer Anwenderprogramme?
   - ☐ A Synchronisierung
   - ☐ B Multitasking
   - ☐ C Multithreading
   - ☐ D Gambling
   - ☐ E Plug and Play

3. Ergänzen Sie das fehlende Wort: «Ein ____ wird beim Aufruf in den Arbeitsspeicher gelesen und dann schrittweise vom Steuerwerk übernommen und ausgeführt.»
   - ☐ A Sektor
   - ☐ B Byte
   - ☐ C Programm
   - ☐ D Algorithmus
   - ☐ E Interface

4. Sie möchten, dass Ihr Computer jeweils automatisch von der Sommer- auf die Winterzeit umschaltet und umgekehrt. Welche Aussage zur Sommer-/Winterzeitumstellung ist korrekt?
   - ☐ A Dies ist nur mit einem permanenten Internetzugang automatisierbar.
   - ☐ B Die Umstellung von der Sommer- auf die Winterzeit kann über die Systemsteuerung ein- oder ausgeschaltet werden.
   - ☐ C Damit die Funktion der Umschaltung richtig funktioniert, muss das Umschaltdatum eingegeben werden.
   - ☐ D Diese Funktion ist erst seit Windows 8 verfügbar.
   - ☐ E In Windows ist keine automatische Sommer-/Winterzeitumschaltung vorgesehen.

5. Welcher Begriff steht nicht für ein Betriebssystem?
   - ☐ A Windows
   - ☐ B Microsoft Office
   - ☐ C Linux
   - ☐ D Mac OS
   - ☐ E Solaris

6. Welcher Begriff steht für optische Zeichenerkennung?
   - ☐ A OCR
   - ☐ B EDV
   - ☐ C Scanner
   - ☐ D OZE
   - ☐ E EFT

7. Was bedeutet Open Source?
   - ☐ A Der Quellcode einer Software ist offengelegt und kann von jedermann eingesehen und darf angepasst werden.
   - ☐ B Die Software ist offen, d.h., sie ist in jedem Fall kostenlos.
   - ☐ C Das ist ein offenes Funknetzwerk, jedermann hat Zugriff.
   - ☐ D Das ist ein offenes Forum für Source-Programmierung.
   - ☐ E Diese Software verfügt über einen offenen Zugang zu allen Netzwerken.

8. Was bedeutet der Begriff Firmware?
   - ☐ A Software, die speziell für eine Firma entwickelt wird
   - ☐ B In elektronischen Geräten eingebettete Software
   - ☐ C Besonders robuste und solide Hardware
   - ☐ D Dieser Begriff wird in der Informatik nicht verwendet.
   - ☐ E Diese Software sichert das Computersystem vor unbefugten Zugriffen.

9. Auf Ihrem neuen PC werden die Dateierweiterungen nicht angezeigt. Um diese sichtbar zu machen, müssen Sie
   - ☐ A die Systemsteuerung öffnen, das Symbol «System» wählen und die entsprechende Einstellung vornehmen.
   - ☐ B eine beliebige Office-Anwendung starten, den Befehl «Extras» wählen und in der Registerkarte «Ansicht» die entsprechenden Einstellungen vornehmen.
   - ☐ C die Systemsteuerung öffnen, das Symbol «Sicherheitscenter» öffnen und in der Option «Explorer» die entsprechende Einstellung vornehmen.
   - ☐ D die Eigenschaften des Desktops aufrufen und in der Registerkarte «Einstellungen» die entsprechenden Einstellungen vornehmen.
   - ☐ E die Systemsteuerung öffen, «Ordneroptionen» wählen und in der Registerkarte «Ansicht» die entsprechenden Einstellungen vornehmen.

10. Sie möchten alle geöffneten Programmfenster nebeneinander anordnen. Wie gehen Sie dazu am besten vor?
    - ☐ A Startmenü/Programme/Zubehör/Systemprogramme/untereinander anordnen
    - ☐ B Rechtsklick auf die Titelleiste eines Programms/Wiederherstellen
    - ☐ C Rechtsklick auf die Taskleiste/Fenster nebeneinander anzeigen
    - ☐ D Systemsteuerung/Anzeige/Symbole anordnen
    - ☐ E Rechtsklick auf die Taskleiste/Eigenschaften/Fenster nebeneinander anzeigen

11. Was kann mit der Windows-Funktion «Datenträgerbereinigung» gelöscht werden?
    - ☐ A Temporäre Internetdateien, Inhalt des Papierkorbs, heruntergeladene Programmdateien
    - ☐ B Alle Dateien, die seit einem Jahr nicht mehr benutzt wurden
    - ☐ C Mails, die bereits beantwortet wurden
    - ☐ D Nicht mehr gebrauchte Systemdateien
    - ☐ E Gleichartige Dateien, welche in mehreren Versionen abgespeichert wurden

12. Wie wird Software bezeichnet, welche die Kommunikation zwischen dem Betriebssystem und der installierten Hardware steuert?
    - ☐ A Anwendersoftware
    - ☐ B Plug-in
    - ☐ C Hilfsprogramme
    - ☐ D Treiber
    - ☐ E Tools.

Einfache Wartungsarbeiten an Hard- und Software

4

Einfache Wartungsarbeiten an Hard- und Software

4.1 Optimieren, Sichern und Wiederherstellen

Windows stellt verschiedene Programme zur Verfügung, damit der Computer gewartet und ein sicherer Betrieb gewährleistet werden kann.

In der Systemsteuerung befinden sich Tools zur Anpassung der folgenden Einstellungen des Computers.

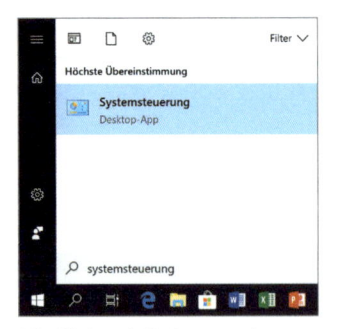

Mit Klick auf die Lupe und Eingabe des Textes «Systemsteuerung» gelangen Sie in die Systemsteuerung.

Systemsteuerung

4.1.1 Laufwerke optimieren

Festplatten unterteilen

Die Festplatte kann über die Computerverwaltung in verschieden grosse logische Laufwerke (sog. Partitionen) unterteilt werden. Mit einem Rechtsklick auf den entsprechenden Datenträger bzw. auf die entsprechende Partition nehmen Sie die gewünschten Anpassungen wie vergrössern, verkleinern, löschen oder neu erstellen vor.

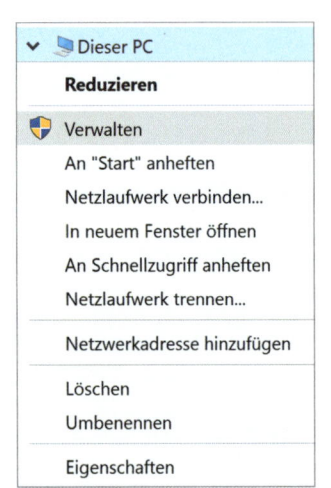

Im Datei-Explorer gelangen Sie mit einem Rechtsklick auf **Dieser PC** in die Computerverwaltung. Alternativ können Sie diese auch über einen Rechtsklick auf den Startknopf anwählen.

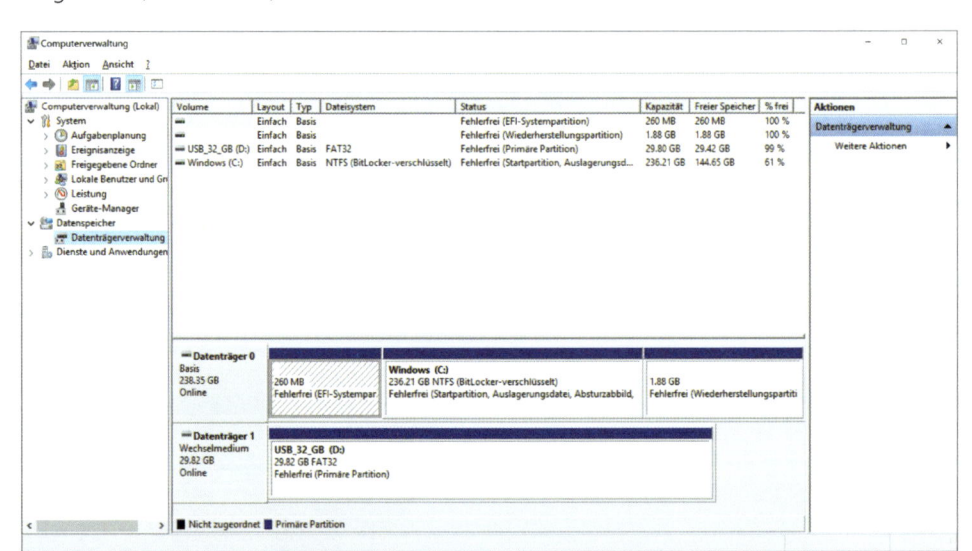

Datenträgerverwaltung in der Computerverwaltung

100

Speicherplatz verwalten

Mit der Zeit sammeln sich immer mehr nutzlose Daten auf der Systemfestplatte an. Von Zeit zu Zeit sollten diese entfernt werden. Gehen Sie hierfür in den Eigenschaften der Festplatte ins Register «Allgemein», dann klicken Sie auf «Bereinigen». Neben nicht genutzten Dateien wird unter anderem auch der Papierkorb geleert.

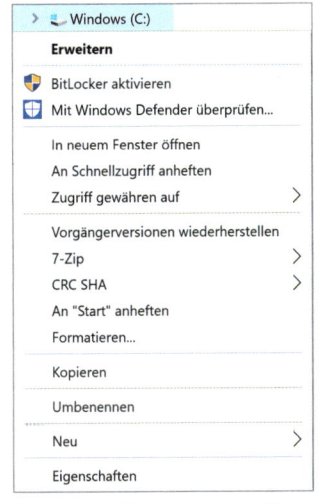

Im Datei-Explorer gelangen Sie mit einem Rechtsklick auf die Festplatte in deren Eigenschaften.

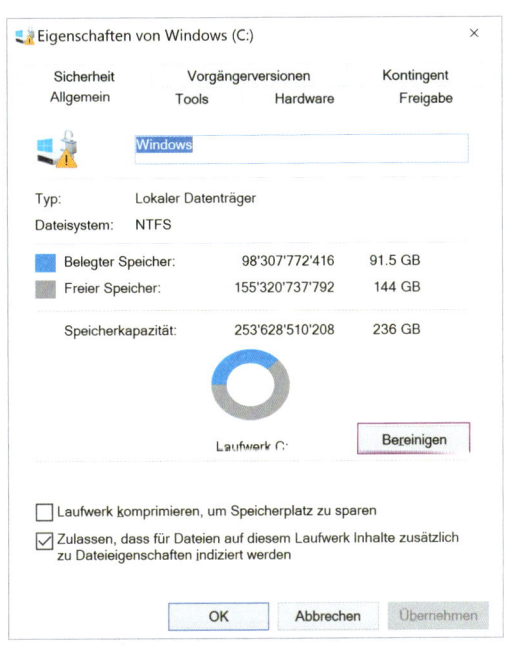

Systemfestplatte bereinigen

Laufwerke optimieren und defragmentieren

Damit Ihr Computer effizient läuft, werden dessen Laufwerke im Hintergrund automatisch analysiert und optimiert. Klassische Festplatten werden auch defragmentiert, d. h., Dateiteile (Fragmente) werden in einer für den Computer idealen Reihenfolge auf der Platte abgelegt. Bei SSD-Speichern bringt das Defragmentieren nichts, sondern reduziert bloss deren Lebensdauer.

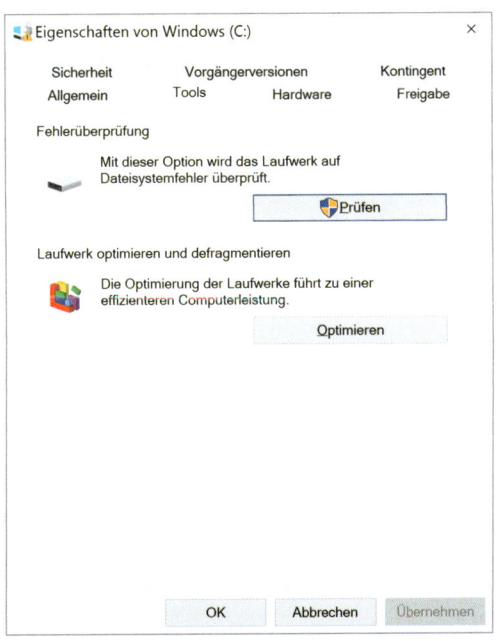

Tools zur Fehlerüberprüfung und Optimierung von eingebauten und angeschlossenen Laufwerken

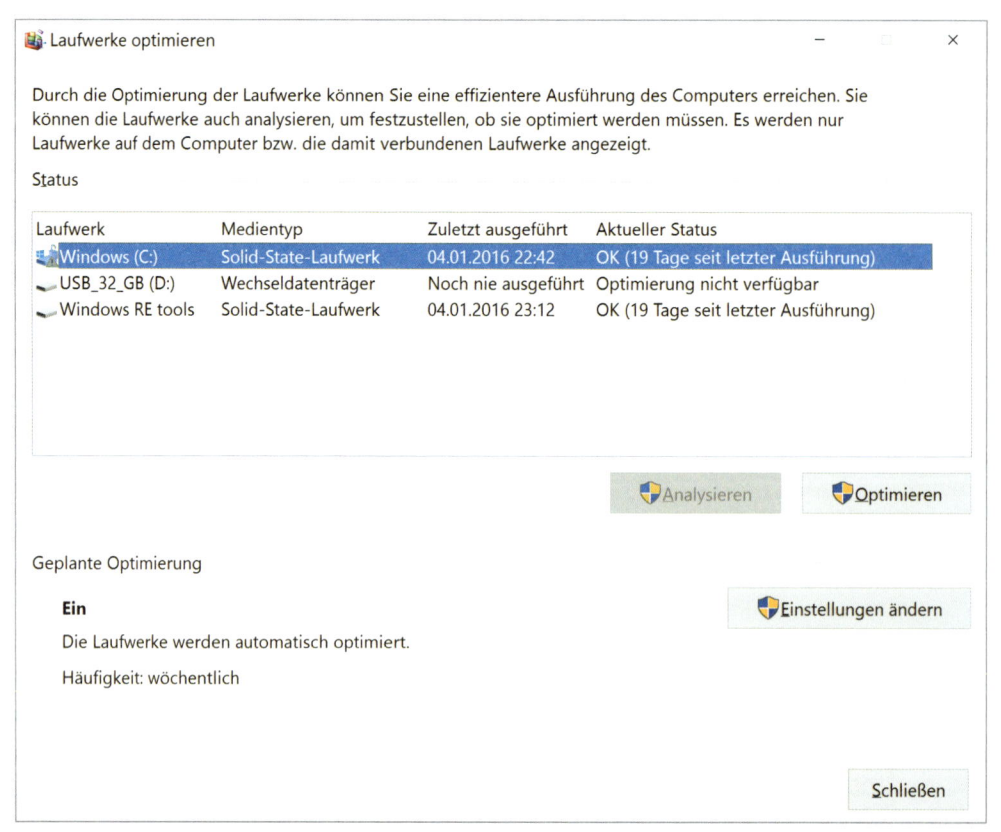

Einfache Wartungsarbeiten an Hard- und Software

Dialogfeld **Laufwerke optimieren** mit der Übersicht aller angeschlossenen Laufwerke

4.1.2 Sichern und wiederherstellen

Daten sichern und wiederherstellen

Zur Sicherung der lokalen Daten bietet Windows den Dateiversionsverlauf an. Damit lassen sich Daten für den Fall eines Verlusts auf einem zusätzlichen Datenträger (z. B. eine externe Festplatte oder einen USB-Stick) sichern. Dieser Vorgang wird **Back-up** genannt. Die Wiederherstellung bzw. Rückholung der Daten heisst **Restore** oder **Recovery**.

Fenster	Systemsteuerung
Befehl	System und Sicherheit
Befehl	Dateiversionsverlauf
Befehl	Einstellungen
Befehl	Update und Sicherheit
Befehl	Sicherung
Befehl	Mit Dateiversionsverlauf sichern

Daten sichern und wiederherstellen

Einrichten der automatischen Datensicherung, unten links gelangen Sie zur Wiederherstellung.

Wiederherstellung des Systems

Manchmal ist es ratsam, den Computer komplett zurückzusetzen oder aufzufrischen, ohne dass dabei Benutzerdateien verloren gehen. Für den Fall eines Hardwareschadens an der Festplatte, können Sie mithilfe der Wiederherstellungstools Wiederherstellungsdatenträger erstellen (z. B. auf DVD).

Fenster	**Systemsteuerung**
Befehl	System und Sicherheit
Befehl	Sicherheit und Wartung
Befehl	Wiederherstellung
Befehl	Einstellungen
Befehl	Update und Sicherheit
Befehl	Sicherung
Befehl	Sicherung wiederherstellen

Wiederherstellen des Systems

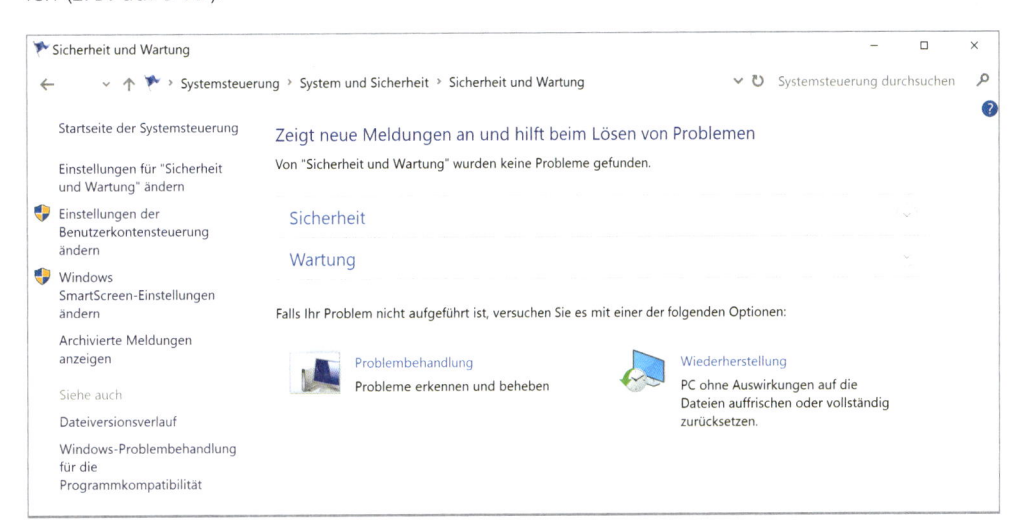

Sicherheit und Wartung

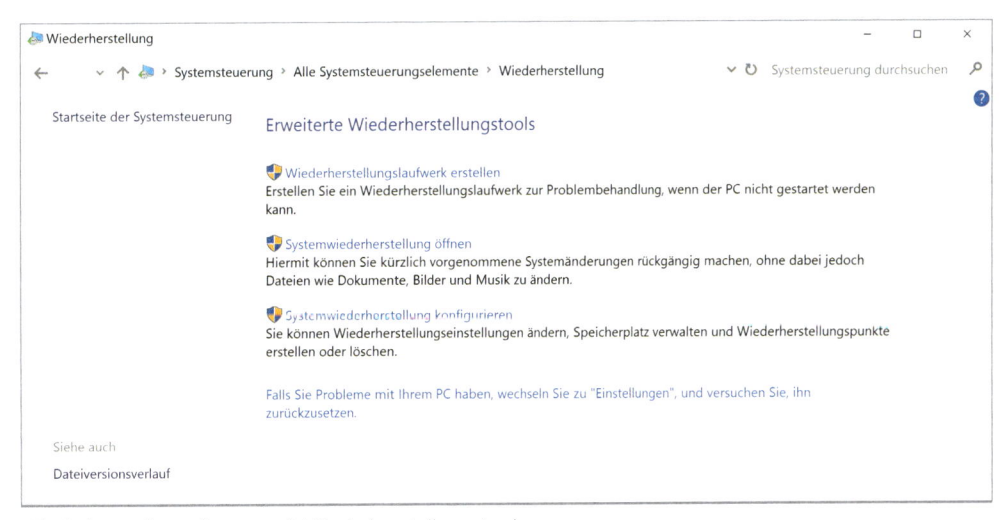

Wiederherstellungsfenster mit Wiederherstellungstools

Die Systemwiederherstellung setzt die Systemdateien und -einstellungen des Computers mithilfe von Wiederherstellungspunkten auf einen früheren Zustand zurück, ohne dass dies Auswirkungen auf persönliche Dateien hat. Wiederherstellungspunkte werden automatisch einmal pro Woche sowie unmittelbar vor wesentlichen Systemereignissen erstellt. Zu diesen Ereignissen gehört beispielsweise die Installation eines Programms oder eines Gerätetreibers. Wiederherstellungspunkte können auch manuell erstellt werden.

Ein Wiederherstellungspunkt ist die Darstellung eines gespeicherten Status der Systemdateien eines Computers. Systemabbildsicherungen umfassen zwar neben den Systemdateien auch Ihre persönlichen Daten, diese sind von der Systemwiederherstellung jedoch nicht betroffen.

Ein Systemabbild ist eine exakte und vollständige Kopie eines Laufwerks; mit dieser können die Inhalte des Computers bei einem Ausfall der Festplatte oder auch des Computers wieder vollständig hergestellt werden. Es ist nicht möglich, einzelne Elemente für die Wiederherstellung auszuwählen; alle aktuellen Programme, Systemeinstellungen und Dateien werden durch die Inhalte des Systemabbilds ersetzt.

Einfache Wartungsarbeiten an Hard- und Software

4.1.3 Software aktualisieren

Windows wird standardmässig automatisch im Hintergrund aktualisiert, also auf dem neuesten Stand gehalten. Zum Beispiel werden Sicherheitslücken behoben und neue Funktionen in Windows integriert. Hierzu werden in regelmässigen Abständen Updates übers Internet heruntergeladen.

Einstellungen öffnen

Befehl	Start
Befehl	Einstellungen
Befehl	Update und Sicherheit

Stand der Aktualisierungen überprüfen

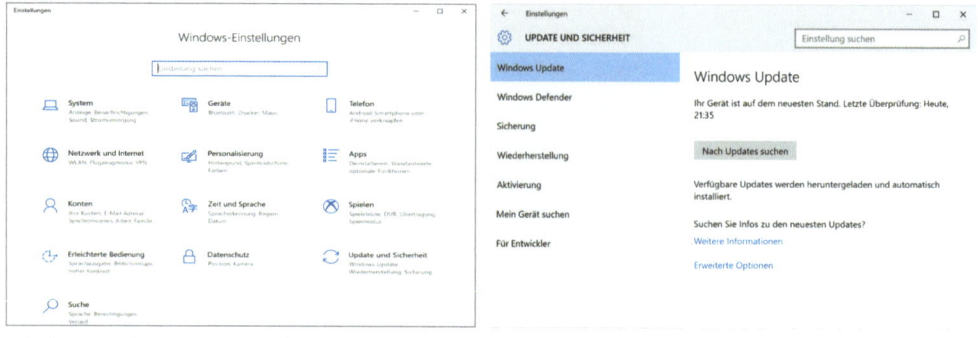

Windows-Update-Fenster mit der Möglichkeit, nach Updates zu suchen

Die unterschiedlichen Anwenderprogramme auf dem Computer verfügen über eigene Updatemechanismen. Befolgen Sie deren Anweisungen bzw. die Empfehlung des Herstellers oder des IT-Verantwortlichen Ihres Betriebs.

4.1.4 Leistungsfähigkeit des Systems erhalten

PC mit genügend Arbeitsspeicher ausstatten

Auch ein gut gepflegtes System wird mit der Zeit langsamer. Neu installierte Programme und Updates belasten das System. Zudem wird der Leistungsbedarf von Programmen tendenziell höher. Prüfen Sie, ob Ihr Computer über genügend Arbeitsspeicher (RAM) für Ihren Anwendungszweck verfügt.

Fenster	**System-steuerung**
Befehl	**System und Sicherheit**
Befehl	**System**

Systemeigenschaften

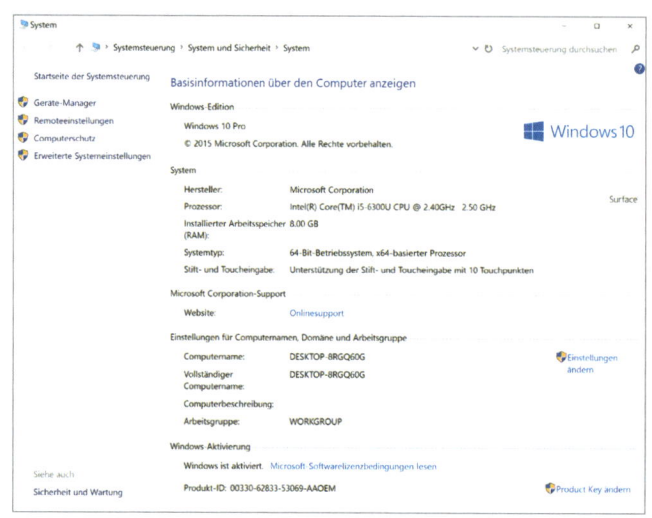

Systemeigenschaften des Computers im Überblick

104

Optimieren, Sichern und Wiederherstellen

Unnötige Programme deinstallieren

Vermeiden Sie, unnötige Software zu installieren. Prüfen Sie von Zeit zu Zeit, ob sich auf Ihrem PC unerwünschte Software befindet, und deinstallieren Sie diese.

Fenster	**System-steuerung**
Befehl	**Programme**
Befehl	**Programme deinstallieren**
Befehl	**Startknopf**
Befehl	**Einstellungen**
Befehl	**Apps**
Befehl	**deinstallieren**

Programme deinstallieren

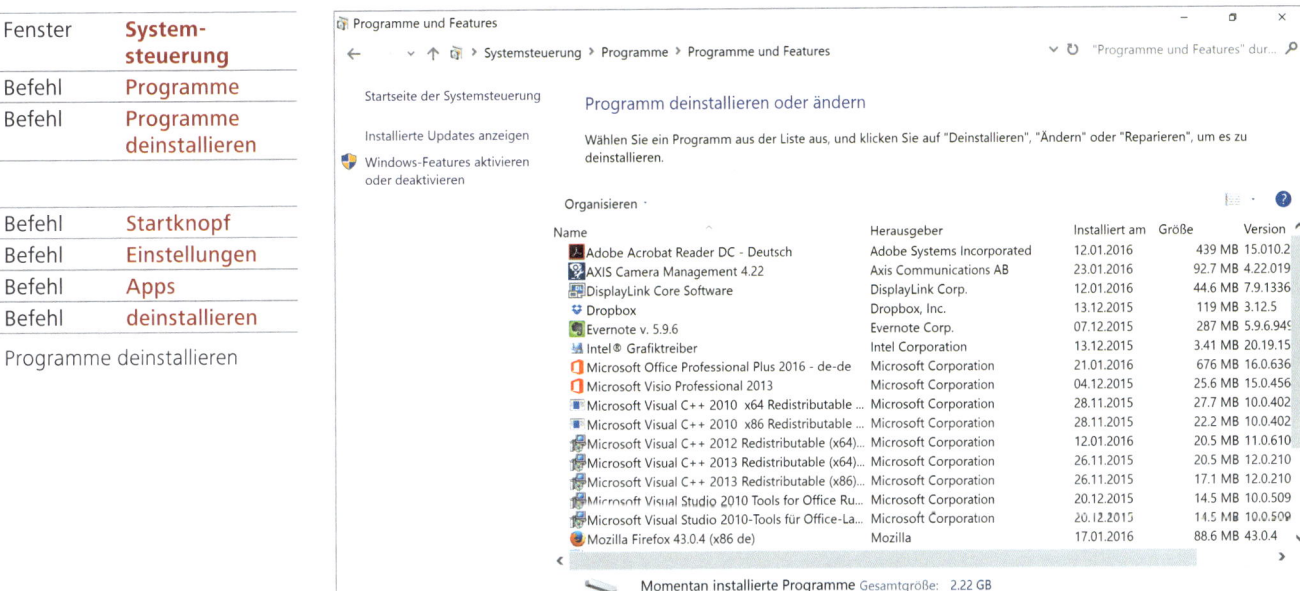

Übersicht aller installierten Programme

Beim Einrichten des PCs achten Sie auf folgende Punkte

- Setzen Sie ein aktuelles Malwareschutzprogramm mit aktuellen Signaturdateien ein, das im Hintergrund läuft und bei bekannter Computermalware Alarm schlägt.
- Aktivieren Sie alle vorhandenen Sicherheitsfunktionen des Rechners (Passwortschutz, Bildschirmschoner mit Passwort usw.), damit während Ihrer Abwesenheit Unbefugte keine Möglichkeit haben, durch unbedachte oder gewollte Handlungen den Rechner zu gefährden.

Befehl	**Startknopf**
Befehl	**Einstellungen**
Befehl	**Personalisierung**
Befehl	**Designs**

Taskleiste und Navigation

Befehl	**Startknopf**
Befehl	**Einstellungen**
Befehl	**Personalisierung**
Befehl	**Sperrbildschirm**
Befehl	**Einstellungen für Bildschirm-schoner**

Bildschirmschoner einschalten

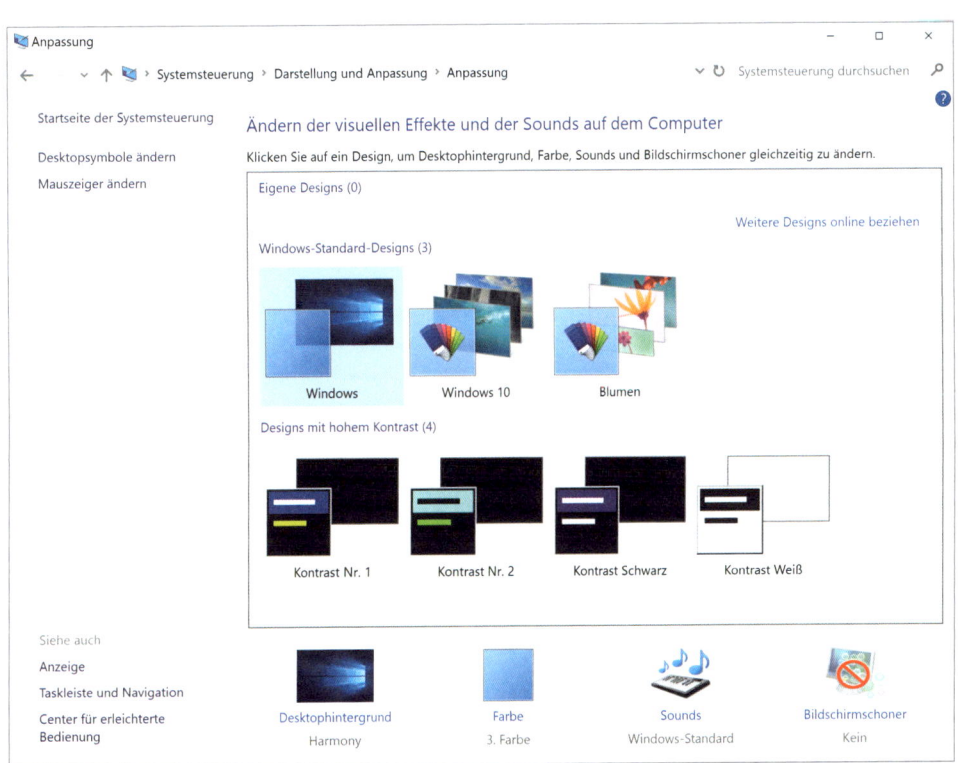

Das Fenster **Anpassung**, unten rechts lässt sich der Bildschirmschoner einschalten.

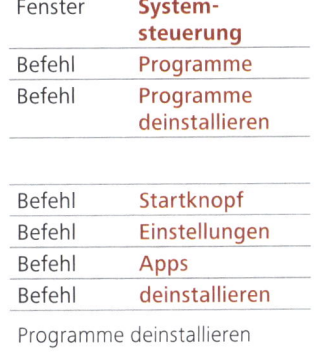

105

Befehl	Startknopf
Befehl	Einstellungen
Befehl	Personalisierung
Befehl	Einstellungen für Bildschirmschoner

Einstellungen Bildschirmschoner

Nach fünf Minuten wird der Bildschirmschoner aktiv und der Computer gesperrt. Zum Reaktivieren müssen Sie Ihr Passwort eingeben.

- Stellen Sie die Sicherheitseinstellungen des Internetbrowsers auf die höchste Stufe ein. Deaktivieren Sie aktive Inhalte (ActiveX, Java, JavaScript) und Skriptsprachen (z. B. Visual Basic Script, VBS).

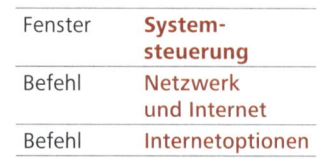

Fenster	Systemsteuerung
Befehl	Netzwerk und Internet
Befehl	Internetoptionen

Internetoptionen anpassen

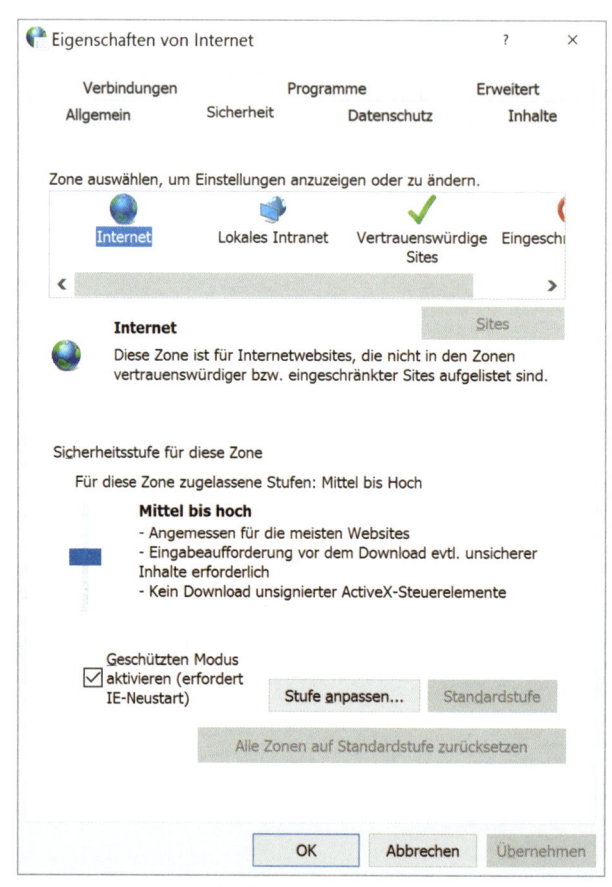

Internetoptionen mit der höchsten Sicherheitsstufe

4.2 Computer und Verbrauchsmaterialien umweltschonend einsetzen

4.2.1 Beschaffung, Einsatz und Recycling von Computern

Computer und deren Peripheriegeräte belasten die Umwelt: Sie verbrauchen viel Energie und Rohstoffe; durch intelligente Beschaffung, Einsatz und Recycling kann die Umwelt etwas geschont werden.

Beschaffung

Durch die Wahl von energieeffizienten, schadstoffarmen und qualitativ hochwertigen Geräten können Kosten gemindert werden. Topten, welche auf ihrer Website Empfehlungen für den Kauf umweltfreundlicher Produkte herausgibt, empfiehlt, beim Kauf auf folgende Kriterien zu achten:

- wenig Energieverbrauch
- geringe Umweltbelastung
- gute Gebrauchsfähigkeit
- gesundheitliche Unbedenklichkeit
- sehr gute Qualität
- einen vernünftigen Preis, ein gutes Kosten-Nutzen-Verhältnis
- den Einsatz von energieoptimierten Komponenten wie beispielsweise zertifizierten Netzteilen und nicht unnötig starken Grafikkarten

Einsatz

Ein PC benötigt zu seiner Herstellung sehr viel Energie; um gleich viel Energie im Betrieb zu verbrauchen, müsste er etwa drei Jahre lang laufen. Wer also Energie sparen will, betreibt den PC mehr als vier Jahre lang. Es lohnt sich auch, den Energiesparmodus anzuwenden und den PC bei längeren Arbeitspausen abzuschalten.

In Band 1 (Informationsmanagement) finden Sie im Kapitel «8.2 Büroökologie» weitere Hinweise zur Energieeffizienz am Arbeitsplatz.

Recycling

Das Computerrecycling ist eine umweltschonende Methode und dient der Rohstoffrückgewinnung. Die heutigen PCs, Notebooks und Netbooks bestehen aus wertvollen Rohstoffen. In einem Computer sind Kupfer, Silber, Gold, Platin und Silizium zu finden.

Die Kosten für Rücknahme und Entsorgung sind in der Schweiz durch eine vorgezogene Recyclinggebühr (vRG) gedeckt. Alle Verkaufsstellen müssen Geräte und Zubehör kostenlos zurücknehmen. Das Recycling übernimmt die Swico, welche die entsorgten Computersysteme von den Verkaufsstellen annimmt und diese anschliessend demontiert.

Im Rahmen der Demontage werden die einzelnen Komponenten des Geräts nach Rohstoffen sortiert und anschliessend zerkleinert. Ein komplizierter Prozess filtert das Gold, Silber und Platin heraus. Die gewonnenen Edelmetalle werden in Barren gegossen und anschliessend verkauft.

Man schätzt, dass weltweit jährlich eine zweistellige Millionenzahl an Tonnen von Elektro- und Elektronikgeräten weggeworfen wird. Und die Menge soll sich in den nächsten zehn Jahren noch verdoppeln. Die Schwierigkeit mit dem Elektroschrott: Ein Teil davon ist hochproblematisch für Mensch und Umwelt.

Wie gefährlich die Auswirkungen der schädlichen Substanzen sind, hängt in hohem Mass vom Recyclingprozess ab. Zum Schutz des Menschen und der Böden, der Gewässer und der Luft ist es notwendig, ausgediente Elektro- und Elektronikgeräte fachgerecht zu zerlegen, die schadstoffhaltigen Komponenten zu separieren und getrennt zu entsorgen.

4.2.2 Verbrauchsmaterialien richtig auswählen und ergänzen

Jeder kann sich umweltbewusst verhalten, indem er Abläufe im Büroalltag und Materialeinsatz und Materialverbrauch hinterfragt. Wird bewusst Papier gespart? Welches Papier wird verwendet? Schon beim Einkauf kann Abfall vermieden werden (Qualität und Langlebigkeit bei Geräten, Einsatz von Mehrweg- oder Refill-Produkten).

Weitere Informationen zum Einsatz von Papier und zum Umgang mit Tinte und Toner finden Sie im Band 1 Informationsmanagement in Kapitel 5 «Büro der Zukunft … papierlos oder papierarm?» und Kapitel 8 «Ergonomisches und ökologisches Denken».

Papier

Ecopaper (www.ecopaper.ch) empfiehlt aus folgenden Gründen den Einsatz von Recyclingpapier:

- Energie- und wassersparend
  Recyclingpapiere benötigen rund dreimal weniger Energie und Wasser als Frischfaserpapiere und werden aus Altpapier hergestellt.

- Lange Lebensdauer
  Recyclingpapiere, welche die DIN-Norm 6738 erfüllen, lassen sich mindestens 100 Jahre lang aufbewahren. Bis auf wenige besonders wichtige Dokumente ist dies mehr als lange genug.

- Recyclingpapiere entlasten den Wald
  Recyclingpapiere aus Altpapier verringern den Einsatz von Zellstoff, der irgendwo auf der Welt hergestellt wird. Pro Packung weisses Papier werden bis zu fünf Kilogramm Holz benötigt.

- Lässt sich wieder rezyklieren
  Altpapier kann mehrfach rezykliert werden, deshalb ist Sammeln sinnvoll. Nutzen wir diesen regional verfügbaren Rohstoff.

- Recyclingpapier in Kopierer und Drucker
  Recyclingpapiere lassen sich in allen Kopiergeräten und Druckern problemlos einsetzen, denn die heute erhältlichen Papiere erfüllen die DIN-Norm 19309. Diese Norm definiert die technischen Laufeigenschaften.

Toner und Tinte

Toner ist das vor allem in Kopierern und Laserdruckern verwendete Farbmittel zur Erzeugung eines Druckbildes auf Papier, Folien oder anderen Stoffen. Toner ist kein harmloser Stoff, solange er nicht auf dem Papier verschmolzen wurde. Bei der Fixierung von auf Kunstharzbasis hergestellten Tonern durch Hitze und Druck können krebserregende Stoffe freigegeben werden. Darum sollte man beim Umgang mit Toner nicht zu sorglos sein, da die feinen Partikel, aus denen der Toner besteht, so klein sind, dass sie zum Teil ungehindert die Filter- und Schutzfunktion der Lunge passieren können und so in den Körper gelangen. Auch die Filter von Staubsaugern können die feinen Partikel nicht zurückhalten. Durch Staubsauger werden die Tonerpartikel erst in der Luft beziehungsweise im Raum verteilt.

Weitere Informationen zum Umgang mit Tinte und Toner finden Sie im Band 1 Informationsmanagement in Kapitel 5 «Büro der Zukunft … papierlos oder papierarm?» und Kapitel 8 «Ergonomisches und ökologisches Denken».

Drucken Sie umweltbewusst

- Drucken Sie nur, was Sie wirklich brauchen.
- Sie sparen Tinte oder Toner, wenn Sie im Entwurfs- oder Eco-Modus drucken.
- Erstellen Sie anstelle eines Ausdrucks ein PDF-Dokument; dieses wird auch auf einem fremden Computer so ausgegeben, wie es am Bildschirm angezeigt wird.
- Regelmässige Treiber-Updates erweitern die Funktionspalette und helfen teilweise, den Tintenverbrauch zu senken.
- Nutzen Sie die Zoom-Funktion, mit der Sie mehrere Seiten auf einem Blatt ausdrucken können.
- Beim Kauf eines Druckers achten Sie darauf, dass dieser mit einer Duplexfunktion ausgestattet ist; so können Sie Ihre Dokumente automatisch doppelseitig ausdrucken.
- Oft muss nicht das ganze Dokument gedruckt werden; wählen Sie die gewünschten Seiten oder Inhalte aus.
- Nutzen Sie die Energiesparoptionen des Druckers.
- Leere Patronen nicht wegwerfen, sondern dem Händler zurückgeben.

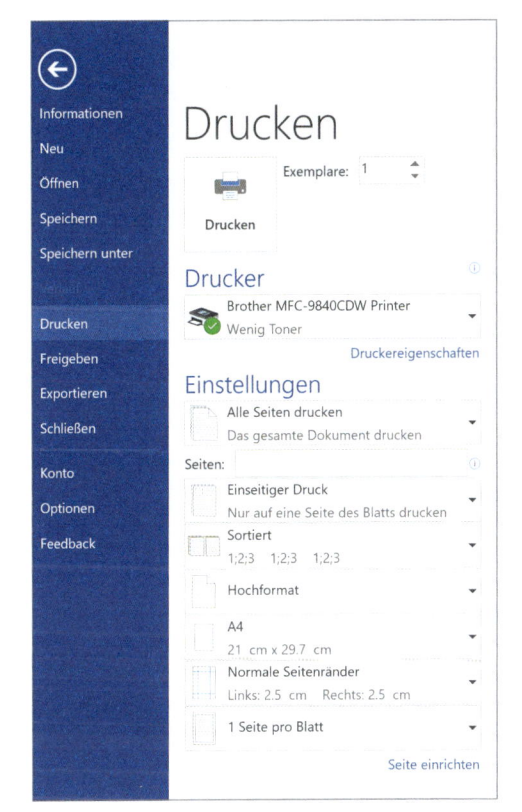

Druckeinstellungen anpassen

Einfache Wartungsarbeiten an Hard- und Software

4.3 Geräte fachgerecht reinigen

Bildschirm, Maus und Tastatur werden im täglichen Gebrauch rasch schmutzig. Eine regelmässige Reinigung ist empfehlenswert: Sie vermindert die Abnutzung der Geräte und macht das Arbeiten angenehmer.

Bildschirm

Vor allem auf einem Tablet- oder Notebook-Display sind nach kurzer Zeit viele Fingerabdrücke und Schmutzflecken zu sehen. Der Monitor sollte nicht mit einem Küchenpapier gereinigt werden, dieses kann den Bildschirm zerkratzen. Zum Putzen von Displays eignet sich ein angefeuchtetes weiches, fusselfreies Tuch. Verwenden Sie dabei nicht zu viel Wasser – dieses kann vor allem an den Bildschirmrändern grosse Schäden anrichten. Auch alkoholhaltige Lösungsmittel sind Gift: Diese können die oberste Display-Schicht angreifen. Optimal geeignet sind besondere Tücher, die streifenfrei reinigen und antistatisch wirken, damit eine erneute Ansammlung von Staub vermieden wird.

Maus und Tastatur

Maus oder Tastatur können mit einem gewöhnlichen Lappen gereinigt werden. Bei der Wahl des Reinigungsmittels sollte man allerdings vorsichtig sein. Reines Wasser erfüllt meistens schon bestens den Zweck. Auch normales Putzmittel kann gebraucht werden. Auf keinen Fall dürfen Lösungsmittel (wie Spiritus oder Benzin) verwendet werden.

Notebook, Netbook

Vor dem Reinigen schalten Sie das Gerät aus und trennen Sie es von der Stromzufuhr. Entfernen Sie wenn möglich den eingebauten Akku. Drehen Sie danach das Notebook auf den Kopf. Schütteln Sie es vorsichtig, sodass die gröbsten Rückstände hinausfallen. Mit einem Pinsel können anschliessend vorsichtig die Zwischenräume gesäubert werden. Um die verbliebenen Bakterien zu bekämpfen, befeuchten Sie ein Taschentuch oder Ähnliches mit Desinfektionsmittel und reiben damit die komplette Tastatur sorgfältig ab. Notebooks sind nicht staubdicht, weil durch einige der Lüftungsschlitze Luft angesaugt und durch andere ausgeblasen wird. Auch andere kleine Öffnungen (z. B. rund um Anschlüsse, Tastatur, Schalter) neigen dazu, Staub anzuziehen. So sammelt sich mit der Zeit einiges an Staub in den Geräten.

Drucker

Grundsätzlich ist nur eine einfache Reinigung Ihres Druckers möglich. Wenn Sie nicht sicher sind, wie weit Sie gehen können, oder für den Fall, dass durch eine solche Wartung die Garantie erlischt, sollten Sie sich an geschultes Servicepersonal oder an den Hersteller wenden.

Laserdrucker

Bei der Reinigung des Laserdruckers sollte man auf jeden Fall vermeiden, dass Toner auf die Haut oder in die Lunge gelangt. Tonerpartikel sind so fein, dass sie – wenn sie einmal in die Luft gelangt sind – über 15 Minuten brauchen, um sich wieder abzusetzen. Bei Ventilatoren oder Klimaanlagen bleiben sie unter Umständen viele Stunden in der Luft. Die Filter normaler Staubsauger reichen nicht aus, um die feinen Tonerpartikel aufzufangen. Ein Tonerreinigungstuch ist für die Reinigung eines Laserdruckers sehr empfehlenswert. Dieses besondere Einwegtuch zieht die Tonerpartikel an. Ein weiterer gefährlicher Bereich bei Laserdruckern ist die Fixierwalze. Diese wird beim Drucken extrem heiss und ist deshalb normalerweise aus Sicherheitsgründen abgedeckt. Wenn Sie die Abdeckung entfernen und die Walze versehentlich berühren, kann es zu Verbrennungen kommen. Darum sollte der Drucker vor einer Reinigung mindestens eine Stunde lang ausgeschaltet sein.

Tonerstaubsauger mit Rückhaltesystem für Tonerpartikel

Geräte fachgerecht reinigen

Tintenstrahldrucker
Der Druckkopf trocknet aus, wenn der Drucker während einiger Zeit nicht benutzt worden ist, daher ist von Zeit zu Zeit eine Düsenreinigung erforderlich. Die meisten Drucker führen in gewissen Zeitabständen selbstständig eine Druckkopfreinigung durch.

Aufgabe 23

Kreuzen Sie die richtige Antwort an. Es ist jeweils nur eine Möglichkeit korrekt.

1. Was ist ein Restore?
   - [ ] A Übertragen von Daten ab einer Wechselfestplatte
   - [ ] B Übermitteln von Daten auf einen Server
   - [ ] C Wiederherstellung von Daten ab einem Back-up
   - [ ] D Komprimieren von gesicherten Daten
   - [ ] E Erneuern der Firmware einer Komponente

2. Welche Massnahme erhöht die Arbeitsgeschwindigkeit des Computers nicht?
   - [ ] A Installation eines neuen Betriebssystems
   - [ ] B Erweiterung des Arbeitsspeichers (RAM)
   - [ ] C Ersetzen der Festplatte durch einen SSD-Speicher
   - [ ] D Komprimierung der Daten
   - [ ] E Defragmentierung der Festplatte

3. Sie schliessen ein neues Peripheriegerät (z. B. ein Multifunktionsgerät) an Ihren Computer, das dem Betriebssystem unbekannt ist. Was muss am ehesten gemacht werden, damit das Gerät trotzdem betrieben werden kann?
   - [ ] A Eine neuere Version des Betriebssystems installieren
   - [ ] B Eine Converterbox zwischen Gerät und System installieren
   - [ ] C Den mitgelieferten oder im Internet verfügbaren Gerätetreiber installieren
   - [ ] D Bei den Systemparametern die Option «unbekanntes Gerät» eingeben
   - [ ] E Ein dem Betriebssystem unbekanntes Gerät kann mit diesem System nicht betrieben werden

4. Unter dem Begriff «logische Partition» versteht man
   - [ ] A eine Unterteilung des Arbeitsspeichers in mehrere Bereiche.
   - [ ] B die gemeinsame Internetverbindung zweier PCs über einen Router.
   - [ ] C eine Linux-Installation auf zwei PCs.
   - [ ] D die automatische Fehlerüberwachung auf der Festplatte.
   - [ ] E die Unterteilung einer Festplatte in ein oder mehrere Laufwerke.

5. Welche der folgenden Aussagen über die Defragmentierung einer Harddisk trifft zu?
   - [ ] A Partition der Festplatte
   - [ ] B Defragmentierung gruppiert und komprimiert mehrere Dateien zu einer einzigen.
   - [ ] C Bei der Defragmentierung werden defekte Dateien entdeckt und eventuell repariert.
   - [ ] D Defragmentierung schafft zusätzlichen freien Platz durch Komprimierung.
   - [ ] E Defragmentierung bringt auf Festplatten verteilte Fragmente von Dateien in eine für den Lesevorgang ideale Reihenfolge. Bei neueren Betriebssystemen erfolgt die Defragmentierung automatisch im Hintergrund.

6. Computerviren können
   - [ ] A sich nur an einem bestimmten Datum selbst aktivieren.
   - [ ] B die Firmware eines Computers weder attackieren noch zerstören.
   - [ ] C verschiedene Funktionen des Betriebssystems deaktivieren.
   - [ ] D durch E-Mails nicht weitergeleitet werden.
   - [ ] E durch eine Firewall unschädlich gemacht werden.

7. Die automatischen Windows-Updates
   - ☐ A sind als Zusatz-App kostenpflichtig.
   - ☐ B werden nur einmal im Monat installiert.
   - ☐ C können nur installiert werden, wenn Sie Ihre Arbeit unterbrechen.
   - ☐ D eliminieren erkannte Sicherheitslücken.
   - ☐ E bei der Installation wird auch eine Sicherheitsprüfung des Computers vorgenommen.

8. Welche Aussage zur Fragmentierung eines intensiv genutzten Datenträgers trifft zu?
   - ☐ A Das Betriebssystem kann die Zeit geringer Aktivität auf dem Computer für automatische Fragmentierung, welche Dateiteile neu anordnet bzw. zusammenfügt, verwenden.
   - ☐ B Fragmentierung kommt auf Festplatten mit grosser Speicherkapazität nicht vor.
   - ☐ C Stark fragmentierte Dateien haben auf den Zugriff keinen Einfluss.
   - ☐ D SSD-Festplatten müssen monatlich defragmentiert werden.
   - ☐ E Mit der Datenträgerbereinigung werden auch die Dateien defragmentiert.

9. Der Begriff RAID
   - ☐ A bezeichnet ein Speicherverfahren, bei dem Daten aus Gründen der Verfügbarkeit oder Performance auf mehrere Platten verteilt werden.
   - ☐ B bezeichnet die Unterteilung von Festplatten in Partitionen.
   - ☐ C bezeichnet besonders leistungsfähige Festplatten.
   - ☐ D steht im Zusammenhang mit Datenschutz.
   - ☐ E steht für Rapid Application Interface Device.

10. Welche Aussage zur Systemwiederherstellung ist richtig?
    - ☐ A Es lässt sich nur die letzte Wiederherstellung rückgängig machen.
    - ☐ B Grundlage der Systemwiederherstellung sind Wiederherstellungszeitpunkte.
    - ☐ C Wurde nach dem Wiederherstellungszeitpunkt ein Programm installiert, so steht dieses nach der Wiederherstellung auf einen früheren Wiederherstellungszeitpunkt nicht mehr zur Verfügung.
    - ☐ D Wiederherstellungszeitpunkte können nicht manuell gesetzt werden.
    - ☐ E Die Systemwiederherstellung löscht die persönlichen Dateien.

Sicherungsmassnahmen

5

5.1 Sicherung von Daten

Es kann durchaus vorkommen, dass
- Ihre Debitkarte plötzlich nicht mehr funktioniert;
- Ihre Diplomarbeit, die Sie vor einigen Wochen getippt haben, von Ihrem Textprogramm partout nicht mehr korrekt eingelesen werden kann;
- Ihr Notebook mit allen Ihren Daten aus dem Auto gestohlen wird;
- Sie aus Versehen alle Ihre Daten auf dem Server Ihres Arbeitgebers gelöscht haben.

In unserer Informationsgesellschaft müssen Daten jederzeit zur Verfügung stehen und dürfen weder bei Fehlverhalten noch bei technischen Störungen verloren gehen. Dabei spielt es keine wesentliche Rolle, ob Daten auf einem unvernetzten PC oder in einem grossen Netzwerk gespeichert sind. Der Wert einer Information hängt nicht nur von der Qualität, sondern auch von der Verfügbarkeit dieser Information ab. Diese Verfügbarkeit ist in vielen Unternehmen von zentraler Bedeutung. Daten und Rechenkapazitäten, auf die man nicht oder nicht schnell genug zugreifen kann, sind wertlos.

Weshalb gehen Daten verloren?

Häufigste Ursache für den Verlust von Daten sind Bedienungsfehler. Aus Versehen wird eine aktuelle Datei gelöscht oder mit einer älteren Version überspielt. Oft wird die Aufbewahrung von Dateien schlecht organisiert, und die Daten werden deshalb zu einem späteren Zeitpunkt nicht mehr gefunden. Datenverlust durch Sabotageakte, Diebstahl, physische Gewalt (z. B. Wasser- oder Brandschäden) oder Hard- und Softwarefehler sind wesentlich seltener. Bei Sabotageakten handelt es sich um eine gezielte Schädigung der Daten z. B. durch Viren.

Wie schützt man sich vor Datenverlust?

Eine regelmässige Datensicherung ist die wichtigste Massnahme, um sich vor Datenverlust zu schützen. Aufgrund geeigneter Datensicherungskonzepte ergreift man die notwendigen Schutzmassnahmen, die je nach der Wichtigkeit der Daten und dem notwendigen Zeitaufwand unterschiedlich ausfallen können. Für den einzelnen Mitarbeiter sind die wichtigsten Daten zweifellos eigene Dokumente wie Texte, Tabellen, Grafiken usw. Weniger bedeutungsvoll bei der Datensicherung sind in der Regel Programme, weil sie sich mit den entsprechenden optischen Datenträgern oder Downloads problemlos wieder rekonstruieren lassen.

Den besten Schutz gegen Viren bieten Virenschutzprogramme. Zudem wird mit organisatorischen Massnahmen einem Datenverlust wirksam begegnet. Dazu gehören z. B. die Kontrolle und Beschränkung des Zugangs zu Daten, Datenträgern, Informationssystemen und Netzen.

UPS: Uninterruptible Power Supply (unterbrechungsfreie Stromversorgung: USV). Schützt einen Server bei Stromausfall, um einen Absturz und damit Datenverlust zu verhindern.

5.2 Sicherungsmedien

Befehl	System-steuerung
Befehl	System und Sicherheit
Befehl	Dateiversions-verlauf

Dateiversionsverlauf einrichten

Für die Datensicherung werden an Einzelarbeitsplätzen meistens externe Festplatten oder optische Datenträger als Sicherungsmedium eingesetzt. Unternehmen mit mehreren Benutzern speichern die Daten nicht lokal, sondern auf einem zentralen Server. Die Datensicherung erfolgt in diesem Fall auch ab dem Server.

5.2.1 Sicherung am Einzelplatz

An einem Einzelplatz, der nicht in ein Netzwerk eingebunden ist, werden Daten auf optischen Datenträgern, USB-Sticks oder externen Festplatten gesichert.

Sichern Sie Dateien, die Sie neu erstellt oder geändert haben, am besten täglich.

Optische Laufwerke oder externe Festplatten eignen sich gut für die periodische Gesamtsicherung des Datenbestands einer Festplatte. Die Datensicherung wird in der Regel mit einer speziellen Back-up-Software (auch Sicherungssoftware) vorgenommen, die oft zum Lieferumfang von Betriebssystemen oder zu den Back-up-Geräten gehört.

Dateiversionsverlauf

5.2.2 Sicherung im Netz

Um seine Daten zu sichern, ermöglicht das Netz viele technische und organisatorische Optionen. Üblicherweise sind IT-Spezialisten damit beauftragt, die erforderliche Datensicherung in einem Netzwerk vorzunehmen. Dabei wird meist auf Bandkassetten oder externe Festplatten zurückgegriffen, da sie umfangreiche Speicherkapazitäten haben und vergleichsweise geringe Kosten verursachen.

Ein Mitarbeiter legt ein Sicherungsband ein.

Sicherungsmassnahmen

Datensicherung kann auch online erfolgen. Dies geschieht z. B. per Internet (Cloud) oder über eine gesicherte VPN-Verbindung (Virtual Private Network). Die Daten werden dabei auf einem Server gesichert, der an einem völlig anderen Ort ist. So können selbst Elementarschäden am eigenen Standort die Datensicherheit nicht mehr gefährden.

Immer mehr werden in mittleren und kleinen Unternehmen, aber auch im privaten Bereich NAS (Network Attached Storage) für die Datensicherung eingesetzt; sie sind einfach zu verwaltende Dateiserver, welche mit den darauf abgelegten Dateien netzweit zur Verfügung stehen. NAS-Systeme werden direkt am Netzwerk angeschlossen und arbeiten autonom, d. h., ohne einen PC oder Server zu benötigen. Vor allem beim Einsatz im professionellen Umfeld sind die Systeme in der Lage, Zugriffsrechte für im Netz eingetragene Nutzer zu berücksichtigen (Datenschutz).

Ein NAS stellt in der Regel weitaus mehr Funktionen bereit, als nur einem Computer Speicher über das Netz zuzuweisen. Viele Systeme verfügen auch über RAID-Funktionen, um Datenverlust durch Defekte vorzubeugen.

NAS (Network Attached Storage)

RAID steht für «Redundant Array of Independent Disks», dies bedeutet, Daten nicht nur auf einer, sondern auf mehreren Festplatten zu verteilen. Die Verteilung wird vom System übernommen, der Benutzer muss sich beim Speichern einer Datei nicht darum kümmern.

In Computersystemen wird versucht, das Vorkommen doppelter Daten (Redundanzen) zu vermeiden. Bei RAID-Systemen werden gezielt Redundanzen erzeugt, damit beim Ausfall einer Festplatte Daten nicht verloren gehen und der ursprüngliche Zustand wiederhergestellt werden kann. Diese Redundanz entspricht jedoch nicht einer Datensicherung.

Ein RAID-System besteht immer aus mindestens zwei Festplatten, die im Verbund betrieben werden. Je nach gewähltem System wird nur die Ausfallsicherheit mittels Spiegelung (Mirroring) oder auch die Leistung durch Aufteilung der Datenblöcke (Striping) erhöht.

5.3 Sicherungstechniken

5.3.1 Back-up-Generationen

Oft wird erst Tage oder sogar Wochen nach der Zerstörung oder Löschung von Dateien bemerkt, dass Daten nicht mehr vorhanden oder unbrauchbar sind. Deshalb ist bei den Sicherungstechniken das **Generationenprinzip,** auch **Grossvater-Vater-Sohn-Prinzip** genannt, sehr verbreitet. Damit ist auch der Zugriff auf ältere Versionen der Daten gewährleistet.

Bei diesem Prinzip sind mindestens drei Sicherungen vorhanden, deren zeitliche Abstände differieren. In der Regel werden eine Tagessicherung, eine Wochensicherung und eine Monatssicherung erstellt. Bei wichtigen Datenbeständen wird zusätzlich eine Jahressicherung vorgenommen. Sofern der zu sichernde Inhalt auf ein Band passt, benötigt man für eine solche Sicherung 21 Bänder:

- Vier Bänder beschriftet man mit den Wochentagen «Montag» bis «Donnerstag» (Söhne). Darauf wird die Tagessicherung erstellt. Sicherungskopien werden von Montag bis Donnerstag auf das jeweilige gleichnamige Band vorgenommen. In der Folgewoche beginnt dieser Prozess von vorne. Auf den entsprechenden Bändern werden die Daten dadurch wöchentlich überschrieben.
- Fünf Bänder erhalten die Beschriftung «Freitag 1» bis «Freitag 5» (Väter). Sie sind für die Wochensicherung gedacht: Freitags wird auf das jeweils an der Reihe befindliche Freitagsband gesichert. Jedes Freitagsband wird also erst wieder fünf Wochen später überschrieben und bleibt so für einen Monat bestehen.
- Zwölf Bänder beschriftet man mit den Monatsnamen (Grossväter). Mit ihnen wird die Monatssicherung am letzten Wochenende eines jeden Monats vorgenommen. Jede Monatssicherung wird erst ein Jahr später wieder überschrieben.

5.3.2 Sicherungsarten

Beim Sicherungsvorgang können verschiedene Sicherungsarten eingesetzt werden. Einzelne Sicherungsvorgänge können in Volldatensicherung, differenzielle und inkrementelle Sicherung unterteilt werden. Differenzielle und inkrementelle Sicherung setzen mindestens eine erfolgte Volldatensicherung voraus.

Voll-Back-up

Unter einem Voll-Back-up versteht man die Sicherung aller Dateien, unabhängig davon, ob sie seit dem letzten Back-up gleich geblieben sind oder nicht. Durch dieses Vorgehen muss keine Auswahl darüber getroffen werden, was gesichert werden soll. Ausserdem ist so das Zurücklesen der Dateien (Restore) völlig unkompliziert.

Diesen Vorteilen steht entgegen, dass die Methode sehr viel Platz auf den Bändern erfordert und die Sicherung von so grossen Datenbeständen viel Zeit in Anspruch nimmt.

Inkrementelles Back-up

Beim inkrementellen Back-up wird zunächst ein Voll-Back-up erstellt. Ab der zweiten Sicherung werden dann ausschliesslich jene Daten gesichert, die nach der vorherigen Sicherung einer Änderung unterlagen. Wurde zum Beispiel am Sonntag ein Voll-Back-up durchgeführt, werden anschliessend nur die täglichen Änderungen gesichert: am Montag nur die Änderungen vom Montag, am Dienstag nur die vom Dienstag usw. Der Sicherungsvorgang ist dadurch kürzer als beim Voll-Back-up, zur Datenwiederherstellung werden aber alle Back-up-Bänder benötigt.

Differenzielles Back-up

Auch bei einem differenziellen Back-up erfolgt zunächst ein Voll-Back-up. Doch im Unterschied zum inkrementellen Back-up werden nun nicht die täglichen Sicherungen hinzugefügt, sondern an jedem Tag werden immer alle Daten, die sich seit dem letzten Voll-Back-up geändert haben, gesichert. Wurde zum Beispiel am Sonntag ein Voll-Back-up durchgeführt, dann erhält die Montagssicherung die Änderungen vom Montag, die Dienstagssicherung dann die Änderungen von Montag und Dienstag usw. Es benötigt mehr Zeit und Speicherplatz als das inkrementelle Back-up, erleichtert aber die Wiederherstellung der Daten.

5.3.3 Dateieigenschaften

Angaben über eine Computerdatei, die nicht zu den eigentlichen Inhalten der Datei gehören, heissen Dateieigenschaften. Diese beinhalten unter anderem neben Dateinamen, Dateityp, Erstelldatum, Änderungsdatum, Datum des letzten Zugriffs, Dateigrösse auch folgende Dateiattribute:

Dateiattribut	Funktion
Schreibgeschützt	Die Datei kann wohl geöffnet und gelesen werden, aber Änderungen können nicht unter dem bestehenden Dateinamen gespeichert werden.
Versteckt	Diese Datei wird bei standardmässigen Anzeigen eines Verzeichnisses nicht angezeigt; damit sie sichtbar gemacht und bearbeitet werden kann, muss die Ansichtsoption entsprechend eingestellt werden. Es kann auch notwendig sein, das Attribut «versteckt» zu löschen und erst nach der Bearbeitung wieder zu aktivieren.
Archivbit	Das Archivbit ist ein Dateiattribut, das vom Betriebssystem bei neu angelegten oder veränderten Dateien gesetzt wird. Datensicherungsprogrammen kann damit signalisiert werden, dass diese Datei noch nicht gesichert wurde. Nach einer Sicherung wird das Archivbit gelöscht und erst bei weiteren Veränderungen erneut gesetzt.
Index	Die Indizierung dient dazu, beim Suchen die Datei schneller zu finden. Wenn der Rechner nach der Datei sucht, braucht er nur die Dateikennzeichnungen (und nicht den ganzen Inhalt) zu vergleichen.
Komprimierung	Komprimierte Dateien beanspruchen weniger Speicherplatz als nicht komprimierte Dateien und können schneller übertragen werden. Die Arbeit mit komprimierten Dateien und Ordnern unterscheidet sich nicht von der Arbeit mit nicht komprimierten Dateien und Ordnern.
Verschlüsseln	Das Verschlüsseln von Ordnern und Dateien ist eine Möglichkeit, um sie vor unerwünschtem Zugriff zu schützen. Mit dem verschlüsselnden Dateisystem (Encrypting File System, EFS) von Windows können die Daten auf der Festplatte in einem verschlüsselten Format gespeichert werden.

Sicherungstechniken

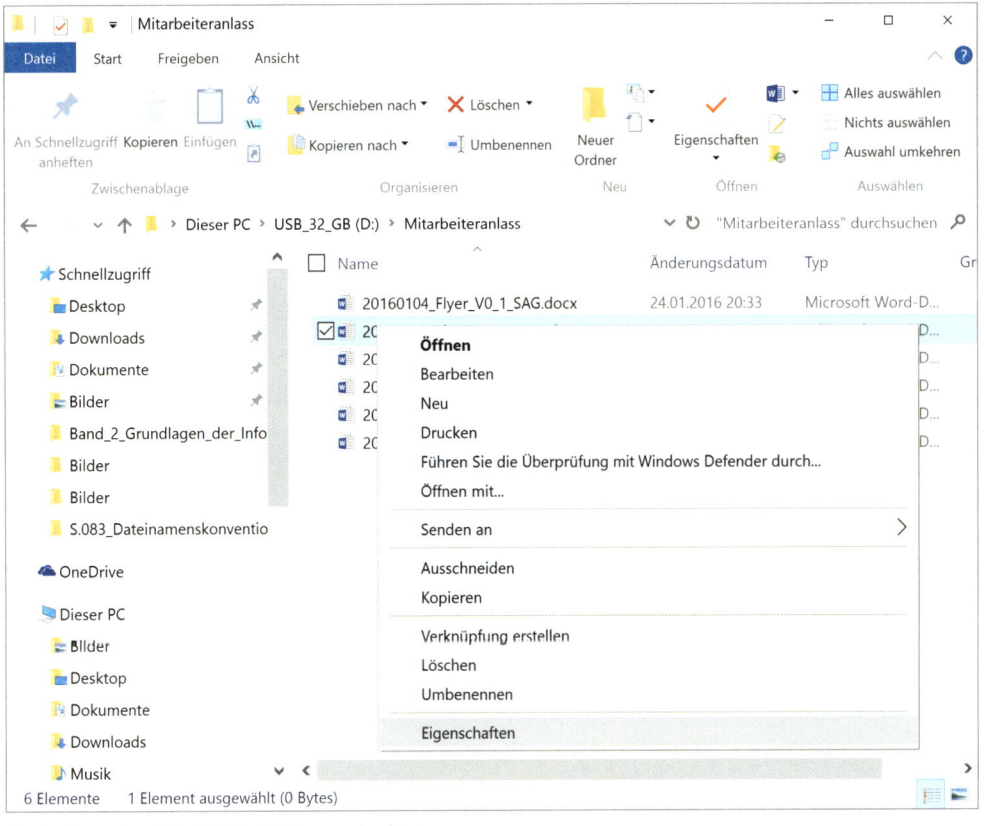

Kontextmenü mit Befehl **Dateieigenschaften**

Befehl	Rechtsklick auf Datei
Befehl	Eigenschaften
Befehl	Attribute wählen oder Erweitert

Attribute wählen und ändern

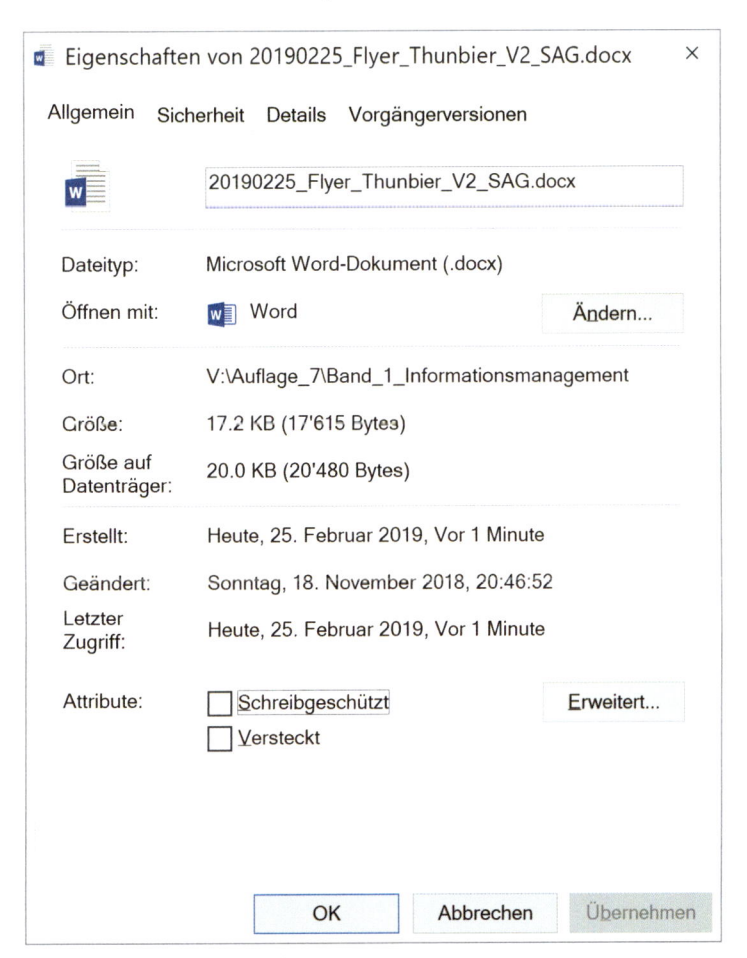

Anzeige der Dateieigenschaften

119

Sicherungsmassnahmen

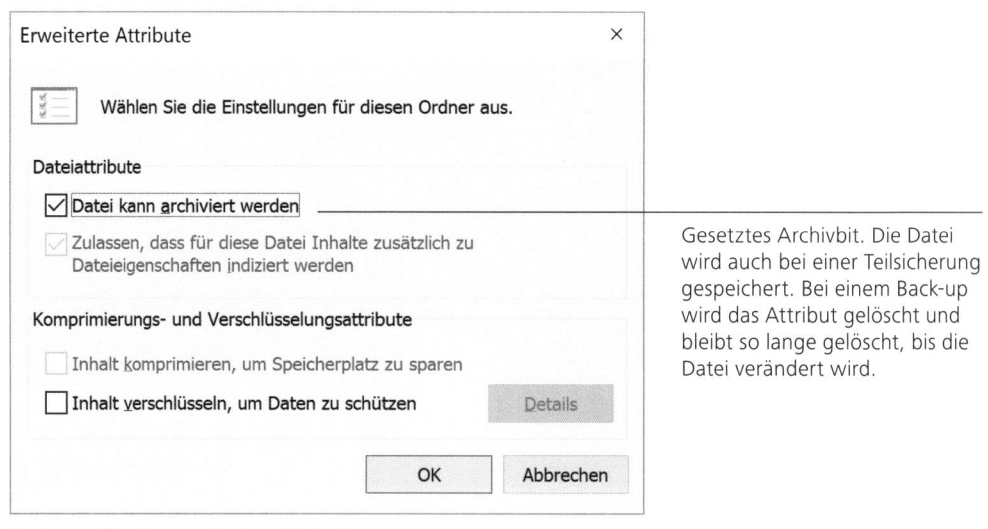

Optionen für die erweiterten Attribute

Gesetztes Archivbit. Die Datei wird auch bei einer Teilsicherung gespeichert. Bei einem Back-up wird das Attribut gelöscht und bleibt so lange gelöscht, bis die Datei verändert wird.

5.4 IT-Sicherheitspolitik in Unternehmen und Organisationen

Die IT-Sicherheitspolitik beinhaltet ein Konzept, das Bedrohungen erkennt und u. a. Massnahmen zu folgenden Gebieten vorschreibt: Einsatz von Sicherheitstechniken gegen interne und externe Angriffe (Hacker), Datenzugriffsschutz auf zentral gespeicherte Daten, Datensicherung, Verhalten der Mitarbeiter und deren Schulung.

Für die Datensicherheit sorgen Methoden und Verfahren, die den Verlust der Informationen in Datenverarbeitungsanlagen, Registraturen, Archiven oder Karteien verhindern. Fehlmanipulationen und externe Einflüsse durch die Lagerung, das Wetter oder Katastrophen können Daten vernichten.

Folgende Massnahmen sorgen für Sicherheit:

- gut ausgebildetes Personal
- wiederholte Zwischenspeicherung von Daten während der Verarbeitung
- Sicherungskopien
- wichtige Daten auf Bändern/Kassetten müssen alle drei Jahre umkopiert werden
- Wechselplatten sind beim Lesen und Schreiben mechanischen Belastungen ausgesetzt – sie sollten darum mit Scandisk oder Norton Disk Doctor auf ihre Funktionstüchtigkeit überprüft werden
- Rückfragen durch das Anwenderprogramm vor entscheidenden Arbeitsschritten
- beim Umstellen auf neue oder andere Programmversionen müssen die bestehenden Dateien ins neue Format konvertiert werden – dies gilt besonders für Multimediadaten, bei denen noch kein Standard existiert
- regelmässiger Einsatz von Virenscannern
- Notstromaggregate und unterbruchsfreie Stromversorgungsanlagen (USV) schützen Anwendungen, die weder Spannungseinbruch noch -unterbruch vertragen
- gegen Überspannungen (extrem hohe Spannungen während sehr kurzer Zeit – Millionstelsekunden) schützen Netzfilter
- Brandschutzanlagen
- Klimaanlagen
- Installation von Zweitanlagen und RAID-Systemen (Redundant Array of Independent Disks). Ein RAID-System kann Daten auf mindestens einer weiteren Festplatte nochmals ablegen

Sicherungsmassnahmen

Aufgabe 24 Wie erfolgt die Datensicherung in Ihrem Lehrbetrieb? Besprechen Sie mit einem IT-Verantwortlichen alle Sicherungstechniken und -massnahmen und erstellen Sie einen kleinen Bericht.

Aufgabe 25 Dateien und Ordner auf Ihrem PC können im Schadenfall oder bei falscher Handhabung verloren gehen, deshalb ist die Sicherung auf ein geeignetes externes Speichermedium wichtig.

1. Welche Schadenfälle können eintreten, die zum Datenverlust führen?

2. Nennen Sie ein Beispiel falscher oder fahrlässiger Handhabung, die zum Datenverlust führen kann.

3. Zählen Sie drei mögliche externe Speicher für die Datensicherung auf.

4. Welches Speichermedium eignet sich zur Sicherung eines umfangreichen Dokuments, wie z. B. einer selbstständigen Arbeit oder einer Diplomarbeit?

5. Wie und wo kann eine grosse Foto- oder Musiksammlung gesichert werden?

6. Wie und wo sollen Datenträger am besten aufbewahrt werden? Welche unterschiedlichen Gefahrenquellen sind für die verschiedenen Datenträger zu vermeiden?

7. Wie lange können Daten auf einem Datenträger aufbewahrt werden? Gibt es Unterschiede in der Lebensdauer der Speichermedien?

8. Zählen Sie einige Vor- und Nachteile der Datensicherung in der Cloud auf.

9. Welche Cloud-Dienste eignen sich zur Datensicherung?

10. Welche Vorkehrungen treffen Sie, um Ihre privaten Dateien, Datenträger und Ihre PC-Anlage vor Verlust oder Zerstörung zu schützen?

Dateien

Datenträger

PC

Sicherungsmassnahmen

Aufgabe 26

Kreuzen Sie die richtige Antwort an. Es ist jeweils nur eine Möglichkeit korrekt.

1. Wovon ist beim Mirroring die Rede?
   - ☐ A Festplattenspiegelung (RAID)
   - ☐ B Speicherspiegelung (RAM-RAID)
   - ☐ C Sicherung der Daten auf einen externen Datenträger
   - ☐ D Spiegelung aller Tasks in einem Journal
   - ☐ E Spiegelung aller besuchten Webseiten im Verlaufsordner

2. Ein Virtual Private Network («virtuelles privates Netzwerk», VPN) ist
   - ☐ A ein privater Netzwerkserver.
   - ☐ B eine Netzwerklösung, welche besondere Hardware benötigt.
   - ☐ C ein verschlüsseltes virtuelles IP-Netz.
   - ☐ D ein Netz, das auf dem FTP-Protokoll basiert.
   - ☐ E ein Netz, das keine Verschlüsselung braucht, da es nur für privaten Gebrauch bestimmt ist.

3. Was verstehen Sie unter einer inkrementellen Datensicherung?
   - ☐ A Alle Daten werden gesichert.
   - ☐ B Nur die Daten mit einem Archivbit werden gesichert.
   - ☐ C Nur die seit der letzten Sicherung geänderten Daten werden gesichert.
   - ☐ D Komprimierung der gesicherten Daten auf der Festplatte.
   - ☐ E Das Archivbit wird erst nach einem erneuten Voll-Back-up zurückgesetzt.

4. Welche Aussage ist im Zusammenhang mit der Datensicherung falsch?
   - ☐ A Externe Festplatten eignen sich sehr gut für die Datensicherung.
   - ☐ B Sicherungsdatenträger sollten in einem speziellen Safe, welcher brand- und aufbrechsicher ist, aufbewahrt werden.
   - ☐ C Memory-Sticks, CDs, DVDs und Blu-Ray-Discs können nicht für die Datensicherung verwendet werden.
   - ☐ D Sicherungsdatenträger sollten nicht am selben Ort wie die Originaldatenträger aufbewahrt werden.
   - ☐ E Datenträger und Notebooks sollten nur mit Passwort einsehbar sein.

5. Wie nennt man ein Gerät zur Überbrückung von Spannungsunterbrüchen im Stromnetz?
   - ☐ A PSI (permanentes Strominterface)
   - ☐ B USV (unterbrechungsfreie Stromversorgung)
   - ☐ C UNT (Überbrückungsnetzteil)
   - ☐ D KNS (konstante Netzspannung)
   - ☐ E PGS (permanente Gleichspannung)

6. Welches ist die häufigste Ursache für den Verlust von Daten?
   - ☐ A Sabotage
   - ☐ B Hard- und Softwarefehler
   - ☐ C Viren
   - ☐ D Bedienungsfehler
   - ☐ E Wasser- und Brandschäden

7. Wie stellen Sie sicher, dass Dateien und Ordner vor unerwünschtem Zugriff geschützt sind?
   - ☐ A Schreibschutz aktivieren
   - ☐ B Dateien und Ordner verstecken
   - ☐ C Archivbit setzen und indizieren
   - ☐ D Dateien und Ordner komprimieren
   - ☐ E Dateien und Ordner verschlüsseln

System schützen

6

6.1 Malware und Spam

Der Begriff «Malware» (bösartige Software) umschreibt sämtliche Software, die beabsichtigt, Schaden zu verursachen, wie Viren, Trojaner oder Würmer.

Viren

Der Begriff «Virus» ist aus der Biologie abgeleitet. Ähnlich den biologischen Viren verbreiten sich auch die Computerviren. Die Übertragung findet über Netzwerke oder Datenträger (z. B. USB-Sticks, externe Festplatten) statt. Die Computerviren dringen so in Dateien oder in bestimmte Gebiete von Speichermedien ein, etwa in den Bootsektor eines Datenträgers. Sie sind im besten Fall nur störend, beispielsweise indem sie den Benutzer einschüchtern. Sehr häufig aber verursachen sie z. B. Schäden, denn sie können Funktionen des Computersystems zerstören oder Dateien verändern, verschlüsseln oder vernichten.

Trojaner

Der Begriff stammt aus der griechischen Mythologie. Bei der Belagerung von Troja wandten die Griechen zur Eroberung der Stadt einen Trick an: Sie täuscht ihren Abzug vor und bauten vor der Stadt ein grosses Holzpferd, angeblich damit die Göttin Athene ihnen eine gute Heimfahrt sicherte. Die Trojaner fielen auf den vorgetäuschten Abzug herein und holten das Pferd in die Stadt, um ebenfalls den Schutz der Göttin Athene zu erhalten, ohne zu wissen, dass sich im Inneren des Holzpferds griechische Krieger versteckten. Diese stiegen nachts aus dem Holzpferd und öffneten die Tore für die griechischen Truppen, die so Troja eroberten.

Ähnlich täuschend geht eine Trojanersoftware vor. Sie täuscht vor, ein sinnvolles Programm zu sein, beinhaltet aber versteckt eine andere Software, die sich so unauffällig auf dem Computer installieren kann. Die so installierte Software wird je nach Absicht des Angreifers nun genutzt, um beispielsweise Passwörter oder andere vertrauliche Daten auszuspionieren, zu modifizieren, gegebenenfalls zu löschen oder bei der nächsten Datenübertragung an sich zu senden. Es ist nicht einfach, diesen Datendiebstahl festzustellen, da ja meist kein Verlust sichtbar ist.

Allerdings breiten sich Trojaner nicht wie Viren selbstständig aus. Ihre Zahl steigt jedoch, weil es immer mehr Internetnutzer gibt. Es wurden schon Hunderte von Trojanerprogrammen entdeckt, mit denen die Angreifer sich die Zugangsdaten von Anwendern beschaffen können.

Würmer

Die als Würmer bezeichnete Schadsoftware wird häufig über E-Mails auf dem Computer installiert. Oft sind Würmer in Dateianhängen versteckt. Öffnet man diese, wird automatisch der Wurm installiert, der sich dann selbst ausbreitet.

In E-Mail-Programmen mit Mängeln in der Sicherheit geht dies besonders schnell: So können z. B. infizierte E-Mails, ohne dass der Benutzer es merkt, an Personen aus dem Adressbuch verschickt werden. Der Empfänger sieht den vertrauten Absender der E-Mail, öffnet daher bedenkenlos den Anhang und hat dadurch unbewusst schon den Wurm auch auf seinem Computer installiert.

Allerdings dringen Würmer nicht wie Viren oder Trojaner in einen fremden Code ein, sondern sind darauf programmiert, sich eigenständig in Netzwerken zu verbreiten. So absorbieren sie zwar nur Rechenzeit, jedoch können sie sehr schnell Hunderte von PCs infizieren und funktionsunfähig machen.

Hoaxes

Hoaxes (engl.: Streich, Täuschung, Trick) sind Fehlinformationen über vermeintliche Bedrohungen. Der Empfänger soll irritiert, erschreckt und zu einem unüberlegten Vorgehen gebracht werden, obwohl die Bedrohungen in Wirklichkeit nicht vorhanden sind. Man wird beispielsweise aufgefordert, angebliche Viren zu entfernen, indem man bestimmte Dateien löscht. Die angegebenen Dateien sind aber oft wichtige Systemdateien. Zusätzlich wird der Empfänger aufgefordert, die Warnung weiterzuleiten. Der Hoax wird über Kettenbriefe verbreitet.

Spam

Spams sind unerwünscht zugesendete E-Mails. **Kommerzielle Spams** sind Werbe-E-Mails, in denen ein Produkt oder eine Dienstleistung (oft zweifelhafter Art oder Herkunft) angeboten wird. Während kommerzielle Spams zwar ausgesprochen lästig, aber ungefährlich sind, bergen **Phishing-Spams** ein hohes Risiko: Sie kommen getarnt als offizielle Mail eines Bankinstituts daher, um so Passwörter und Zugangsdaten in Erfahrung zu bringen. Fällt der User darauf herein, erhalten die Kriminellen Zugang zum Onlinebanking.

Kommerzielle Spammer verfügen über einen grossen Adressbestand, der mehrere Millionen umfassen kann. Diesen bauen sie sich beispielsweise dadurch auf, dass sie mithilfe eines selbstständig arbeitenden Programms Newsgroups, Homepages oder E-Mail-Verzeichnisse nach Adressen durchsuchen lassen. An die Adressen werden dann automatisch entsprechende E-Mails versendet. Dieses Vorgehen ist einfach und kostengünstig: Die entsprechenden Programme zum Ausspionieren der Adressen sind einfach zu schreiben, und der E-Mail-Versand verursacht kaum Kosten. Eine hohe Fehlerquote bei den Adressen ist daher unerheblich. Mit einer falschen Rückantwortadresse schützt sich der Spammer vor umfangreichen Fehlermeldungen oder negativen Rückmeldungen der Empfänger und macht es äusserst kompliziert, ihn zu identifizieren. Ein routinierter Spammer benutzt auch nicht den Mailserver seines Providers. Er bedient sich ungeschützter Mailserver zum Spamversand. Abwehrmassnahmen werden so erschwert.

Wenn Sie nicht wollen, dass Ihr Computer, ohne dass Ihnen das auffällt, zu einer «Spamschleuder» (oder zum «Zombie») mutiert, sollten Sie den in Kapitel 6.2 «Schutzmassnahmen» gegebenen Sicherheitsempfehlungen folgen und stets auf Datensicherheit im Netz achten.

Botnet

Ein Botnet oder Botnetz (Roboternetzwerk) ist ein Netzwerk von PCs, das von Cyberkriminellen ohne Wissen der Besitzer über das Internet zu einem illegalen Netz zusammengeschlossen wird. Dazu infizieren zunächst Würmer oder Trojanische Pferde den Computer und warten dann auf Anweisungen der zentralen Steuerungseinheit des Botnetzes. Auf diese Weise werden private PCs, ohne dass die Benutzer es merken, ferngesteuert und vor allem zur Spamverbreitung missbraucht.

6.2 Schutzmassnahmen

Wie Menschen bei einer Krankheit, zeigt auch der Computer Symptome, wenn er infiziert wurde. Die Anzeichen für eine mögliche Infizierung mit einer Malware können sehr unterschiedlich sein. Die Infektion kann vergleichsweise harmlose Auswirkungen haben, z. B. können Vorgänge auf Ihrem PC länger dauern oder willkürlich Fenster aufpoppen, aber auch, was deutlich gravierender ist, Abbuchungen von Ihrem Konto vorgenommen werden.

Schützen Sie Ihren PC, indem Sie die folgenden neun Regeln befolgen.

Regel 1: Halten Sie Browser, Anwendungsprogramme und Betriebssystem auf dem aktuellsten Stand

- In der Regel werden Sie von den meisten Betriebssystemen und Softwareanwendungen automatisch informiert, wenn es neue Updates gibt. Sie sollten diese Aktualisierungsangebote annehmen und zeitnah ausführen.
- Lassen Sie, wenn möglich, Software-Updates automatisch installieren, etwa bei allen Microsoft-Produkten. Software, die Sie nicht oder nicht mehr benutzen, sollten Sie deinstallieren.

Regel 2: Lassen Sie die Firewall immer aktiviert

- Ohne Firewall ist das Risiko sehr gross, dass Ihr PC mit einer Malware infiziert wird. Dazu können schon einige Minuten reichen, in denen diese Schutzbarriere zwischen Ihrem Computer und dem Internet nicht mehr besteht.
- Beachten Sie, dass aus finanziellen Gründen etliche Betreiber von WLAN-Hotspots eigentlich angemessene Sicherheitsstandards unterlaufen. Auch die Rechner in Internetcafés können mit Spionagesoftware infiziert sein.

Regel 3: Halten Sie Malware von Ihrem Computer fern

- Installieren Sie Programme zum Aufspüren und Löschen von Malware. Mit der Installation von Windows 10 ist bereits eine Antimalwaresoftware (Windows Defender Security Center) auf dem Computer vorhanden. Alternativ können kostenpflichtige oder kostenlose Antimalwaresoftwares installiert werden. Kostenpflichtige Schutzsoftware bietet oft einen grösseren Funktionsumfang (z. B. integrierte Firewall, erweiterte Früherkennung von verdächtigem Verhalten möglicher Schadsoftware) und besseren Support des Herstellers. Aktivieren Sie die automatische Updatefunktion, um die Antimalwaresoftware aktuell zu halten. Überprüfen Sie regelmässig, ob die Updates der Bedrohungsdefinitionen (Virensignaturen) geladen werden und Ihre Software die Überprüfung auf Bedrohungen auch wirklich ausführt.
- Untersuchen Sie externe Datenträger vor der ersten Nutzung mit einem Malwarescanner – unabhängig davon, woher sie stammen.
- Prüfen Sie komprimierte Dateien (z. B. *.ZIP) sofort nach dem Dekomprimieren auf Malware.
- Entfernen Sie vorhandene externe Datenträger (USB-Sticks, optische Medien) vor dem Start des Computers und nach der Benutzung.
- Überprüfen Sie, welche Programme Sie wirklich benötigen, und installieren Sie nur die so ausgewählten.

Fenster	**System-steuerung**
Befehl	Programme
Befehl	Programm deinstallieren

Software deinstallieren

Regel 4: Bleiben Sie beim Surfen im Internet aufmerksam

- Passen Sie unter den erweiterten Einstellungen Ihres Browsers Ihre Sicherheitseinstellungen an Ihr gewünschtes Sicherheitsniveau an.
- Ein Browser prüft Websites auf bestimmte Kriterien, bevor er den von Ihnen gewünschten Zugriff vornimmt. Registriert er verdächtige Elemente bezüglich Malware auf der Website,

warnt er Sie vor dem Zugriff. Sie sollten dann in jedem Fall erst die URL checken und sich fragen, ob Sie tatsächlich auf diese Website gehen wollen – auch dann, wenn Sie die Website zum wiederholten Mal besuchen. Es kann auch bei vertrauten Websites immer passieren, dass eine Website manipuliert wurde und so lang unsicher ist, bis der Websiteinhaber das Problem behoben hat.

- Wenn Ihnen eine Verlinkung verdächtig vorkommt, klicken Sie nicht darauf, sondern tippen Sie die gewünschte Zieladresse direkt in Ihren Browser oder suchen Sie die Website über Ihre gewohnte Suchmaschine. Internetadressen, die mit https:// anfangen, bieten eine gewisse Sicherheit, da bei ihnen eine verschlüsselte Verbindung zwischen Browser und Webserver besteht.

Regel 5: Halten Sie Ihre Kennwörter sicher und geheim

- Je komplexer ein Kennwort, umso sicherer ist es. Verwenden Sie daher Kennwörter, die 14 Zeichen und mehr umfassen. Benutzen Sie bei den Buchstaben Gross- und Kleinschreibung und integrieren Sie Ziffern und Sonderzeichen.
- Behalten Sie Ihre Kennwörter für sich.
- Für Ihre E-Mail-Accounts sollten Sie auf jeden Fall verschiedene und sichere Passwörter benutzen.
- Da es trotz allem passieren kann, dass ein Kennwort ausspioniert wird, sollten Sie jedes Kennwort nur einmal verwenden. Dadurch verhindern Sie, dass jemand mit einem geknackten Kennwort an alle verschlüsselten Daten von Ihnen kommt.

Regel 6: Seien Sie achtsam beim Öffnen von E-Mails und deren Anhängen

- Erhalten Sie erkennbar sinnlose E-Mails von fremden Absendern, löschen Sie diese gleich und endgültig, ohne sie zuvor zu öffnen.
- E-Mail-Anhänge, die Skepsis in Ihnen auslösen, sollten Sie nicht öffnen. Auch wenn Sie E-Mails von scheinbar bekannten bzw. vertrauenswürdigen Absendern erhalten, sollten Sie abgleichen, ob der Inhalt der Nachricht auch zum Absender passt (z. B. englischer Text von deutschsprachigem Absender, seltsamer Text oder ohne Bezug zu bestimmten Vorgängen usw.) und ob die Anlage (Attachment) einen Sinn ergibt.
- Links in E-Mails von Absendern, die Sie nicht kennen, sollten Sie nicht anklicken.
- Unterlassen Sie es, überflüssige E-Mails mit Scherzprogrammen und Ähnlichem zu versenden. Es könnte sein, dass Sie damit Computerviren verbreiten.

Regel 7: Seien Sie wachsam beim Downloaden von Musik, Filmen oder Dateien, Browser-Plug-ins oder Add-ons

- Überprüfen Sie heruntergeladene Dateien immer mit einem aktuellen Malwareschutzprogramm.
- Dokumente oder Programme sollten Sie nicht unmittelbar aus dem Internet öffnen. Speichern Sie diese erst in einem Ordner ab, um sie mit einem Malwarescanner zu überprüfen (z. B. Avast, Avira).
- Öffnen Sie Dateien nicht, wenn Ihnen der entsprechende Dateityp unbekannt ist. Ignorieren Sie fremde Browseranweisungen, die Sie auffordern, eine Datei zu öffnen.
- Lassen Sie sich nicht von Pop-up-Fenstern täuschen, in denen von Ihnen der Download einer Software verlangt wird, die Ihnen unbekannt ist. Solche Downloadaufforderungen sind gerne mit dem falschen Hinweis verbunden, dass Ihr Computer infiziert ist. Nehmen Sie den Download nicht vor, sondern schliessen Sie das Fenster und achten Sie dabei darauf, auf keinen Fall in das Pop-up-Fenster zu klicken.
- Manche Malware ist so programmiert, dass Sie eine Seite nicht verlassen können, ohne einer Downloadaufforderung zu folgen, was Sie aber weder tun sollten noch müssen, denn der Browser lässt sich auch über den Task-Manager schliessen.

System schützen

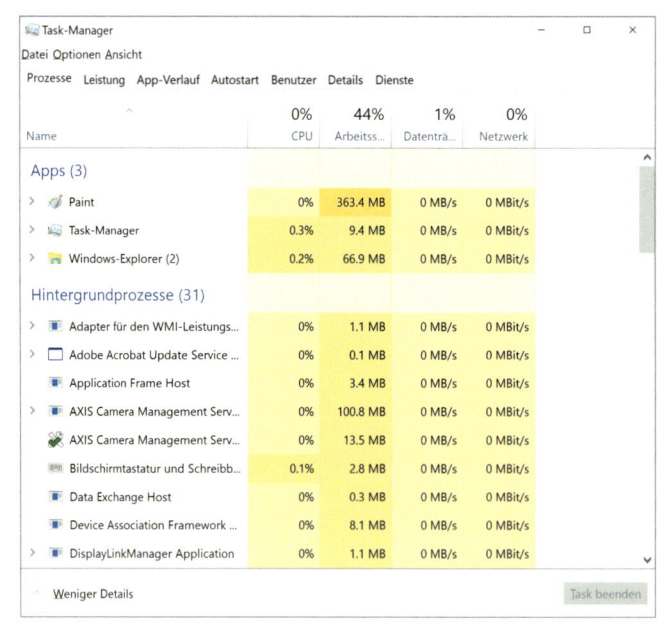

Browser im Task-Manager beenden

Regel 8: Installieren Sie Software nur von seriösen Quellen

- Besonders achtsam sollten Sie beim Herunterladen von einer Website sein, deren Anbieter Sie nicht kennen. Erkundigen Sie sich in einem solchen Fall vor dem Download über die Quelle.
- Sollte sich Ihr Computer nach dem Herunterladen ungewöhnlich verhalten (z. B. reduzierte Geschwindigkeit oder ungewohnte Fensteröffnungen bzw. Benachrichtigungen), dann deinstallieren Sie die Software umgehend. Checken Sie Ihren Rechner gleich anschliessend mit einer Antivirensoftware.

Regel 9: Treffen Sie spezielle Sicherheitsvorkehrungen für unterwegs

- Benutzen Sie Ihr Notebook ausser Haus, sollten Sie die darauf befindlichen Daten verschlüsseln und eine Sicherungskopie als Voll-Back-up vornehmen. Bei Verlust des Geräts, z. B. durch Diebstahl, beschränkt sich der Schaden so auf die Hardware.
- Weder in Internetcafés noch in kostenlosen WLANs sollten Sie mit Kreditkarten online einkaufen oder Onlinebanking praktizieren. Es können leicht Mitschnitte des gesamten Datenaustauschs erfolgen.
- Wenn Sie ein öffentliches Terminal besucht haben oder im Internetcafé online waren, sollten Sie die temporären Dateien des Browsers, der Browserhistory und die Cookies entfernen. Haben Sie sich dort mit Ihren Zugangsdaten auf Websites angemeldet, so sollten Sie sich auf jeden Fall ausloggen.
- Wer bereit ist, für bessere Datensicherheit mehr Geld auszugeben, der kann anstelle von WLAN-Hotspots eine UMTS-Karte für Mobilsurfer benutzen.

Schutzmassnahmen

Aufgabe 27

Suchen Sie das Antivirenprogramm, welches auf Ihrem Arbeitsplatzrechner installiert ist.

1. Prüfen Sie, wann die Virensignaturen zuletzt aktualisiert wurden. Sollten die Signaturen älter als ein Tag sein, aktualisieren Sie diese manuell.
2. Überprüfen Sie eine einzelne Datei auf Viren.
3. Überprüfen Sie einen ganzen Ordner (samt Inhalt) auf Viren.
4. Starten Sie die Virenprüfung des gesamten Rechners. Einige Antivirenprogramme bieten eine Auswahl zwischen Schnellüberprüfung und vollständigem Scannen. Die vollständige Überprüfung kann je nach Computer bis zu mehreren Stunden dauern.
5. Finden Sie heraus, weshalb die Schnellüberprüfung weniger lang dauert als die vollständige Überprüfung des Systems. Gibt es hinsichtlich der Sicherheit etwas zu bedenken?

_____
_____
_____
_____

6. Wie gehen Sie vor, wenn Sie beim Scannen Ihres Computers einen Virus finden?

_____
_____
_____
_____

7. Welche Vorteile bieten kostenpflichtige Antivirenprogramme im Vergleich zu den kostenlosen Varianten?

_____
_____
_____
_____

8. Welchen Zusatznutzen bieten Komplettpakete, die unter Namen wie «Internet Security» angeboten werden?

_____
_____
_____
_____

6.3 Firewall

Immer wieder erfahren wir über die Medien, wie anfällig das Betriebssystem Windows ist. Laufend werden neue Sicherheitslücken entdeckt. Sie ermöglichen Angreifern, in den PC des Anwenders einzudringen und diesen zu missbrauchen.

Theoretisch kann jeder mit dem richtigen Wissen einen Windows-PC, der ans Internet angeschlossen ist, ausspionieren und missbrauchen. Denn ein ans Internet angeschlossener Computer hat für den Datenaustausch mit anderen viele Türen als Ein- und Ausgänge, sogenannte Ports. Wenn diese Ports nicht kontrolliert werden, können ungewollt Daten herein- oder hinausgelangen.

Mit einer Firewall soll dieser ungewollte Austausch verhindert werden. Eine Firewall trennt organisatorisch und technisch verschiedene Netze. Von ihr werden alle Übergänge kontrolliert. Nur zuvor dafür deklarierte Programme und Daten lässt sie in den Austausch mit dem Internet treten. Sie verhindert jeden Zugriff, der vom Internet aus auf den PC stattfindet. Je nach Einstellung der Firewall wird eine Warnmeldung ausgegeben, oder sie schützt den Computer im Hintergrund.

Die bekannteste Art von Firewalls sind **Software-Firewalls.** Bei diesen Firewalls integriert sich die Software in das Windows-System und kontrolliert sämtliche Verbindungen, die ein- und ausgehen. Meist sind diese Programme für Privatanwender als kostenlose, freie Software zu haben, oder sie sind bereits ins Betriebssystem integriert. Sie bieten einen ausreichenden Schutz und erweisen sich als nützliche Helfer. Kostenpflichtig werden meist die Programmversionen, die sich an professionelle Anwender und Firmen richten. Diese bieten eine grössere Optionsvielfalt.

Neben den Software-Firewalls gibt es auch **Hardware-Firewalls.** Typischerweise sind Router damit ausgestattet, die parallel mehreren PCs einen Internetzugang anbieten.

Hardware-Firewall

Ein System kann nur dann einigermassen sicher sein, wenn der Benutzer besonnen und wachsam mit dem System umgeht. Ein hundertprozentig sicheres System gibt es nicht.

Firewall

Aufgabe 28

Beantworten Sie die Fragen im Zusammenhang mit den Schutzmassnahmen für Ihren Computer.

1. Ihr Computer ist mit einem DSL-Router an das Internet angeschlossen.
   Wie schützen Sie Ihren Computer vor ungewollten oder bösartigen Zugriffen und Schadsoftware?

   _____
   _____
   _____
   _____

2. Würmer nutzen Sicherheitslücken von Programmen aus, um sich zu verbreiten. Wie können Sie das verhindern?

   _____
   _____
   _____
   _____

3. Wie können Sie die Abwehrmechanismen gegen Schadsoftware stärken?

   _____
   _____
   _____
   _____

4. Wie heisst die Malware, die veranlasst, dass Ihr Computer ohne Ihr Wissen automatisierte Aufgaben über das Internet ausführt? Für welche Aufgaben kann diese Malware eingesetzt werden und wo liegen die Gefahren?

   _____
   _____
   _____
   _____

5. Welche Aufgabe hat eine Firewall, und in welchen Fällen ist eine Hardware-Firewall eine sinnvolle Lösung?

   _____
   _____
   _____
   _____
   _____
   _____

System schützen

6. Wie schützen Sie sich vor dem Herunterladen ungewünschter Software?

   _____
   _____
   _____
   _____

7. Um den PC zu schützen, können Sie Administrator- und Standardbenutzerkonten einrichten. Welches sind die Vorteile eines Standardkontos?

   _____
   _____
   _____
   _____

8. Wie können Sie Ihre Daten vor Verlust oder Zerstörung schützen?

   _____
   _____
   _____
   _____

Aufgabe 29

Kreuzen Sie die richtige Antwort an. Es ist jeweils nur eine Möglichkeit korrekt.

1. Welche Massnahme schützt den Computer nicht vor Malware?
   - ☐ A Browser und Betriebssystem stets aktualisieren
   - ☐ B Automatische Software-Updates abonnieren
   - ☐ C Keine unbekannte Dateien oder E-Mail-Anhänge öffnen
   - ☐ D Daten regelmässig sichern
   - ☐ E Pop-ups mit der Aufforderung, Software herunterzuladen, nicht beachten

2. Eine Firewall
   - ☐ A ist ausschliesslich als Hardware verfügbar.
   - ☐ B schützt vor Viren.
   - ☐ C ist ein vor Elementarschäden (wie z. B. Feuer) geschütztes Notebook.
   - ☐ D überprüft den Datenverkehr in Netzwerken.
   - ☐ E übermittelt und verschlüsselt Daten über die Firewire-Schnittstelle.

3. Ein Antivirusprogramm
   - ☐ A kann nur beim Systemstart Viren entdecken.
   - ☐ B ist in der Lage, auch alle neuen, ihm unbekannte Viren zu entdecken.
   - ☐ C kann Viren auch auf externen Datenträgern wie USB-Sticks entdecken.
   - ☐ D kann Viren entdecken, aber nicht entfernen.
   - ☐ E war schon immer Bestandteil des Windows-Betriebssystems.

4. Welche Aussage im Zusammenhang mit Spyware ist falsch?
   Spyware kann
   - ☐ A Passwörter ausspähen.
   - ☐ B das Surfverhalten im Internet analysieren.
   - ☐ C Tastatureingaben kontrollieren.
   - ☐ D alle Aktivitäten des PC-Benutzers überwachen.
   - ☐ E Dateien löschen und an Dritte senden.

5. Spam
   - ☐ A sind Viren.
   - ☐ B sind unerwünschte Mails.
   - ☐ C ist Malware.
   - ☐ D ist eine spezielle Software für die Bearbeitung von Mails.
   - ☐ E sind Newsletter.

6. Welche Aussage stimmt nicht?
   - ☐ A Öffnen Sie eine Downloaddatei nie, bevor Sie diese nach Viren gescannt haben.
   - ☐ B Antivirenprogramme müssen regelmässig aktualisiert werden.
   - ☐ C Links in Mails sind gefährlich, können sie doch zu einem gefährlichen Programm führen.
   - ☐ D Office-Dokumente können keine Viren enthalten und sind somit gefahrlos.
   - ☐ E Bösartige Software wird als Malware bezeichnet.

7. Beim ungeschützten Betrieb von Funknetzen (WLAN)
   - ☐ A ist die Datenverschlüsselung immer noch aktiviert.
   - ☐ B bleiben persönliche Daten oder Kennwörter trotzdem geheim.
   - ☐ C können offene Internetzugänge von unautorisierten Mitbenutzern missbraucht werden.
   - ☐ D ist die Datenübermittlung schneller.
   - ☐ E ist das Funksignal des WLAN stärker.

System schützen

8. WLAN-Router beherrschen mehrere Verschlüsselungsstandards; welche Aussage stimmt in diesem Zusammenhang?
   - ☐ A WEP heisst Wired Equivalent Privacy.
   - ☐ B WPA bedeutet Wi-Fi Protected Access.
   - ☐ C WEP ist sicherer als WPA.
   - ☐ D WPA ist sicherer als WEP.
   - ☐ E WEP und WPA sind gleich sicher.

9. Welche Aussage ist im Zusammenhang mit dem Botnet falsch?
   - ☐ A Trojanische Pferde und Hoaxes infizieren den Computer.
   - ☐ B Ein Botnet ist ein fernsteuerbares Netzwerk im Internet.
   - ☐ C Betreiber illegaler Botnetze installieren die Bots ohne Wissen der Inhaber auf Computern.
   - ☐ D Bots können durch Malware oder infizierte Webseiten verbreitet werden.
   - ☐ E Durch ein trojanisches Pferd kann der Computer Teil eines Botnets werden.

10. Zombies sind
    - ☐ A Personen, welche private Informationen in Online-Communitys veröffentlichen.
    - ☐ B Computer, die durch Viren, Würmer oder Trojaner fremdgesteuert werden.
    - ☐ C Personen, welche versuchen, in fremde Computer einzudringen.
    - ☐ D Programme für die Kryptografie.
    - ☐ E Mitglieder des Chaos Computer Clubs (CCC).

11. Trojaner
    - ☐ A vermehren sich wie Viren, befallen aber keine Dateien und Programme.
    - ☐ B hängen sich an ein Programm an und werden aktiv beim Ausführen dieses Programms.
    - ☐ C spionieren den Computer nicht aus.
    - ☐ D versenden keine Daten an die Urheber.
    - ☐ E können die Hardware des Computers zerstören.

12. Würmer
    - ☐ A vermehren sich wie Viren, jedoch selbstständig innerhalb von Netzwerken und ohne menschliches Zutun; sie legen eigene Dateien an, welche Schäden erzeugen können.
    - ☐ B spionieren den Computer aus.
    - ☐ C formatieren die Festplatte, damit sie ihre eigenen Dateien speichern können.
    - ☐ D werden durch die Firewall blockiert.
    - ☐ E werden von normalen Antivirenprogrammen nicht erkannt.

Datenschutz

7

7.1 Begriffe

Datenschutz

Datenschutz bedeutet Schützen von (personenbezogenen) Informationen vor unberechtigtem Zugriff, missbräuchlicher Verwendung, unerlaubter Weitergabe sowie Verfälschung.

Datensicherheit

Datensicherheit umfasst alle Massnahmen, um die gespeicherten und gesammelten Informationen vor Zerstörung oder Verlust zu schützen.

In der Datenverarbeitung wird auch der Verarbeitungsprozess in diesen Begriff miteinbezogen und von der «Sicherheit der Informationsverarbeitung» gesprochen; diese umfasst folgende Ziele:
- Die Systeme und Daten müssen verfügbar sein, wenn sie benötigt werden.
- Die Programme und Daten müssen gültig und korrekt sein.
- Die Programme und Daten müssen dem Zugriff Unbefugter entzogen sein.

Bearbeiten von Daten

Jeder Umgang mit Personendaten, unabhängig von den angewandten Mitteln und Verfahren, gilt gemäss Artikel 3e des Datenschutzgesetzes als Bearbeiten von Daten. Darunter fällt insbesondere das Beschaffen, Aufbewahren, Verwenden, Umarbeiten, Bekanntgeben, Archivieren oder Vernichten von Daten.

Datenschutzgesetze

Die Datenschutzgesetze haben ihren Ursprung in den 70er-Jahren. Sie sind eine Reaktion auf die Verbreitung der Grosscomputersysteme. Die datenschutzrechtlichen Bestimmungen müssen aber nicht nur bei der elektronischen Datenverarbeitung beachtet werden; sie gelten auch für herkömmlich gespeicherte Informationen in Karteien, Registraturen und Archiven. Artikel 28 ZGB regelt die Verletzung der Persönlichkeitsrechte.

Im Bundesgesetz über den Datenschutz werden geregelt:

- **Rechtmässigkeit der Bearbeitung (Art. 4 Abs. 1 DSG)**
  Die Bearbeitung von Personendaten darf nur rechtmässig erfolgen. Das heisst, es wird ein Rechtfertigungsgrund benötigt, entweder in Form einer Einwilligung der betroffenen Person, eines überwiegenden öffentlichen oder privaten Interesses oder eines Gesetzes.

- **Treu und Glauben (Art. 4 Abs. 2 DSG)**
  Personendaten dürfen nicht ohne Wissen und gegen den Willen der betroffenen Person beschafft werden. Wer die betroffene Person bei der Datenbeschaffung absichtlich täuscht – z. B. wenn er die Daten unter Angabe einer falschen Identität beschafft oder falsche Angaben über den Zweck der Bearbeitung erteilt –, verletzt das Prinzip von Treu und Glauben.

- **Verhältnismässigkeit (Art. 4 Abs. 2 DSG)**
  Das Verhältnismässigkeitsprinzip besagt, dass nur diejenigen Daten bearbeitet werden dürfen, die benötigt werden und geeignet sind, den vorgesehenen Zweck zu erfüllen.

- **Zweckbestimmung (Art. 4 Abs. 3 DSG)**
  Gemäss dem Prinzip der Zweckbestimmung dürfen Personendaten nur zu dem Zweck bearbeitet werden, der bei der Beschaffung angegeben wurde, aus den Umständen ersichtlich oder gesetzlich vorgesehen ist.

- **Erkennbarkeit (Art. 4 Abs. 4 DSG)**
  Die Beschaffung von Personendaten und insbesondere der Zweck ihrer Bearbeitung müssen für die betroffene Person erkennbar sein. Das Erfordernis der Erkennbarkeit konkretisiert den Grundsatz von Treu und Glauben und erhöht die Transparenz einer Datenbearbeitung.

- **Richtigkeit der Daten (Art. 5 DSG)**
  Wer Personendaten bearbeitet, hat sich über deren Richtigkeit zu vergewissern. «Richtigkeit» bedeutet auch, dass die Daten vollständig und à jour sind, soweit es die Umstände erlauben. Die betroffene Person kann die Berichtigung unrichtiger Daten verlangen.

- **Grenzüberschreitende Bekanntgabe (Art. 6 DSG)**
  Um zu vermeiden, dass durch eine Bekanntgabe von Personendaten ins Ausland erhebliche Risiken einer Persönlichkeitsverletzung der betroffenen Personen entstehen (beispielsweise weil ein angemessener Datenschutz fehlt), sieht das Datenschutzgesetz ein Verbot einer solchen Weitergabe ins Ausland vor. Unter «Bekanntgabe ins Ausland» versteht man nicht nur die Weitergabe einer ganzen Datensammlung oder wesentlicher Teile davon, sondern auch das Zugänglichmachen von Daten im Abrufverfahren (online) sowie die Übermittlung einer Datensammlung an einen Dritten, der die Personendaten im Auftrag des Übermittlers bearbeitet.

  Ausgenommen von einem möglichen Verbot ist die Übermittlung von Datensammlungen für nicht personenbezogene Zwecke, insbesondere in Forschung, Planung und Statistik, sofern die Form der Veröffentlichung der Resultate eine Identifizierung der betroffenen Personen nicht zulässt. Der Inhaber einer Datensammlung kann allerdings dennoch Personendaten ins Ausland bekannt geben, wenn er bestimmte Voraussetzungen erfüllt.

Des Weiteren werden geregelt:
- die ungenügende Datensicherheit
- das Bearbeiten gegen den Willen der betroffenen Person
- die Bekanntgabe besonders schützenswerter Personendaten an Dritte
- die Bekanntgabe von Persönlichkeitsprofilen an Dritte

In den **kantonalen Datenschutzgesetzen** wird der Schutz personenbezogener Daten und der Persönlichkeit gegenüber kantonalen Behörden geregelt. Die kantonalen Datenschutzaufsichtsstellen überwachen als unabhängige Aufsichtsbehörden die Einhaltung der Datenschutzvorschriften, nehmen Stellung zu datenschutzrelevanten Erlassen und Massnahmen. Auch beraten und schulen sie die Behörden in datenschutzrelevanten Belangen. Beanstandungen von betroffenen Personen werden entgegengenommen und behandelt

7.2 Massnahmen zum Datenschutz und zur Datensicherheit

Datenschützer empfehlen folgende Verhaltensweisen und Massnahmen, um die Verantwortung für Datenschutz und Datensicherheit wahrnehmen zu können:

Schützen Sie Ihre Privatsphäre

Unter Selbstdatenschutz versteht man die durch den Einzelnen ergriffenen technischen, organisatorischen und rechtlichen Massnahmen, um seine Privatsphäre und sensible Daten zu schützen.

Veröffentlichen Sie möglichst wenig persönliche Informationen oder Ansichten in Onlinegemeinschaften wie Facebook, Twitter, Foren und Chats. Diese Informationen sind weltweit einsehbar und deren Spuren lassen sich kaum entfernen. Schützen Sie Ihr Computersystem mit einer Firewall, welche den Datenverkehr im Netz überwacht, und einer immer aktuellen Software gegen Viren. Sichern Sie den Zugang zu Ihrem Computer mit einem Kennwort.

Seien Sie vorsichtig im Umgang mit schützenswerten Daten

Unter **Personendaten** versteht man jede Information über eine bestimmte Person. Dazu zählen sowohl Fakten als auch wertende Einschätzungen. Dabei ist es unerheblich, mit welcher Technik die Informationen festgehalten wurden (analog oder digital, Bild oder Ton, schriftlich oder mündlich – oder mit einer Kombination mehrerer Komponenten) und wie die Information übermittelt wurde (direkte Kommunikation, Postweg oder elektronische Übermittlung).

Nicht unter Personendaten fällt das Wissen einer Person über eine andere, sofern es nirgends festgehalten und gespeichert wird. Enthalten die Daten keine Informationen mehr, von denen man auf eine bestimmte Person schliessen kann, wie den Namen, so sind es ebenfalls keine Personendaten.

- Spricht man im Zusammenhang von Personendaten von **Bearbeitung,** so ist damit jeder Umgang mit diesen Daten gemeint. Darunter fallen: Beschaffung, Aufbewahrung, Veränderung, Verknüpfung, Bekanntgabe oder Vernichtung. Werden Daten einer Person bearbeitet, so sind alle Angaben zur Person schützenswerte Daten. Dabei ist es unerheblich, ob es sich um juristische oder um natürliche Personen handelt.
- Von einer **Bekanntgabe** spricht man, wenn Personendaten zugänglich gemacht werden. Darunter fallen: Einsichtgewährung, Auskunftgabe, Weitergabe oder Veröffentlichung.

Eine erhöhte Aufmerksamkeit für die Sicherheit erfordern **besonders schützenswerte Personendaten.** Besonders schützenswert sind Daten dann, wenn sie mindestens eine der folgenden Angaben enthalten:

- Angaben über die religiöse, weltanschauliche oder politische Einstellung, Zugehörigkeit und Aktivität
- Angaben über den persönlichen Geheimbereich, insbesondere über den psychischen, geistigen oder physischen Zustand
- Angaben über die Sozialhilfebedürftigkeit oder Abhängigkeit von fürsorgerischer Betreuung
- Angaben zu laufenden polizeilichen Ermittlungen, Strafverfahren usw.

Bild- und Tonaufnahmen sind nicht generell besonders schützenswerte Personendaten, sondern erst dann, wenn sie eine der oben erwähnten Angaben enthalten. Dies ist z. B. dann der Fall, wenn äussere Merkmale einer Krankheit auf Bildern sichtbar sind oder wenn eine Abbildung Rückschlüsse auf die Religionszugehörigkeit einer Person ermöglicht.

Doch selbst wenn Bilder von Personen nicht als besonders schützenswerte Personendaten einzustufen sind, sollte man sehr zurückhaltend mit ihrer Publizierung sein. So können im Internet zugänglich gemachte Personenbilder beispielsweise auf anderen Websites missbraucht oder die abgebildete Person über Bildbearbeitungsprogramme beleidigt, verleumdet oder gedemütigt werden. Die Folgen von im Internet veröffentlichten Personenbildern sind unter dem Aspekt des Persönlichkeitsrechts kaum absehbar und können durchaus fundamental werden.

Verwehren Sie Unbefugten den Zugriff

Wenn unbefugte Personen auf eine Aktenablage, ein System oder auf Anwendungen zugreifen können, sind immer auch Daten gefährdet. Diese können eingesehen, manipuliert oder gelöscht werden. Schutz dagegen bieten Passwörter und Zutrittskontrollen zu IT-Anlagen, Registraturen und Archiven.

Sichern Sie Daten korrekt

Probleme bei Hard- oder Software, Viren, Bedienungsfehler, Ereignisse wie Brand oder Wassereinbruch können Daten beschädigen, zerstören oder den Zugriff darauf verunmöglichen. Im Schadensfall ist ihre Wiederherstellung häufig der teuerste Teil der «Aufräumarbeiten» – und überhaupt nur möglich, wenn sie zuvor gesichert worden sind.

Löschen Sie Daten vollständig

Mit Befehlen wie «Delete», «Löschen» oder «QuickFormat» vernichten Sie Dateien nicht definitiv, und Datenträger werden unvollständig formatiert. Dateien, die auf solche Weise «gelöscht» wurden oder sich auf so formatierten Datenträgern befinden, können wiederhergestellt und missbräuchlich verwendet werden.

Auch Papierdokumente und Datenträger wie beispielsweise CDs, welche personenbezogene oder vertrauliche Daten enthalten, müssen mit einem Büro-Schredder korrekt vernichtet werden und dürfen nicht einfach der Papiersammlung oder der Müllabfuhr übergeben werden. Wer einen PC verkaufen, verschenken oder entsorgen will, muss darum auch aus Datenschutzgründen unbedingt darauf achten, dass heikle persönliche oder geschäftliche Daten unwiederbringlich vernichtet sind. Dies gilt insbesondere, weil auch Daten Dritter (Kunden, private Kontakte, Korrespondenz) betroffen sein könnten. Diese Daten müssen mit einer sogenannten Shredder- oder Wipe-Software entfernt werden. Dabei werden die zur endgültigen Beseitigung vorgesehenen Dateien mit beliebigen Datenmustern mehrfach und nach verschiedenen Methoden überschrieben. So werden Privatsphäre und Geschäftsgeheimnisse wirkungsvoll geschützt.

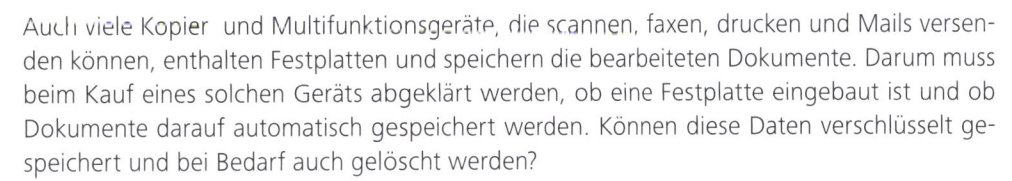

Auch viele Kopier- und Multifunktionsgeräte, die scannen, faxen, drucken und Mails versenden können, enthalten Festplatten und speichern die bearbeiteten Dokumente. Darum muss beim Kauf eines solchen Geräts abgeklärt werden, ob eine Festplatte eingebaut ist und ob Dokumente darauf automatisch gespeichert werden. Können diese Daten verschlüsselt gespeichert und bei Bedarf auch gelöscht werden?

Beim Verkauf eines gebrauchten Geräts müssen wie beim PC die Daten mit einer Löschfunktion entfernt bzw. überschrieben werden, damit sie nicht mehr lesbar sind. Wird das Gerät entsorgt, sollte die Festplatte ausgebaut und physisch zerstört werden. Das Bohren eines Loches bewirkt, dass die Daten nicht mehr gelesen werden können.

Bewahren Sie Ihr System vor Viren

Computerviren sind Programme, die Systeme befallen und die Sicherheit von Daten gefährden. Sie können über Datenträger, über Dokumente und Anhänge von E-Mails oder über Dateien, die vom Internet heruntergeladen werden, ins System gelangen. Viren können Dateien löschen, Festplatten formatieren oder andere gravierende Schäden anrichten.

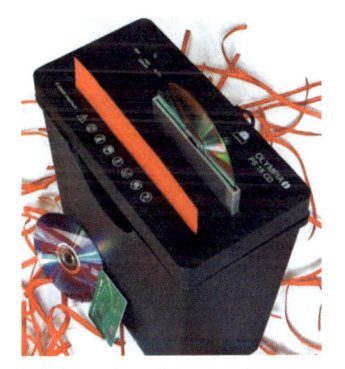

Missbrauch und Datenspionage werden mit einem Shredder, welcher Papier, CDs und Kreditkarten sicher vernichtet, verhindert.

Datenschutz

Verbessern Sie die Sicherheit im E-Mail-Verkehr

Ein E-Mail kann, insbesondere bei der Übermittlung via Internet, verloren gehen, an eine falsche Adresse gelangen oder von Dritten eingesehen und manipuliert werden. Absender und Inhalte können gefälscht oder verfälscht sein. Viren können transportiert und andere schädliche Programme in Ihr System eingeschleust werden.

Optimieren Sie die Sicherheit bei der Nutzung des Internets

Die Nutzung des Internets birgt die Gefahr in sich, dass Informationen von Dritten verfolgt und eingesehen werden können. Das Kommunikationsverhalten – wann kommuniziert wer mit wem? – und die übertragenen Daten werden im Internet an unzähligen Stellen aufgezeichnet und können ohne das Wissen der Betroffenen weiterverwendet werden.

Aufgabe 30

Besuchen Sie die Website www.datenschutz.ch und starten Sie das Lernprogramm Datenschutz. Beantworten Sie anschliessend folgende Fragen:

1. Warum sollten Sie Ihre Daten auf dem Server ablegen, wenn Ihr PC an einem lokalen Netzwerk angeschlossen ist?
2. Viren können Ihre Daten zerstören. Nennen Sie vier Massnahmen, welche Ihre Programme und Daten vor der Zerstörung durch Viren bewahren sollen.
3. Passwörter bieten Schutz vor unberechtigtem Zugriff auf ein System oder Anwendungen Welche sechs Punkte beachten Sie, damit Ihr Passwort einen wirklichen Schutz bietet?

Aufgabe 31

1. Sie müssen für den Jugendschwimmklub Thunersee eine Mitgliederdatenbank erstellen. Welche Angaben dürfen Sie von Ihren Mitgliedern erfassen?

   - Name
   - Vorname
   - Strasse
   - Wohnort
   - Telefon P
   - Telefon G
   - E-Mail-Adresse
   - Schwimmkenntnisse
   - Religion
   - Beruf der Eltern
   - Geburtsdatum
   - Nationalität
   - Einkommen der Eltern
   - Unfallversicherung
   - Mitgliedschaft in anderen Jugendgruppen
   - Schule/Lehrbetrieb
   - Muttersprache
   - Gesundheit

2. Begründen Sie, wieso Sie nicht alle Angaben in der Mitgliederdatenbank erfassen dürfen.
3. Sie möchten Auskunft erhalten, welche persönlichen Informationen von Ihnen in einer öffentlichen Datensammlung gespeichert sind. In welcher Form müssen Sie Ihre Anfrage an die verantwortliche Stelle richten? Hinweise finden Sie auf der Website des Eidgenössischen Datenschutz- und Öffentlichkeitsbeauftragten, www.edoeb.admin.ch.

7.3 Verschlüsselung und digitale Signatur

Verschlüsselung kann aus verschiedenen Gründen sinnvoll sein: Sie schützt Vertraulichkeit und Privatsphäre, die Echtheit des Absenders wird sichergestellt, und Verletzungen der Vertrauenswürdigkeit der Nachricht werden verhindert. Auf einem gemeinsam genutzten Computer kann die Verschlüsselung Daten für die Mitbenutzer unlesbar machen. Gleiches gilt für Personen, die sich unberechtigt Zugang zu Ihrem Computer verschaffen. Informationen auf mobilen Geräten wie Notebooks und USB-Speichermedien geraten nicht in falsche Hände, wenn das Gerät gestohlen wird oder verloren geht und die Daten darauf verschlüsselt sind. Folgende Verfahren dienen der Verschlüsselung:

https und Schloss (Hypertext Transfer Protocol Secure)

Das HTTPS-Protokoll wird zur Verschlüsselung und zur Authentifizierung der Kommunikation zwischen Webserver und Browser (Client) im World Wide Web verwendet. Ohne Verschlüsselung sind Web-Daten für jeden, der Zugang zum entsprechenden Netz hat, als Klartext lesbar. Es stellt dabei das einzige Verschlüsselungsverfahren dar, das ohne gesonderte Softwareinstallation auf allen internetfähigen Computern unterstützt wird. Diese gesicherte Verbindung beginnt mit https:// und im Adressfeld erscheint das Sicherheitsschloss, welches die 128-Bit-Verschlüsselung anzeigt. Das Übertragungsprotokoll HTTPS kann verschiedene Verschlüsselungsalgorithmen nutzen, die unterschiedlich sicher sind. So gewährleisten Finanzinstitute beim Onlinebanking eine Verschlüsselung, welche nach menschlichem Ermessen kaum manipulierbar ist. Beim Verbindungsaufbau handeln Webbrowser und Banken-Server einen 256 Bit langen Verschlüsselungsalgorithmus aus, der auf dem Advanced Encryption Standard basiert.

Anzeige der gesicherten Verbindung in der Adressleiste

TLS-Protokoll und Secure Sockets Layer (SSL)

Transport Layer Security (TLS; deutsch Transportschichtsicherheit), besser bekannt unter der Vorgängerbezeichnung Secure Sockets Layer (SSL), ist ein hybrides Verschlüsselungsprotokoll zur sicheren Datenübertragung im Internet. Seit Version 3.0 wird das SSL-Protokoll unter dem neuen Namen TLS weiterentwickelt und standardisiert, wobei Version 1.0 von TLS der Version 3.1 von SSL entspricht. Beim Einkaufen übers Internet oder beim E-Banking werden heikle Daten übermittelt, für die eine sichere Verbindung notwendig ist. TLS erlaubt ein abhör- und fälschungssicheres Übertragen mit einer 128-Bit-Verschlüsselung.

Fenster	**Systemsteuerung**
Befehl	Netzwerk und Internet
Befehl	Internetoptionen
Register	Erweitert

TLS und SSL aktivieren

Verschlüsseln von Office-Dateien

Vertrauliche Office-Daten können beim Speichern verschlüsselt werden. Wenn Sie eine solche verschlüsselte Datei weitergeben, muss der empfangenden Person auch das Kennwort mitgeteilt werden.

Verschlüsseln können Sie die Datei mit dem Befehl «Speichern unter – Tools». Im Dialogfeld «Allgemeine Optionen» bestimmen Sie das Kennwort zum Öffnen der Datei.

Register	**Datei**
Befehl	Speichern unter
Befehl	Durchsuchen
Befehl	Tools
Befehl	Allgemeine Optionen

Verschlüsseln von Office-Dateien

TrueCrypt-Verschlüsselung

TrueCrypt ist eine weitverbreitete, kostenlose und benutzerfreundliche Software zur Datenträger- und Systemverschlüsselung für Linux, OS X und Windows. Die Daten bleiben bei Diebstahl oder Verlust von Festplatten, Sticks oder Notebooks geschützt.

7.3.1 Digitale Signatur

Die **digitale Signatur** gewinnt in den heutigen Geschäftsprozessen immer mehr an Bedeutung. Sie kann Abläufe in hohem Masse vereinfachen und beschleunigen. Das Schweizerische Obligationenrecht (Art. 14 Abs. 2bis OR) stellt die elektronische Signatur der Handunterschrift gleich.

Bei digital signierten Informationen kann der Signaturersteller vom Empfänger identifiziert und die Integrität der Mitteilung festgestellt werden. Dafür werden ein öffentlicher und ein privater Signaturschlüssel verwendet. Wenn der öffentliche Signaturschlüssel und der private Signaturschlüssel zusammenpassen, kann die Mitteilung geöffnet werden. Die Schlüssel lassen sich bei einer Zertifizierungsstelle beschaffen.

Einzelne Dokumente lassen sich einfach per Mausklick direkt mit einem Signierprogramm elektronisch signieren. PGP (Pretty Good Privacy) ist ein bekanntes Programm; es ermöglicht, Nachrichten so zu verschlüsseln, dass nur der echte Empfänger sie lesen kann. Sender und Empfänger müssen PGP installiert und die öffentlichen Schlüssel ausgetauscht haben.

Mit diesem öffentlichen Schlüssel kann man Nachrichten nur verschlüsseln, nicht aber lesen. Wurde ein Text auf diese Weise mithilfe des öffentlichen Schlüssels kodiert, kann nur der Besitzer des passenden privaten Schlüssels den Text wieder entziffern.

Wenn Sie nun jemandem eine verschlüsselte Nachricht zukommen lassen, dann verschlüsseln Sie Ihren Text mit dem öffentlichen Schlüssel des Empfängers. Anschliessend kann dann der Empfänger mit seinem privaten Schlüssel Ihren Text, der mit seinem öffentlichen Schlüssel verschlüsselt wurde, entschlüsseln und lesen.

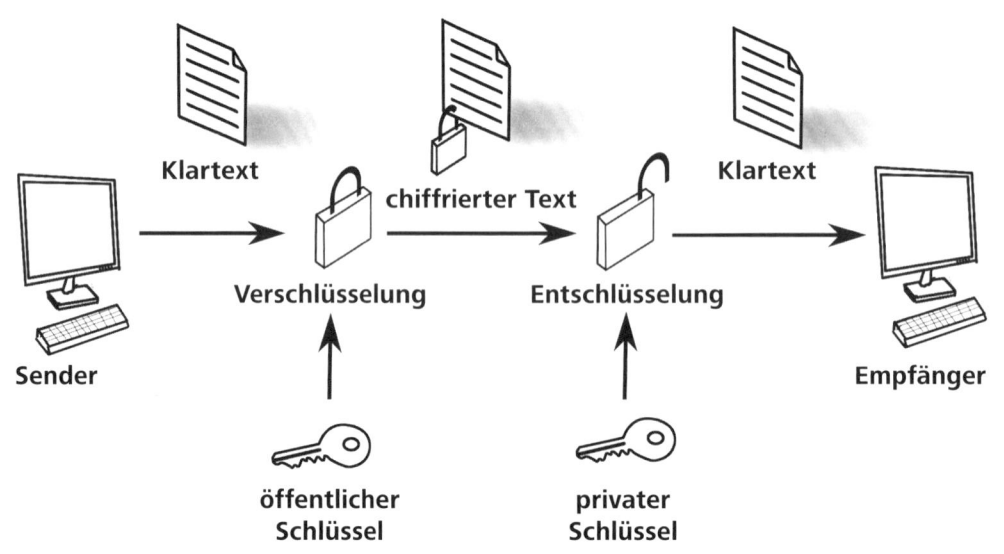

Kryptografie mit öffentlichen Schlüsseln

Verschlüsselung und digitale Signatur

Aufgabe 32

Kreuzen Sie die richtige Antwort an. Es ist jeweils nur eine Möglichkeit korrekt.

1. Welche Daten sind nicht besonders schützenswert?
   - ☐ A Name, Adresse, Telefonnummer
   - ☐ B Religiöse, weltanschauliche oder politische Ansichten
   - ☐ C Krankengeschichte
   - ☐ D Strafverfahren
   - ☐ E Rassenzugehörigkeit

2. Welche Bestimmung gehört nicht zum Datenschutzgesetz?
   - ☐ A Gesetzmässigkeit
   - ☐ B Bearbeitung und Weitergabe von Daten
   - ☐ C Verhaltensregeln
   - ☐ D Auskunftsrecht
   - ☐ E Zweckgebundenheit der Daten

3. Welche Aussage ist im Zusammenhang mit der Bearbeitung und Weitergabe von Daten falsch?
   - ☐ A Ohne besonderen Rechtfertigungsgrund dürfen schützenswerte Personendaten nicht an Dritte weitergegeben werden.
   - ☐ B Internetprovider unterliegen diesem Gesetz nicht, für sie gelten besondere Gesetze.
   - ☐ C Daten dürfen nicht gegen den Willen der Person bearbeitet werden.
   - ☐ D Daten dürfen verschlüsselt gespeichert werden.
   - ☐ E Personendaten müssen vollständig sein.

4. Welche Schutzmassnahme im Zusammenhang mit Online-Communitys wie Facebook ist sinnvoll?
   - ☐ A Keine intimen Daten bekannt geben
   - ☐ B Einsatz einer Firewall und Antivirussoftware
   - ☐ C Computer mit Passwort schützen
   - ☐ D Passwort regelmässig wechseln
   - ☐ F Alle Massnahmen sind sinnvoll

5. Gefährliche Angriffe auf das IT-System erfolgen von:
   - ☐ A Spammern
   - ☐ B Hackern
   - ☐ C Cracks
   - ☐ D Computer-Enthusiasten
   - ☐ E Freaks

6. Der Datenschutzbeauftragte
   - ☐ A kontrolliert die internen Datenschutzbestimmungen in den Unternehmen.
   - ☐ B überwacht die Einhaltung der Datenschutzgesetze und ist Ansprechpartner für Personen oder Institutionen, die sich in ihren Rechten verletzt fühlen
   - ☐ C ist nur auf Bundesebene tätig.
   - ☐ D entwickelt Schutzprogramme für die Datensammlungen.
   - ☐ E ist nur auf kantonaler Ebene tätig.

Datenschutz

7. Selbstdatenschutz bedeutet:
   - ☐ A Sicherheitskonzept der Datenspeicherung
   - ☐ B Datenzugriffsschutz auf zentral gespeicherte Daten
   - ☐ C Schützen von selbst erhobenen personenbezogenen Daten
   - ☐ D Vermeiden oder überlegtes Veröffentlichen von persönlichen Informationen im Netz
   - ☐ E Schützen der Intimsphäre durch eine Sicherheitssoftware

8. Als besonders schützenswerte Daten gelten:
   - ☐ A Name, Adresse, Telefonnummer
   - ☐ B Angaben über juristische Personen
   - ☐ C religiöse, weltanschauliche oder politische Ansichten, persönlicher Geheimbereich (wie beispielsweise seelischer, geistiger oder körperlicher Zustand, Strafverfahren)
   - ☐ D Geburtsdatum und Heimatort
   - ☐ E Zivilstand

9. Wer darf beim Public-Key-Verschlüsselungsverfahren den öffentlichen Schlüssel kennen?
   - ☐ A Zertifizierungsstelle
   - ☐ B Nur die Empfängerin oder der Empfänger meiner Mail
   - ☐ C Jedermann
   - ☐ D Mailserver
   - ☐ E Es braucht nur einen privaten Signaturschlüssel

10. Womit erhöhen Sie die Vertraulichkeit von Daten nicht?
    - ☐ A HTTPS (Hypertext Transfer Protocol Secure)
    - ☐ B SSL (Secure Socket Layer)
    - ☐ C TLS (Transport Layer Security)
    - ☐ D OLE (Object Linking and Embedding)
    - ☐ E TrueCrypt-Verschlüsselung

11. Mit welcher Codierung wird heute der Datentransfer beim Internetbanking verschlüsselt?
    - ☐ A HTTPS (Hypertext Transfer Protocol Secure)
    - ☐ B SSL (Secure Socket Layer)
    - ☐ C TLS (Transport Layer Security)
    - ☐ D OLE (Object Linking and Embedding)
    - ☐ E TrueCrypt-Verschlüsselung

Glossar
Stichwortverzeichnis

8

Grundlagen der Informatik

Glossar

Abfrage	Suche nach bestimmten Informationen in einer Datenbank.
Abwärtskompatibel	Programme, die Daten einer «alten» Programmversion mit einer «neuen» Programmversion verarbeiten können, sind abwärtskompatibel.
Access	1. Relationales Datenbankprogramm der Firma Microsoft, das auf Windows basiert. 2. Die Onlineverbindung zum Internet über einen Provider.
Access Point	Einwählpunkt, Zugangsknoten. In einem WLAN ist damit auch die Brücke zwischen dem drahtlosen und dem verdrahteten Bereich der Signalleitung gemeint.
Account	Englische Bezeichnung für «Konto». Zugangsberechtigung zu Datenbanken, Netzwerken und Mailboxen für eine bestimmte Person. Der Account besteht in der Regel aus einem Namen (Username) und einem Kennwort (Passwort).
ActiveX	Ist eine Entwicklung von Microsoft. Sie erlaubt die Freigabe von Informationen zwischen Anwendungen und die Einbettung beliebiger Objekte (z. B. Video, Sound) in fremden Dokumenten wie Websites.
Administrator	Bezeichnung für den Systemverwalter eines Netzwerks. Er hat uneingeschränkte Zugriffsrechte und ist für die Verwaltung und Betreuung des Netzwerks zuständig (siehe auch → Supervisor).
ADSL	Asymmetric Digital Subscriber Line: zurzeit verbreitetste Anschlusstechnik von Breitbandanschlüssen für den Zugang zum Internet. Entwickelt auf Basis der sogenannten DSL-Technik, funktioniert diese über die vorhandene Telefonanschlussleitung. Asymmetrisch deshalb, weil der Kunde mehr Empfangs- als Sendeleistung bekommt.
Adressen	Dienen der Lokalisierung eines Netzwerkteilnehmers (E-Mail), eines Rechners (IP-Adresse) oder einer Homepage.
Alphanumerisch	Eine Zeichenfolge, die neben Ziffern auch Buchstaben und Sonderzeichen enthält.
Alt-Taste	Auf Computertastaturen vorhandene Taste, die in Kombination mit einer anderen Taste dieser eine «Alt»ernative Bedeutung verleiht (spezielle Zeichen/Funktionsaufruf o. Ä.). Siehe auch → Steuerungstasten (Strg- bzw. Ctrl-Taste).
Analog	Abgeleitet vom griechischen Wort analogos = verhältnismässig, proportional – fliessende Darstellung von Werten. Im Gegensatz zu digitalen Signalen können analoge Signale beliebige Zwischenwerte annehmen.
ANSI-Code	Von der ANSI (American National Standards Institute) genormter Standardcode, der es ermöglicht, Texte, Bilder, Animationen und Töne aus dem Lautsprecher aus Folgen von ANSI-Kontrollsequenzen zu erzeugen.
Anti-Malware-Tools	Programme gegen Schadsoftware jeglicher Art auf dem PC, wie Viren, Trojaner, Würmer.
Anwenderprogramm	Programm zur Lösung bestimmter Aufgaben und zum Erstellen von Dokumenten wie z. B. Textverarbeitungs- oder Tabellenkalkulationsprogramme.
Arbeitsspeicher	Schneller Speicher (auch Hauptspeicher oder RAM – Random Access Memory – genannt). Der Inhalt des Arbeitsspeichers geht beim Abschalten des Systems verloren.
Arbeitsstation	PC in einem Netzwerk, der auf Dienste eines Servers zugreift.

Glossar

Archivattribut	Eigenschaft einer Datei, die festlegt, ob diese Datei in dieser aktuellen Version gesichert wurde. Datensicherungsprogramme setzen in der Regel dieses Attribut nach einer Sicherung zurück. Nach der Änderung der Datei durch den Benutzer wird es vom Betriebssystem wieder gesetzt.
ASCII	Abkürzung für «American Standard Code for Information Interchange» (Amerikanische Standarddarstellung für den Austausch von Informationen). Der ASCII-Standard hat sich in den 60er-Jahren zur Zeit der Datenübertragung mit dem Telex entwickelt. Für jedes Zeichen gibt es einen Zahlencode, der es ermöglicht, zwischen verschiedenen Systemen Texte auszutauschen.
Assistenten	Assistenten (auch «Wizzards») sind Dienstprogramme, die den Anwender bei komplexen Abläufen unterstützen. Sie helfen auch bei der schnellen Erstellung von bestimmten Dokumenten wie Fax, Einladungen, Internetseiten usw. Der Assistent fragt dabei Schritt für Schritt die erforderlichen Daten ab. Er generiert abschliessend das fertige Dokument, das dann noch mit dem jeweiligen Programm beliebig verändert werden kann.
Attachment	Eine Datei (z. B. eine Grafik-, Word-, Excel-Datei) wird an eine E-Mail angehängt.
Auflösung	Anzahl der waagrechten und senkrechten Bildpunkte (Pixel), aus denen sich ein Monitorbild zusammensetzt. Grundsätzlich gilt: Je höher die Auflösung des Bildes, desto detailreicher ist die Darstellung des Bildschirminhalts und desto grösser der verfügbare Arbeitsbereich auf dem Bildschirm. Die Auflösung einer Grafikkarte ist abhängig vom Grafikkartenspeicher, der Bildwiederholfrequenz und der Farbtiefe: je höher die Auflösung, umso geringer die Bildwiederholfrequenz und die Farbtiefe.
Auslagerungsdatei	Eine – oft temporäre – Datei, die moderne Betriebssysteme wie Windows auf der Festplatte eines Rechners anlegen. In der Auslagerungsdatei werden Informationen aus dem Arbeitsspeicher zwischengespeichert, solange sie nicht benötigt werden. Zwingend erforderlich wird die Auslagerungsdatei (auch als «Swapfile» bezeichnet), wenn die zu bearbeitenden Daten nicht im Arbeitsspeicher eines Rechners Platz finden.
Back-up	Sicherheitskopie eines Datenstands, die bei Datenverlust oder -zerstörung eine Möglichkeit bietet, die ursprünglichen Datenbestände wiederherzustellen.
Beamer/Projektor	Ein Beamer dient zur Projektion von Daten auf eine Leinwand oder Wand. Die Daten stammen normalerweise vom Monitor eines Laptops oder PCs. Der Vorteil eines Beamers gegenüber dem Monitor ist die viel grössere Projektionsfläche zur Darstellung.
Beta-Version	Eine lauffähige, aber noch nicht endgültige Version eines Programms. Solche Programmfassungen werden von Fachhändlern und ausgesuchten Testpersonen ausprobiert, um letzte Fehlerquellen zu finden.
Betriebssystem	Betriebssysteme sind die derzeit wichtigsten PC-Programme. Sie verarbeiten vom Benutzer eingegebene Daten, verwalten die gespeicherten Dateien und kontrollieren angeschlossene Geräte wie Drucker und Festplatten. Gleichzeitig dienen sie als Basis für Anwenderprogramme wie Text- und Dateiverarbeitung, die ohne den Unterbau des Betriebssystems nicht laufen können. Mit der Entwicklung von MS-DOS und Windows gelang Microsoft der Durchbruch auf dem Markt. Beispiele für gängige Betriebssysteme: Linux, Mac OS von Apple und Windows.
Bildwiederholfrequenz	Gibt an, wie oft das Monitorbild in einer Sekunde aufgebaut wird. Je schneller dies geschieht, umso weniger flimmert das Bild. Mindestens 75 Hz Bildwiederholfrequenz sind notwendig, damit der Anwender das Bild als flimmerfrei empfindet.

Bit	Abkürzung für «Binary Digit» – die kleinste Informationseinheit im binären Zahlensystem, die einer Speicherzelle entspricht. Ein Bit kann entweder den Wert 0 oder 1 annehmen. 8 Bits werden zu einem Byte zusammengefasst.
Bitmap	Bild oder Grafik auf der Basis von Bits. Im Allgemeinen sind mit Bitmaps Rastergrafiken gemeint, bei denen das Bild in voneinander unabhängige kontrollierbare Einzelpunkte aufgelöst wird. Die Höhe der Auflösung ergibt sich aus der Anzahl der Einzelpunkte innerhalb einer festgelegten Fläche. Die andere Variante der Bildspeicherung sind vektororientierte Grafiken oder Bilder. Dabei werden nicht einzelne Punkte, sondern mathematische Beschreibungen von allen im Bild vorkommenden geometrischen Figuren gespeichert.
Blu-Ray-Disc	Bedeutet wörtlich etwa Blaustrahlscheibe, wobei sich Scheibe auf das Medium und Blaustrahl auf den verwendeten blauen Laser bezieht. Bei einem Durchmesser von 12 cm fasst eine Scheibe mit einer Lage bis zu 27 GB und mit zwei Lagen bis zu 54 GB. Die Zugriffsgeschwindigkeit im Vergleich zu einer DVD ist ebenfalls deutlich höher.
BMP	Dateiformat für Bitmaps.
Booten	Bezeichnet das Laden des BIOS und des Betriebssystems nach einem Kalt- oder Warmstart.
Bootstrap	Ladeprogramm (sogenannter Urlader), das fest im ROM eingebaut zum Starten des PCs benötigt wird.
Botnet	Automatisierte Computerprogramme (Bots). Die Bots laufen auf vernetzten Rechnern und benutzen deren Netzwerkanbindung sowie die lokalen Ressourcen und Daten. Diese illegalen Botnetze werden ohne Wissen der Inhaber auf den Computern installiert und betrieben.
Browser	Abgeleitet vom Englischen «to browse» (durchblättern, schmökern, sich umsehen). Als Browser werden Programme bezeichnet, welche Daten aus dem weltweiten Netz (von HTTP-Servern) abrufen und dann am heimischen Computer (Client) verarbeiten und anzeigen können.
Bus	Ein System von parallelen Leitungen zur Übertragung von Daten zwischen einzelnen Systemkomponenten – also zwischen Mikroprozessoren, Hauptspeicher, Schnittstellen und Erweiterungskarten.
Byte	Ein Byte ist die kleinste adressierbare Speicherstelle. Es besteht aus acht Bits. Da ein Bit zwei Zustände annehmen kann, ermöglicht ein Byte $2^8 = 256$ Kombinationen. Damit ist die Darstellung von 256 verschiedenen Zuständen oder Zeichen möglich. 1 KByte = 1024 Byte, 1 Megabyte = 1024 KByte.
Cache	Ein schneller Puffer, der Daten zwischenspeichert und diese immer wieder sehr schnell zur Verfügung stellen kann.
CAD	Computer Aided Design (Computer Assisted Design): computergestütztes Zeichnen bzw. Konstruieren.
Caps Lock	Auch Umschalttaste. Mit dieser Taste wird die Tastatur auf Grossschreibung umgestellt.
CD-R	Abkürzung für «Compact Disc Recordable». Einmalig beschreibbare CD, auch «Rohling» genannt.
CD-ROM/CD	Abkürzung für «Compact Disc Read Only Memory», ein Massenspeicher, der sich z. B. als Datenträger für Nachschlagewerke eignet. Eine CD-ROM kann bis zu rund 700 MByte speichern, besteht aus Kunststoff und wird mit einem Laserstrahl beschrieben und gelesen.
CD-RW	Wiederbeschreibbare CD. Abkürzung für «Compact Disc ReWritable».

Client	Begriff aus dem Netzwerkbereich: Ein Client nimmt Dienste in Anspruch. Deshalb wird eine an den Server angeschlossene Arbeitsstation als Client bezeichnet. Der Client schickt Anfragen des Benutzers in einem speziellen Protokoll an den Server und stellt dessen Antworten in lesbarer Weise auf dem Bildschirm dar.
Clipboard	Auch Zwischenablage genannt. Besonderer Bereich des Arbeitsspeichers, der von Programmen und Betriebssystemen wie Windows zur zwischenzeitlichen Ablage von Daten benutzt wird. Aus dem Clipboard können diese Daten dann in andere Dokumente kopiert oder verschoben werden.
Cloud	IT-Infrastruktur wie Software, Speicherplatz oder Rechenleistungen wird über das Internet zur Verfügung gestellt.
Cluster	Die kleinstmögliche Speichereinheit auf einem Datenträger. Bei Festplatten beispielsweise hat ein Cluster eine Grösse von mindestens 2048 Byte.
COM-Schnittstelle	Abkürzung für «COMmunication Port». Bezeichnung für die seriellen Schnittstellen im PC, (auch RS-232).
Controller	Erweiterungskarte zur Steuerung von Festplatten- und optischen Laufwerken u. Ä.
Cookies	Eine kleine Datei mit Textinformationen, die vom Webautor der jeweiligen Website initiiert sein muss. Sie wird dann vom Webserver regelmässig an den lokalen Webbrowser übertragen.
Coprozessor	Zusätzlicher Prozessor, der für komplexe Berechnungen zuständig ist, was die Performance des Gesamt-Computer-Systems bei der Nutzung rechenintensiver Programme (z. B. Grafikprogramme) erheblich steigert.
CPU	Abkürzung für «Central Processing Unit», englische Bezeichnung für Prozessor.
Credentials	Berechtigungsnachweis zur Anmeldung an einem Computersystem. Neben Benutzernamen mit dazugehörigem Kennwort kann dies über PIN, Bildcode, Gesichts- oder Iriserkennung oder über Fingerabdruck erfolgen. Auch Schlüssel, Badges, Ausweise, Diplome, Zertifikate gelten als Credentials, welche Zulassungen oder Berechtigungen regeln.
Cursor	Zeiger auf einem Bildschirm, der mithilfe der Maus oder der Pfeiltasten auf der Tastatur bewegt werden kann, um Textinformationen oder grafische Informationen an ihre Position zu bringen.
DAT	Abkürzung für «Digital Audio Tape», für digitale Tonaufzeichnung. DAT-Technologie wird auch für die Sicherung von Daten verwendet.
Datei	Zusammengehörende Daten, die mit einem Anwendungsprogramm erstellt und unter einem eindeutigen Namen auf dem Datenträger gespeichert werden.
Dateiattribut	Eigenschaften, die einer Datei zugewiesen werden können und vom Betriebssystem abhängen. Unter MS-DOS gibt es beispielsweise die Attribute: – Archive (Archivierungsstatus), – Read Only (Schreibschutz), – System (Systemzugehörigkeit) und – Hidden (Sichtbarkeit).

Dateierweiterung	Auch «Erweiterung», «Extension» oder «Suffix» genannt. Bei Dateinamen die Erweiterung hinter dem Punkt. Viele Programme ordnen über die Dateierweiterung Dateien einer Anwendung zu, z. B.: TXT – ASCII-Textdatei DOCX – Word-Textdatei HTML – HTML-Dokumente XLSX – Excel-Tabelle
Dateiformat	Festlegung, wie Texte, Bilder usw. in einer Datei abgelegt werden.
Dateiname	Komplette Bezeichnung einer Datei, bestehend aus dem eigentlichen Dateinamen und der durch einen Punkt getrennten Dateierweiterung.
Dateiverknüpfung	Logische Verbindung in Windows zwischen einer Dateierweiterung und einem Anwendungsprogramm. Dieses ermöglicht beim Öffnen einer Datei (per Doppelklick bei der Dateiauswahl) den automatischen Start des zugehörigen Programms.
Datenbank	Im Allgemeinen ist mit einer Datenbank eine Sammlung von Daten gemeint, die miteinander in Beziehung stehen. Über Datenbanken werden Aufträge, Kundenadressen, Bilder oder Archivinformationen verwaltet.
Datenfernübertragung/ DFÜ	Sammelbegriff für den Datenaustausch zwischen zwei Rechnern über grössere Entfernung. Die Übertragung erfolgt unter anderem über das Telefonnetz oder das Internet per FTP. Im Bereich lokaler Netzwerke (LAN) wird dieser Begriff nicht verwendet. Hier spricht man einfach von «Datenübertragung».
Datenformat	Jedes Programm enthält eine Definition, die bestimmt, wie die anfallenden Daten gespeichert werden. Ein Datenaustausch zwischen verschiedenen Programmen ist nur möglich, wenn diese das entsprechende Datenformat verstehen/importieren können. Sonst müssen Konvertierungsprogramme dazwischengeschaltet werden.
Datensicherung	Siehe ➔ Back-up.
Datenträger	Medium zum dauerhaften Speichern von Daten. Darunter fallen optische Medien, USB-Sticks, Festplatte, Magnetband u. Ä.
DDoS-Attacke	Distributed Denial of Service bedeutet Angriff auf einen Server, einen Rechner oder sonstige Komponenten in einem Datennetz. Diese Computersabotage führt zur Überlastung des Rechnerinfrastruktur, und die bereitgestellten Dienste werden arbeitsunfähig.
Defragmentierung	Ein Programm, das die Position von Datenelementen auf einem Datenträger verändert. Damit werden Dateien zusammenhängend abgespeichert und können schneller eingelesen werden. Ein bekanntes Defragmentierungsprogramm ist beispielsweise DEFRAG von Microsoft.
Desktop	Allgemeine Bezeichnung für die Arbeitsoberfläche in Windows.
Desktop Publishing	Erstellen von druckfertigen Dokumenten mit dafür speziell entwickelter Software. Desktop Publishing – abgekürzt DTP – ist der Oberbegriff für das Verfahren, mithilfe eines Personal Computers und ergänzender Hard- und Software Texte zu erfassen, layoutmässig zu bearbeiten und für eine Vervielfältigung vorzubereiten.
Dienstprogramme	Dienstprogramme (auch Hilfsprogramme) dienen zur Abwicklung anwendungsneutraler Aufgaben wie Dateien kopieren, umbenennen oder sichern.

Glossar

Digital	Abgeleitet von digitus (lat.: Finger). Speichern und Verarbeiten von Informationen nur im Rahmen genau definierter Werte; Zwischenwerte sind nicht möglich. Im EDV-Bereich setzen sich alle Informationen aus den Grundwerten 1 und 0 zusammen. Das Gegenstück zu digital ist analog.
Directory	Englische Bezeichnung für «Verzeichnis», gemeint ist in der Regel ein Dateiverzeichnis.
DOS	Disk Operating System. Wörtlich: Datenträger-Betriebssystem. Bezeichnung für PC-Betriebssysteme seit der Einführung des IBM-PCs 1981, die auf einem Datenträger installiert sind und von ihm eingelesen werden.
Doppelklick	Zwei Mausklicks innerhalb einer Zeitspanne, die z. B. in der Systemsteuerung von Windows festgelegt werden kann. Öffnet ein Dokument oder Programm.
Download	Bezeichnung für das (Herunter-)Laden von Daten aus einem Kommunikationssystem wie dem Internet. Bei einem Download werden Programme oder Dateien auf den eigenen Computer übertragen.
DPI	Abkürzung für «dots per inch», Masseinheit für die Druckqualität, die angibt, wie viele Bildpunkte/Pixel je Zoll untergebracht werden können.
Drag and Drop	Wörtlich: ziehen und fallen lassen. Technik in Windows, um einzelne Teile von Dokumenten (z. B. eine Textpassage aus Word) mit der Maus zu markieren, mit gedrückter linker Maustaste in das Fenster einer anderen Anwendung zu ziehen und dort fallen zu lassen. Der Text wird dann genau an der Stelle eingefügt, an der sich der Mauszeiger befindet. Diese Methode nennt sich «Drag and Drop» und ist der einfachste Weg, Daten zwischen zwei Anwendungen auszutauschen.
E-Mail	Postdienst, der über einen Internetanschluss zur Nachrichtenübermittlung dient. Mit entsprechender Software kann eine Nachricht erstellt, versandt, empfangen, angeschaut, ausgedruckt, zurückgesandt, an mehrere Teilnehmer gleichzeitig versandt, wiederholt oder kommentiert werden. Der Nachricht kann auch eine Datei angehängt werden (Attachment).
Editor	Dienstprogramm zum Bearbeiten (Eingeben, Ändern) von Daten.
EDV	Abkürzung für «Elektronische Datenverarbeitung».
Enter	Die Taste auf der Tastatur des Computers (auch: Return) dient z. B. dem Abschluss einer Befehlseingabe.
Eprom	Abkürzung für «Erasable Programmable Read Only Memory». Nur-Lese-Speicher, der durch UV-Bestrahlung löschbar ist.
Erweiterungskarte	Ergänzung des Computers, die in einen Slot (Steckplatz) eingesetzt wird.
EXE	Dateierweiterung für ausführbare Dateien/Programme.
Externer Speicher	Speichermedien, die sich nicht auf der Hauptplatine des Rechners befinden, wie optische Medien, USB-Sticks, Streamer, Festplatten.
Fenster	Bildschirmbereich, der genau von seiner Umgebung abgegrenzt ist und zu einem zusammengehörenden Aus- oder Eingabebereich gehört.
Festplatte	Datenträger, der fest im Rechner eingebaut ist und eine grössere Datenmenge aufnehmen kann.
File	Englische Bezeichnung für «Datei».

File Server	Zentraler Rechner (Server) im Netzwerk. Auf dem File Server ist die Netzwerksoftware geladen und befinden sich zentrale Daten, die für die angeschlossenen Arbeitsstationen zugänglich sind.
File Transfer	Englische Bezeichnung für «Dateiübertragung».
Firewall	Englische Bezeichnung für «Feuermauer»/«Brandmauer». Technik in Form von Hard- und/oder Software, die den Datenfluss zwischen einem privaten und einem ungeschützten Netzwerk kontrolliert. Dabei wird ein internes Netz vor Angriffen aus dem Internet geschützt.
Firmware	Fest in Chips eingebaute (einprogrammierte) Software(-Programme).
Flüchtiger Speicher	Speicher, der beim Abschalten der Stromzufuhr den Inhalt verliert.
Fragmentierung	Normalerweise werden alle Daten einer Datei in optimaler Reihenfolge auf der Festplatte gespeichert. Allerdings funktioniert das nur, wenn ein genügend grosser zusammenhängender Speicherbereich zur Verfügung steht. Ist das nicht der Fall, werden Dateien zerstückelt (auf einzelne Cluster aufgeteilt) auf die Festplatte geschrieben. Man spricht hier von fragmentierten Dateien. Da der Lesekopf der Festplatte für das «Anfahren» der einzelnen Fragmente mehr Zeit braucht, verzögert sich das Laden von Dateien. Windows führt die Defragmentierung automatisch im Hintergrund aus. SSD-Speicher sollten nicht defragmentiert werden.
Freeware	Software, die kostenlos erhältlich ist und nicht weiterverkauft werden darf. Freeware ist auf keinen Fall zu verwechseln mit → Shareware.
FTP	Abkürzung für «File Transfer Protocol». «FTP» bedeutet die Übertragung von Dateien zwischen verschiedenen Rechnern über das Netz.
Gigabyte	1 GB = 1024 Megabyte (siehe → auch KB/KByte und MB/MByte).
GPU	Grafikprozessor (Graphics Processing Unit), dient zur Berechnung der Bildschirmausgabe auf Computern, Spielkonsolen und Smartphones.
Grafikauflösung	Anzahl der waagrechten und senkrechten Punkte, die Grafikkarten und Monitore darstellen können (siehe auch → Auflösung).
Grafikkarte	Spezielle Erweiterungskarte für die Ansteuerung des Monitors.
Grafikmodus	Spezieller Betriebsmodus zum Darstellen von Bildschirminhalten. Beim Grafikmodus wird jedes Zeichen aus einzelnen Punkten erstellt. Dadurch können im Gegensatz zum Textmodus beliebige Zeichen erzeugt werden.
Hardcopy	Kopie des Bildschirminhalts. Dazu wird der Bildschirm von einer entsprechenden Software Zeile für Zeile abgetastet; anschliessend wird der Bildschirminhalt auf Papier ausgegeben oder in einer Datei gespeichert.
Harddisk	Englische Bezeichnung für «Festplatte». Magnetischer Datenträger, der fest im Computer eingebaut ist.
Hardware	Alle harten Bestandteile des Computers und seiner Peripherie, d. h. alle Geräte und Geräteteile vom Prozessor über Speicher und Datenträger bis zum Drucker oder Modem.
Hauptspeicher	Siehe → Arbeitsspeicher oder RAM.
Hauptverzeichnis	Oberstes Verzeichnis auf einem Datenträger. In diesem Verzeichnis müssen sich bestimmte Systemdateien befinden, die das Betriebssystem benötigt und dort erwartet.
Host	Wörtlich: «Gastgeber». Hosts sind Grossrechner und Server, an denen Arbeitsstationen angeschlossen sind, für die innerhalb eines Netzwerks besondere Dienste bereitgestellt werden.

HTML	Abkürzung für «Hypertext Markup Language». Standardisierte Seitenbeschreibungssprache für WWW-Seiten im Internet bzw. Intranet. Sie definiert sowohl die Gestaltung, den Inhalt und die Grafik der Seite als auch die Links (Hyperlinks, Verbindungen) zu eigenen oder fremden Seiten.
HTTP	Abkürzung für «Hypertext Transfer Protocol». HTTP ermöglicht im → WWW den Zugriff auf die abgelegten Dokumente. Das HTTP-Protokoll stellt die oberste von mehreren Protokollschichten zur Verwaltung des Internets dar.
Hub	Verbindet mehrere Knoten (z. B. Rechner) eines LANs. Er übermittelt ankommende Pakete (Daten) an alle anderen Knoten.
Hypertext	Hypertext zeichnet sich gegenüber normalem Fliesstext durch Querverweise (z. B. Hyperlinks im Internet) zu anderen Dokumenten oder Textstellen aus.
Informatik	Wissenschaft, die sich mit der Verarbeitung von Informationen befasst.
Inkjet	Verfahren, bei dem der Farbstoff in Form von flüssiger Tinte oder verflüssigtem Wachs aufgetragen wird.
Inkrementelle Datensicherung	Datensicherungsvariante, bei der nur die veränderten Daten seit der letzten Komplett- oder Teilsicherung gesichert werden (Zuwachssicherung).
Integrierte Software	Programmpakete, die unterschiedliche Anwendungen enthalten, z. B.: Textverarbeitung, Tabellenkalkulation und Datenbank.
Interface	Englische Bezeichnung für Schnittstelle: 1. Anschlussmöglichkeit für Peripheriegeräte des Computers 2. Schnittstelle zwischen Protokollen, Programmen, Diensten usw.
Internet	Weltweit grösstes Computernetzwerk, das aus miteinander verbundenen Netzwerken besteht.
Intranet	Ein internes Unternehmensnetzwerk, das auf Internettechnik basiert.
IP	Abkürzung für «Internet Protocol». IP gehört zur TCP/IP-Protokollfamilie, einem anerkannten Industriestandard für die Kommunikation zwischen offenen Systemen. Das Übertragungsprotokoll definiert die Regeln und Vereinbarungen, die den Informationsfluss in einem Kommunikationssystem steuern. Hauptaufgabe des IP ist die netzübergreifende Adressierung. Das Protokoll arbeitet nicht leitungs-, sondern paketvermittelnd: Sogenannte Datagramme suchen sich über die jeweils verfügbaren Verbindungen ihren Weg zum Empfänger.
Java/Java-Applet	Eine von der Firma SUN entwickelte Programmiersprache für Hypermediadokumente. Sie erlaubt dem Entwickler, die WWW-Seiten mit verschiedenen, auch interaktiven Spezialeffekten auszustatten. Zur Ausführung von Java-Programmen wird eine «Java Virtual Machine» benötigt. Diese ist heute in den verbreiteten Browsern eingebaut. Damit lassen sich Java-Programme auf nahezu jedem Computer, unabhängig von dessen Hardware oder Betriebssystem, ausführen.
Jumper	Auch DIP-Schalter. Spezieller Schalter auf Erweiterungskarten und elektronischen Platinen. Jumper werden zur Konfiguration von Hardware im Rahmen eines bestehenden Systems benutzt.
Kaltstart	Startvorgang des Computers durch Einschalten der Stromzufuhr.
KB/KByte	Abkürzung für «Kilobyte»: 1 KByte = 2^{10} Bytes = 1024 Bytes.
Kennwort	Auch Passwort. Individuelle Zeichenfolge zur Identifizierung eines Benutzers, der sich Zugang zu einem Computersystem oder Netzwerk verschaffen möchte.

Grundlagen der Informatik

Keyboard	Englische Bezeichnung für «Tastatur».
Kompilieren	Übersetzen einer Programmsprache in den ausführbaren Maschinencode.
Komprimieren	Ein Verfahren, um – Speicherplatz auf USB-Stick und Festplatte besser zu nutzen oder – die Datenübertragung über das Netz bzw. die Telefonleitung zu beschleunigen oder – Dateimonster (z. B. digitale Videos) so zu verkleinern, dass sie verarbeitbar werden und nicht die Festplattenkapazitäten sprengen. Das einfachste Verfahren beruht darauf, beispielsweise 100 aufeinanderfolgende «A» nicht auszuschreiben (AAAAA...AA), sondern «100A» abzuspeichern (run length compression).
Konfiguration	1. Zusammenstellen eines PC-Systems. 2. Anpassung von Hardware und Software an die Gegebenheiten des vorliegenden Systems.
Konvertierung	Umformung/Umwandlung zwischen unterschiedlichen Dateiformaten, damit diese von anderen Programmen gelesen oder bearbeitet werden können.
Kopierschutz	Vorrichtung, die das unbefugte Kopieren von Programmen oder Daten unterbindet. Ein Kopierschutz kann durch spezielle Software oder Hardware (Dongle) realisiert werden.
Label	Englische Bezeichnung für Etikett. Ein «Label» gibt einem Datenträger einen Namen.
Laden	Vorgang, bei dem auf dem Datenträger gespeicherte Daten in den Arbeitsspeicher transportiert werden. Dort können sie vom Computer gelesen oder bearbeitet werden.
LAN	Abkürzung für «Local Area Network». Lokal angelegtes Netzwerk im Gegensatz zu WAN, das überregional Arbeitsstationen und Netzwerke verbindet. «Lokal» bezieht sich in diesem Sinne auf einen gemeinsamen Standort wie beispielsweise ein Firmengelände oder einen Raum.
Laser	Abkürzung für «Light Amplification by Stimulated Emission of Radiation». Lichtverstärkung durch angeregtes Aussenden von Strahlung. Ein Laser ist in der Lage, kohärentes Licht so zu bündeln, dass es auch über weite Entfernungen hinweg noch exakt positioniert werden kann.
Laufwerk	Gerät, das Speichermedien wie optische Medien oder Festplatten beschreiben und lesen kann.
Laufwerksbezeichnung	Name eines Laufwerks, unter dem dieses angesprochen werden kann. Laufwerke werden mit den Buchstaben des Alphabets bezeichnet. Jedes Laufwerk erhält einen Buchstaben, Festplatten beginnen in der Regel mit dem Buchstaben C:. Danach folgt häufig ein CD-ROM- oder DVD-Laufwerk. Sofern mehr als eine physikalische Festplatte bzw. weitere Festplattenpartitionen vorhanden sind, verschiebt sich die Buchstabenbezeichnung des CD-ROM- oder DVD-Laufwerks entsprechend. Auch USB-Sticks bekommen einen freien Buchstaben zugewiesen.
Lesekopf	Schreib-/Lesekopf zum Schreiben und Lesen von Daten auf Datenträgern.
Link	Englische Bezeichnung für Verknüpfung oder Verbindung.
LINUX	UNIX-Variante, die von dem Finnen Linus Torvalds initiiert wurde und inzwischen von sehr vielen begeisterten Programmierern weiterentwickelt wird. Linux wird als GPL (General Public License) vertrieben, d.h., nur der Vertrieb selber kostet Geld, die eigentliche Lizenz des Betriebssystems bzw. der Software ist kostenlos.
Lizenz	Berechtigung zur Nutzung von Software. In der Regel wird die Lizenz mit dem rechtmässigen Kauf von Software erworben.

Login	Das Anmelden und das Authentisieren eines Anwenders in einem Netzwerk oder einem anderen Kommunikationssystem wie einem Onlinedienst: Die Loginprozedur umfasst dabei den gesamten Vorgang vom Wählen der Telefonnummer des Onlinedienstes oder Internetproviders über verschiedene Passwortabfragen bis hin zum geschlossenen Verbindungsaufbau.
Logoff	Gegenteil von Login, also das Beenden der Datenverbindung zu einem Server oder einem Onlinedienst.
Logout	Englische Bezeichnung für Abmelden. Beenden der Verbindung zu einem fremden Computersystem, Gegenteil von Login.
Lokaler Drucker	Ein an eine Arbeitsstation im Netzwerk angeschlossener Drucker, im Gegensatz zu einem am Netzwerkserver angeschlossenen Drucker.
Low-Level-Formatierung	Erste Formatierung (Grundformatierung) eines Datenträgers auf niedrigster Ebene (auch «Vorformatierung» genannt). Mit speziellen Routinen des BIOS wird die Festplatte in logische Spuren und Sektoren eingeteilt. In der Regel wird die Low-Level-Formatierung bereits vom Hersteller vorgenommen. Erst nach dieser Formatierung können eine Einteilung in Partitionen und die übliche Formatierung durchgeführt werden.
Mail-Server	Internet-E-Mails werden von sogenannten Mail-Servern transportiert und zwischengelagert. Die persönliche Post kann von einem solchen Mail-Server heruntergeladen oder umgekehrt zum Weiterversand an diesen geschickt werden.
Mailbox	Übersetzt: «Postfach», «Briefkasten». Eine Mailbox ist ein über die Telefonleitung erreichbarer «Briefkasten». Sein Inhalt (Nachrichten oder Programme) kann elektronisch auf den lokalen Computer übertragen werden.
Mailing-Liste	Verteilerliste für E-Mails.
Mainframe	Englische Bezeichnung für «Grossrechner».
Makro	Kombination einzelner Anweisungen. Folge von Befehlen und Vorgängen bzw. eine Kombination von Tasten- und Mausklicks, die festgehalten und gespeichert werden kann. Wird ein Makro aufgerufen, werden die aufgezeichneten Vorgänge und Aktionen in der entsprechenden Reihenfolge automatisch wieder abgearbeitet. Makros sind besonders wirkungsvoll, wenn bestimmte Aktionen häufig durchgeführt werden müssen oder sich ständig wiederholen.
Makrovirus	Virusart, die keine ausführbaren Programme (z. B. EXE-Dateien), sondern Dokumente infiziert. Makroviren bedienen sich nicht einer gewöhnlichen Programmiersprache, sondern einer Makrosprache, um Dokumente zu infizieren, sich weiterzuverbreiten und evtl. Schäden auf dem Rechner zu verursachen. Um Makroviren abzuwehren, ist es daher ratsam, einem makrofähigen Programm nicht zu gestatten, Makros in Dokumenten automatisch auszuführen. Vielmehr sollten Dokumente (vor allem aus dem Internet) vor dem Öffnen auf Viren untersucht werden. Besonders bekannt und vielfältig ist die Bedrohung von Word-Dokumenten.
Malware	Sammelbegriff für Schadsoftware jeglicher Art auf dem PC wie Viren, Trojaner, Würmer.
Markieren	Daten für eine weitere Bearbeitung auswählen.
Maus	Eingabegerät, das von Hand auf dem Tisch geführt wird und entsprechend der Bewegung der Hand auf dem Bildschirm einen Cursor bewegt. An entsprechenden Positionen können mit den zusätzlich angebrachten Tasten Aktionen ausgelöst werden.
MB/MByte	Abkürzung für «Megabytes»: 1 MByte = 1024 KByte = 1 048 576 Bytes.
Megahertz/MHz	1 Mio. Hertz – Einheit zur Angabe der Taktfrequenz von Computern.

Memory	Englische Bezeichnung für «Speicher».
Menü	Eine mithilfe von Listen oder Schaltflächen dargestellte Ansammlung von Programmfunktionen.
Modern UI	Schon mit Windows 8 führte Microsoft den Kachelbildschirm als Ergänzung zum bekannten Desktop ein.
Monitor	Andere Bezeichnung für Bildschirm.
Motherboard	Englische Bezeichnung für die Hauptplatine im Computer. Sie ist quasi die zentrale Bühne, auf der die weitere Hardware (Speicherbausteine, die Grafikkarte, die CPU usw.) aufgebaut wird.
MP3	MP3 ist der Name des wohl bekanntesten und verbreitetsten Dateiformats für die Speicherung von digitaler Musik. Durch starke Audiodatenkompression reduziert es den Speicherplatzbedarf (im Mittel) auf rund ein Zehntel der ursprünglichen Grösse. Dies wird aber erkauft mit einer mehr oder weniger starken (und durchaus hörbaren) Qualitätsverschlechterung, denn bei MP3 handelt es sich um ein verlustbehaftetes Kompressionsverfahren. Daher eignet sich MP3 weniger für den kritischen Musikliebhaber, dafür umso mehr für den Einsatz auf mobilen Geräten wie iPod oder MP3-Player.
Multimedia	Bezeichnung für die Aufzeichnung, Wiedergabe und Integration von digitalisierter Musik und bewegten Bildern.
Multitasking	Gleichzeitiges Ausführen von mehr als einem Programm.
Netware	Vom US-Hersteller Novell entwickeltes Netzwerkbetriebssystem. In der zweiten Hälfte der 90er-Jahre hat dieses Betriebssystem starke Konkurrenz durch Windows NT sowie dessen Nachfolger erhalten und verliert seither stetig an Bedeutung.
Netz/Netzwerk	Verbund von Computern, die über verschiedene Leitungen verbunden sind und sich gemeinsame Ressourcen wie Daten und Peripheriegeräte teilen. Häufig steht in einem Netzwerk ein spezieller Rechner (Server) nur zur Datenverwaltung zur Verfügung. Auf diesen Rechner haben alle Arbeitsstationen Zugriff. Man unterscheidet im Wesentlichen LANs, die «unter einem Dach» innerhalb von Firmen und Behörden eingesetzt werden, sowie WANs, die beispielsweise mehrere Filialen in verschiedenen Städten oder Ländern verbinden (siehe auch ➜ Router).
Netzwerkbetriebssystem	Spezielles Betriebssystem für den Aufbau eines Netzwerks; typische Netzwerkbetriebssysteme sind Windows Server 2012, 2016 und 2019, Linux und Novell Netware.
Netzwerkdrucker	Drucker, der an einen Server im Netzwerk angeschlossen ist und von den Arbeitsstationen über das Netzwerk verwendet werden kann. Manche Netzwerkbetriebssysteme erlauben auch den Anschluss eines Netzwerkdruckers an einer Arbeitsstation.
Netzwerkfähig	Eigenschaft von Programmen, welche die besonderen Belange eines Netzwerks – wie den Zugriff mehrerer Benutzer auf dieselben Daten – berücksichtigen.
Netzwerklaufwerk	Laufwerksbuchstabe, der einem Netzwerkverzeichnis zugewiesen wurde.
Neustart	Erneutes Einschalten des Computers, nachdem dieser entweder abgestürzt ist oder manuell ausgeschaltet wurde.
NumLock	Taste auf der erweiterten Computertastatur, die ein Ein- oder Ausschalten des numerischen Ziffernblocks ermöglicht.

Objekt Linking and Embedding (OLE)	Eine Methode zur gemeinsamen Nutzung von Informationen. Hierbei werden Daten aus einem Quelldokument mit einem Zieldokument verknüpft bzw. in dieses eingebettet. Wenn die eingebetteten Daten im Zieldokument markiert werden, wird wieder die Quellanwendung geöffnet, damit die Daten in gewohnter Umgebung mit den notwendigen Funktionen bearbeitet werden können.
OCR	Abkürzung für «Optical Character Reader Recognition». Optische Zeichen- bzw. Buchstabenerkennung: Papierene Textvorlagen, die mit einem Scanner in den Computer eingelesen wurden, werden in editierbare Textdokumente umgewandelt.
Offline	1. Unterbrochene Verbindung zum Computer oder zu anderen Peripheriegeräten. 2. Daten werden ohne Netzverbindung lokal, vor Ort, bearbeitet. Erst anschliessend «geht man online», um Kosten zu sparen.
Operating System	Englische Bezeichnung für «Betriebssystem».
OS	Abkürzung für «Operating System». Betriebssystem.
Parallele Schnittstelle	Schnittstelle am Computer, die im Gegensatz zur seriellen Schnittstelle die Datenübertragung auf acht Leitungen (also mit einer Übertragung von 8 Bits gleichzeitig) unterstützt. Parallele Schnittstellen werden auch als Centronics Schnittstellen bezeichnet.
Partition	Einheit eines definierten Speicherbereichs einer Festplatte, die als eigenständiges Laufwerk angesprochen und behandelt werden kann.
Passwort	Andere Bezeichnung für Kennwort oder Identifikation.
Patch(es)	Englisch für «Flicken»: ein Softwareupdate bzw. eine Softwarekorrektur bei bereits genutzter Software, um Schwachstellen oder Fehler zu beseitigen.
PCI-Bus	Von INTEL entwickeltes Bussystem. Es ist weit leistungsfähiger als der von IBM entwickelte und veraltete ISA-Bus.
PCI-Express-Bus	Modernere und leistungsfähigere Variante des PCI-Bus. Kommt als PCI-Express-x16-Variante für Grafikkarten zum Einsatz.
PDF	Abkürzung für «Portable Document Format». Ein von der Firma Adobe definiertes Dateiformat. Damit können Dokumente beliebiger Art (Handbücher, Informationsbroschüren, Statistiken usw.) plattformübergreifend elektronisch veröffentlicht werden. Der wichtigste Vorteil besteht darin, dass ein PDF-Dokument dabei sein Layout nicht verändert – selbst dann, wenn der Betrachter die im Dokument verwendeten Schriften auf seinem System nicht installiert hat.
Peer-to-Peer-Netzwerk	Netzwerkvariante, bei der im Gegensatz zu einem Servernetzwerk keine starre Einteilung in Server und Arbeitsstationen erfolgt: Jeder PC im Netzwerk kann Dienste und Daten bereitstellen oder verwenden.
Performance	Englische Bezeichnung für Leistung. In der EDV bezieht sich die Leistung eines Systems auf die Geschwindigkeit bei der Ausführung von Befehlen oder Programmen.
Peripherie	Bezeichnung für Umgebung. Gemeint sind also an einen Computer angeschlossene Geräte wie Bildschirm, Tastatur, Datenträger, Drucker u. a.
Pfad/Path	Ein Pfad zeigt die Stelle an, an der eine Datei auf der Festplatte gespeichert ist. Beispiel: Die Datei eines gesuchten Bildes heisst «logo.bmp» und liegt im Verzeichnis «Windows». Dieses Verzeichnis befindet sich auf der Festplatte, die mit dem Buchstaben «C» bezeichnet ist. Der dazugehörige Pfad lautet ausgeschrieben: C:\windows\logo.bmp

Grundlagen der Informatik

Phablet	Die Bezeichnung Phablet ist eine Wortschöpfung aus Phone und Tablet. Es ist eine Kombination zwischen einem Smartphone und einem Tablet-PC. Im Gegensatz zu Smartphones hat ein Phablet einen grösseren Bildschirm (zwischen 5" und 7"), der allerdings nicht an die Bildschirmgrösse eines Tablet-PCs reicht, und im Unterschied zum Tablet-PC kann man mit einem Phablet telefonieren.
Pfadangabe	Bezeichnung einer Datei mit dem Dateinamen und der Position der Datei auf einem Datenträger, z. B.: C:\windows\logo.bmp.
Pixel	Kunstwort für «Picture element». Englische Bezeichnung für Bildpunkt: kleinstes Element eines digitalen Bildes mit definierten Orts- und Farbkoordinaten.
Platzhalter	Auch Joker genannt. Dient als Ersatz für ein Zeichen, z. B. bei der Dateisuche. Zur Verfügung stehen der Stern (*), welcher für den beliebigen Rest eines ganzen Dateinamens eingegeben wird, und das Fragezeichen (?) als Ersatz für ein einzelnes Zeichen im Dateinamen oder in der Erweiterung.
Plausibilitätsprüfung	Programmgesteuerte Kontrolle von Eingaben. Ziel ist die Unterbindung unsinniger Eingaben.
Plug and Play	Automatische Hardwareerkennung: Heisst so viel wie «einsetzen und los gehts». Industriestandard, der mit Windows 95 eingeführt wurde. Dabei werden Installations- und Konfigurationsaufgaben ohne Eingreifen des Anwenders selbsttätig gelöst oder zu lösen versucht.
Power-Management	Sobald der Monitor kein Signal mehr vom Rechner erhält, fährt er seinen Energieverbrauch hinunter und schaltet in einen Stromsparmodus. Unmittelbar nach Inbetriebnahme des Rechners (z. B. durch Tastendruck) verfügt der Monitor wieder über seine volle Leistungsfähigkeit.
Power Supply	Englische Bezeichnung für Stromversorgung.
Printer	Englische Bezeichnung für Drucker.
Programm	Zielorientierte Ansammlung von Befehlen, die in einer bestimmten Programmiersprache geschrieben wurden. Ein Programm führt Befehle und aufeinanderfolgende Arbeitsschritte aus.
Programmabsturz	Fehler in einem Programm, der dazu führt, dass ein Arbeitsschritt nicht zu Ende geführt werden kann. Weitere Eingaben sind nicht möglich. Das Programm kann nicht mehr ordnungsgemäss verlassen werden, und der Fehler kann zur Instabilität des Systems führen.
Programmgruppe	Um die Übersicht über die installierten Anwendungen zu behalten, fasst Windows jeweils mehrere Programme zu einer Gruppe zusammen. Hilfsprogramme befinden sich z. B. unter «Zubehör», während Datei- und Druckmanager in der «Hauptgruppe» eingeordnet wurden. Jede Programmgruppe bekommt ihr eigenes Fenster zugeteilt, das über ein zugeordnetes Icon geöffnet wird.
Programmiersprachen	Einer Fremdsprache ähnelndes System, das aus Zeichen und Regeln besteht. Es dient zur Kommunikation mit dem Computer und ermöglicht, Programme zu erstellen.
Provider	Eine Firma, die den Zugang zum Internet über einen eigenen Internetserver zur Verfügung stellt.
Prozessor	Auch Central Processing Unit oder CPU genannt. Zentrale Recheneinheit im Computer, die alle Rechen- und Steueroperationen übernimmt.
Public Domain Software	Programme, bei denen der Autor ganz oder teilweise auf seine Rechte des Urheberschutzes verzichtet. Solche Programme sind kostenlos kopier- und einsetzbar. Leistungsfähige Server, die solche Software sammeln und kostenlos zur Verfügung stellen, existieren überall in der Welt.

Pull-down-Menü	Aktivierung von Befehlen über Menüs, die aufgeklappt werden können, damit die Befehle sichtbar sind und somit angewählt werden können.
RAID	RAID steht für Redundant Array of Independent Disk. Im RAID-Verbund sind immer mindestens zwei Festplatten gebündelt. Die zu speichernden Daten werden auf die im RAID-Verbund vorhandenen Festplatten gespeichert. RAID wird zum Zweck der Performancesteigerung oder zur Erhöhung der Datensicherheit eingesetzt.
RAM	Abkürzung für «Random Access Memory». Der Arbeitsspeicher eines Computers heisst RAM, weil man auf jede Speicherzelle wahlfrei zugreifen kann. RAMs sind flüchtige Speicher – sie verlieren ihre Inhalte, wenn kein Strom mehr fliesst.
Read Only	Englische Bezeichnung für «Nur Lesen». 1. Dateiattribut. Die Datei kann bei einem gesetzten READ-ONLY-Flag nur gelesen, nicht aber in veränderter Form gespeichert oder gar gelöscht werden. 2. Zugriffsrecht auf Ressourcen in einem Netzwerk. Wird für Benutzer mit der entsprechenden Netzwerksoftware eingerichtet. 3. Schutzvorrichtung bei Datenträgern, sodass ihr Inhalt nicht überschrieben werden kann.
Readme-Datei	Wörtlich übersetzt «Lies-mich-Datei». Spezielle Textdateien mit wichtigen letzten Informationen. Um leichte Lesbarkeit zu gewährleisten, sind sie meist als ASCII Datei erstellt worden (README.TXT).
Rechenwerk	Arithmetisch logische Einheit, welche die Rechenoperationen steuert. In einem Computer ist das Rechenwerk die Steuereinheit im Prozessor.
Registry	Eine Datenbank mit Informationen zur installierten Hard- und Software.
ROM	Abkürzung für «Read Only Memory». Englische Bezeichnung für «Nur-Lese-Speicher».
Root Directory	Englische Bezeichnung für Hauptverzeichnis.
Router	Ein Router hat die Funktion, zwei räumlich getrennte Netzwerke über eine Telekommunikationsleitung miteinander zu verbinden, also z. B. einem LAN den Zugang zum Internet zu ermöglichen.
RTF	Abkürzung für «Rich Text Format», auf Deutsch «erweitertes Textformat». RTF ist ein spezielles Dateiformat, das für den Datenaustausch formatierter Texte zwischen verschiedenen Textverarbeitungsprogrammen entwickelt wurde. Vorteil des RTF-Formats: Bei seiner Anwendung bleibt die Formatierung von Textdateien auch beim Austausch von Dokumenten zwischen Softwareprodukten unterschiedlicher Hersteller erhalten. Nachteil: Nicht alle Formatierungsmöglichkeiten komplexer Textverarbeitungen werden berücksichtigt.
Rücktaste	Spezielle Taste oberhalb der Eingabetaste, mit der jeweils das letzte Zeichen vor dem Cursor gelöscht werden kann.
Scanner	Gerät zur Digitalisierung/zum Einlesen von gedruckten Vorlagen (Texte, Bilder usw.). Diese Vorlagen können mit einem Bildbearbeitungsprogramm im Computer weiterbearbeitet werden. In Verbindung mit OCR-Software können gescante Texte auch wieder in editierbare Textdokumente umgewandelt werden. Man unterscheidet Flachbettscanner, bei denen die Vorlage glatt auf eine Glasplatte gelegt wird. Bei Rollenscannern wird die Vorlage zwischen zwei Andruckwalzen hindurchgeführt. Handscanner führt man manuell über die Vorlage, und Overhead-Scanner gleiten über eine liegende Vorlage hinweg.
Schaltfläche	Spezielles Bildschirmelement moderner Benutzeroberflächen (etwa bei Windows), das beim Anklicken mit der Maus eine Aktion auslöst, z. B. ein neues Dialogfeld aufruft.

Grundlagen der Informatik

Schnellformatierung	Eine Möglichkeit, Flash-Speicher oder Festplatten in wenigen Sekunden zu formatieren. Dabei wird das Speichermedium allerdings nicht auf Schäden überprüft, und der alte Inhalt wird nicht gelöscht.
Schnittstelle	Verbindung zwischen Computern oder zwischen Computern und Peripheriegeräten.
Schreib-/Lesekopf	Lesekopf bei Laufwerken zum Lesen oder Schreiben von Daten.
Schreibschutz	1. Spezielle Dateieigenschaft, die ausdrückt, dass die betroffene Datei vor Veränderungen und vor dem Löschen geschützt ist. 2. Massnahme, gewisse Speichermedien (z. B. Flash-Speicher und Bandkassetten) vor versehentlichem Überschreiben zu schützen.
Screen-Sharing	Übertragen des Bildschirminhalts an andere Computer; dies ermöglicht gemeinsame Arbeit von verschiedenen Standorten aus, Fernwartung oder Support.
Serielle Schnittstelle	Schnittstelle, welche die Daten bitweise überträgt. Für den PC gibt es als serielle Schnittstelle den RS-232-Standard. Die seriellen Anschlüsse eines Computers werden auch als «COM-Ports», als Kommunikationsanschlüsse, bezeichnet. An diese Anschlüsse wird in der Regel die Maus oder das Modem angeschlossen.
Server	Vom Englischen «to serve» (dienen, jemanden versorgen) abgeleitet: zentraler Rechner in einem Netzwerk, der den Arbeitsstationen/Clients Daten, Speicher und Ressourcen zur Verfügung stellt. Auf dem Server ist das Netzwerkbetriebssystem installiert, und vom Server wird das Netzwerk verwaltet. Im WWW sind Server Knotenpunkte des Netzes.
Setup	Englische Bezeichnung für Installationsprogramm.
Shareware	Eine besondere Art der Softwarevermarktung. Grundsätzlich funktioniert die Shareware-Idee nach dem «Try and Buy»-Prinzip. Der Autor stellt das Programm für einen begrenzten Zeitraum zur Verfügung (oft sind das 30 Tage). Wenn die Software den Erwartungen entspricht, bezahlt man die «Registrierungsgebühr». Sie liegt in der Regel weit unterhalb des Preises kommerzieller Software. Danach erhält man vom Programmautor entweder die Vollversion des Programms oder den Geheimcode, der die derzeitige Version in eine Vollversion umwandelt.
Shift	Umschalttaste auf der Tastatur zum Ein- oder Ausschalten der Grossschreibweise von Buchstaben.
Sicherungsdateien	Spezielle Dateien, die von Anwendungsprogrammen automatisch hergestellt werden und den Stand vor dem letzten Sichern einer Datei enthalten. In solchen Fällen verfügt der Anwender über die aktuelle Version seiner Arbeit und die Vorversion. Sehr häufig haben Sicherungsdateien die Dateierweiterung BAK oder SIK.
Sicherungskopie	1. Kopien von Datenträgern oder Teilen von Datenträgern auf einem anderen Datenträger, z. B. Flash-Speicher, optische Medien, Wechselplatten, Streamer oder entfernte Datenspeicher in der Cloud bzw. an einem anderen Standort via VPN. Es geht um den Schutz vor Datenverlusten. 2. Kopie von Daten unter einem anderen Namen, in einem anderen Verzeichnis oder auf einem anderen Datenträger – dient als Schutz vor Datenverlust im Falle eines Defekts oder versehentlichem Überschreiben der Originaldaten.
Slot	Englische Bezeichnung für einen Einsteckplatz für Erweiterungskarten.
Software	Sammelbegriff für alle Arten von Betriebssystemen, Utilities und Anwendungsprogrammen.
Softwarepaket	Zusammenstellung mehrerer Programme zu einem kompletten Angebot.

Sonderzeichen	Besondere Zeichen, die keine Buchstaben oder Ziffern darstellen – gemeint sind mathematische Zeichen oder Satzzeichen: + * / - _ . : , ; # ' ~ usw.
Soundkarte	Spezielle Erweiterungskarte für den PC. Damit können die akustischen Fähigkeiten des Systems bis hin zu HiFi-Qualität verbessert werden. Soundkarten sind eine wichtige Voraussetzung für die Nutzung von Multimediaanwendungen.
Speicher	Medium, das Informationen aufbewahren kann. Siehe auch → Arbeitsspeicher, → RAM und → Festplatte.
Spreadsheet	Englische Bezeichnung für ein Tabellenkalkulations-Arbeitsblatt.
Spur	Jede Scheibe einer Festplatte ist in mehrere Tausend konzentrische Kreise unterteilt. Ein Kreis wird Spur genannt. Spur 0 ist der äusserste Kreis einer Scheibe.
SSD-Festplatten	Solid State Drives sind Festplatten, die wie USB-Sticks auf Flash-Technik basieren. Da sie nicht mechanisch wie herkömmliche Harddisks arbeiten, sind sie viel schneller.
SSID	Service Set Identifier: der Netzwerkname eines WLANs, der als grundlegende Sicherheitsmassnahme für Aussenstehende stets unsichtbar sein sollte.
Stammdaten	Datenbestand, der über einen längeren Zeitraum gültig ist.
Start-DVD	Spezielle DVD, die es ermöglicht, ein PC-System zu starten. Sie wird benützt, wenn auf die Festplatte und das dort gespeicherte Betriebssystem nicht mehr zugegriffen werden kann oder soll. Letzteres ergibt sich etwa, wenn das System mit einer speziellen Konfiguration gestartet werden soll. In erster Linie dient eine Start-DVD aber der Sicherheit – vor allem nach Änderungen an den Systemdateien.
Statuszeile	Spezielle Zeile bei Betriebssystemen und Anwendungsprogrammen, meist unten am Bildschirmrand, in der sich wichtige Informationen zur aktuellen Arbeitssituation befinden. So wird in einer Textverarbeitung etwa angegeben, auf welcher Seite man sich befindet und welche Schreibmodi aktiv sind. Im Datei-Explorer kann man z. B. sehen, wie viele Dateien sich im aktuellen Verzeichnis befinden und wie viel Platz noch auf dem Datenträger verfügbar ist.
Steckplatz	Einsteckmöglichkeit für Erweiterungskarten.
Steuerungstasten	Strg- bzw. Ctrl- oder Alt-Taste. Eine Taste, die einer anderen Taste eine neue Bedeutung verleiht.
Steuerwerk	Bestandteil des Prozessors, der für den Ablauf von Programmen verantwortlich ist.
Streamer	Andere Bezeichnung für Magnetband-Laufwerk.
Subdirectory	Englische Bezeichnung für Unterverzeichnis.
Suffix	Andere Bezeichnung für Dateierweiterung.
Supervisor	Englische Bezeichnung für den Systemverwalter eines Netzwerks.
Switch	Ein Gerät, welches Datenpakete zwischen Knoten (z. B. PCs) eines LANs weitervermittelt. Switches sind eine Weiterentwicklung der Hubs und haben diese immer häufiger ersetzt.
Symbolleiste	Spezielle Leiste in grafisch orientierten Betriebssystemen und Anwendungsprogrammen, die zur Aktivierung bestimmter Aktionen und Funktionen einfache Symbole bereitstellt. Im Idealfall gibt es mehrere Symbolleisten. Sie werden alternativ oder auch zusammen verwendet und können unter Umständen sogar individuell abgewandelt und erweitert werden.

Grundlagen der Informatik

Systemdatei	Dateien bei Betriebssystemen, in denen besonders wichtige Informationen und Einstellungen enthalten sind. Im Falle von DOS sind das beispielsweise die Dateien CONFIG.SYS, AUTOEXEC.BAT, COMMAND.COM, IO.SYS und MSDOS.SYS.
Systemdatenträger	Datenträger mit dem Betriebssystem, von dem aus der PC gestartet werden kann.
Systemressourcen	Systemressourcen sind bei Windows die USER- und GDI-Speicher. Das sind zwei Speicherbereiche, die Windows zur Verwaltung von laufenden Programmen und Grafikelementen benötigt.
Taktfrequenz/Taktrate	Die Taktfrequenz bezeichnet die Anzahl der Arbeitsschritte pro Sekunde. Wie schnell ein PC ist, hängt nicht unwesentlich vom Prozessortakt ab.
Tape	Englische Bezeichnung für Magnetband (siehe auch → Streamer).
Task	Englische Bezeichnung für Aufgabe. Arbeitsschritt oder auch Programm, das vom Computer ausgeführt wird.
Taskleiste	Bestandteil des Desktops in Windows-Betriebssystemen. Auf der Taskleiste werden offene und angeheftete Programme angezeigt.
Task-Manager	Im Task-Manager können die geöffneten Programme, die Leistung des Computers und weitere Details angezeigt werden.
Tastenkombination	Kombination von zwei oder mehr Tasten. Dient meist zur direkten Eingabe von Befehlen (Programmstart, Aufruf eines Makros usw.). Die bekannteste Tastenkombination ist wohl Control > Alt > Delete, womit unter anderem der Task-Manager aufgerufen werden kann.
Temporäre Dateien	Zeitweilig nötige Dateien, in denen Daten bis zum Ende der Bearbeitung zwischengespeichert werden. Temporäre Dateien werden meist automatisch entfernt, sobald der Vorgang ordnungsgemäss beendet werden kann.
Terminalservices	Terminalserver stellen in einem Netzwerk Terminals zur Verfügung, die von zentralen Anwendungen auf anderen Rechnern als Ein-/Ausgabegeräte verwendet werden können.
Texterkennung	Siehe → OCR.
TFT	Thin-film Transistor Display; Flachbildschirm mit Dünnschichttransistor-Ansteuerung von Flüssigkristallanzeigen (LCDs) oder Leuchtdioden.
TIFF/TIF	Abkürzung für «Tagged Image File Format». Ein häufig verwendetes Bildformat.
Tool	Englische Bezeichnung für Dienstprogramm.
Track	Englische Bezeichnung für die Spur auf einem Datenträger.
Trackball	Eingabegerät, das aus einer Rollkugel in einer Halterung besteht. Diese Kugel kann bewegt werden und steuert dabei den Mauszeiger auf dem Bildschirm. Im Prinzip funktioniert der Trackball wie eine auf dem Rücken liegende Maus.
Tree	Englische Bezeichnung für den Aufbau eines Verzeichnis-/Unterverzeichnisbaums.
Treiber	Programm, das Peripheriegeräte in das Betriebssystem einbindet, damit diese ordnungsgemäss arbeiten können.
True Type	Schrifttechnologie. Die Schrift wird nicht als Punktemuster, sondern mittels Vektoren beschrieben und kann ohne Qualitätsverlust in der Grösse geändert (skaliert) werden. Die Dateierweiterung lautet TTF.
Twisted-Pair-Kabel	Der verbreitetste Kabeltyp bei lokalen Netzwerken (LAN) mit dem Steckertyp RJ45.

Unicode	Ein von allen Windows-Versionen seit NT unterstützter Zeichensatz. Er arbeitet im Gegensatz zum verbreiteten ASCII- oder ANSI-Code mit 16 Bits und erlaubt die Darstellung von 65 536 Zeichen.
UNIX	Betriebssystem, das auf verschiedenen Computern eingesetzt werden kann (auch PCs). UNIX ist ein 32-Bits-Betriebssystem, das mehr als 4 GByte Speicher verwalten kann und für den Multiuserbetrieb ausgelegt ist.
Unterverzeichnis	Unter einem Verzeichnis liegendes weiteres Verzeichnis.
Update	Englische Bezeichnung für Aktualisierung: neuere Version eines Programms/einer Software.
Upgrade	Ausbau eines Computersystems. Zunächst wurde der Begriff «Upgrade» nur für den hardwareseitigen Ausbau verwendet; inzwischen ist er (fast) gleichbedeutend mit Update. Manche Softwarehersteller unterscheiden zwischen einem kostenfreien Update und einem kostenpflichtigen Upgrade.
USB	Abkürzung für «Universal Serial Bus». An einer USB-Schnittstelle lassen sich alle Peripheriegeräte wie Tastatur, Maus, Joystick und Scanner anschliessen.
USB-Memory-Stick	Kleine Datenspeichergeräte mit grosser Kapazität (bis 16 oder mehr GByte), die über die USB-Schnittstelle an einen Rechner angeschlossen werden.
User	Englische Bezeichnung für Nutzer/Anwender. Anwender eines PCs und seiner Programme bzw. Benutzer einer Datenbank oder eines Onlinedienstes.
Utility	Englische Bezeichnung für Dienstprogramm.
VBA	Abkürzung für «Visual Basic for Applications», englische Bezeichnung für «Visual Basic für Anwendungen».
Verknüpfung	Mithilfe der OLE-Funktion (Objekt Linking and Embedding) können Informationen mit anderen Dateien verknüpft oder eingebettet werden, d. h., es wird auf sie verwiesen. Wenn Daten verknüpft sind, werden sämtliche Änderungen, die im Ursprungsdokument vorgenommen werden, automatisch in alle Zieldokumente übernommen.
Verlorene Zuordnungseinheiten	Bezeichnung für Dateneinheiten auf einem Datenträger, die sich nicht mehr einer Datei zuordnen lassen.
Version	Fassung eines Softwareprodukts. Programme werden mit Versionsnummern versehen, sodass man leicht erkennen kann, welchen Entwicklungsstand man vor sich hat.
Verstecktattribut/versteckte Daten	Attribut, das festlegt, ob eine Datei unter normalen Umständen angezeigt oder nicht angezeigt wird.
Verzeichnis	Logische Struktur des Inhalts eines Datenträgers.
VGA	Abkürzung für «Video Graphics Array». Ein analoger Grafikstandard zur Übertragung von Bildinformationen.
Video-RAM	Auf der Grafikkarte eingebauter Bildschirmspeicher.
Virenscanner	Programm zum Auffinden von Computerviren.
Virus	Programme, die sich beliebig vervielfältigen können und den Sinn und Zweck verfolgen, den Betriebsablauf zu stören. Es gibt viele Arten von Computerviren, die unterschiedliche Folgen haben.
Vollbild	Darstellung eines Programmfensters in Windows mit maximaler Grösse.
VPN	Virtual Private Network erstellt eine verschlüsselte End-to-End-Verbindung über das Internet.

Warmstart	Neustart des Computers, bei dem dieser nicht vorher komplett ausgeschaltet wurde, sondern nur das Betriebssystem erneut geladen wird. Ein Warmstart kann unter Windows durch die Tastenkombination Strg+Alt+Del oder durch einen Resetschalter aktiviert werden.
Wechselplatte	Datenträgertyp, der wie ein optisches Medium ausgetauscht werden kann, aber an die Kapazität und Geschwindigkeit einer Festplatte heranreicht.
WEP	Wired Equivalent Privacy; ehemaliges Verschlüsselungsprotokoll für WLAN, das durch die sicherere WPA-Verschlüsselung abgelöst wurde.
Wildcards	Andere Bezeichnung für Joker. Platzhalter für Zeichen in Dateinamen.
Windows	Von Microsoft entwickelte grafische Benutzeroberfläche mit Fenstertechnik. Windows unterstützt Multitasking und moderne Formen des Datenaustauschs.
WLAN	Wireless local area network; drahtloses Netzwerk mit Funkverbindungen zwischen den beteiligten Geräteeinheiten.
WPA	Wi-Fi Protected Access (WPA) ist der Sicherheitsstandard für WLAN-Funknetzwerke. Mit WPA2 wurde der Sicherheitsstandard von WPA erhöht. WPA3 bietet noch bessere Sicherheit (insbesondere in öffentlichen Netzwerken) und einfachere Konfigurierbarkeit.
Write Protected	Englische Bezeichnung für «schreibgeschützt».
Zeichencode	Zuordnung von Zahlen zu Zeichen. In der EDV ist der ASCII-Code weitverbreitet.
Zeichensatz	Gesamtheit von fertigen Zeichen, die über eine entsprechende Nummer angesprochen werden können. Für die Darstellung der Zeichen wird ein Zeichencode benötigt. Der ASCII-Code ist für den PC am meisten verbreitet.
Zentraleinheit	Zusammenfassung der wesentlichen Bestandteile des PCs: Prozessor, Hauptplatine, Arbeitsspeicher, Schnittstellen.
Ziffernblock	Separater Bereich auf der Tastatur, auf dem die Zahlen wie auf einem Taschenrechner angeordnet sind. Damit wird die Eingabe von vielen Zahlen erleichtert.
ZIP (Kompression)	Häufig verwendetes Format für gepackte Dateien (Dateierweiterung: .zip).
Zombie	Als Zombie wird ein ans Internet angeschlossener Computer bezeichnet, der durch Würmer, Viren, Trojaner oder Ähnliches unter fremde Kontrolle geraten ist. Meist sind sich die User nicht bewusst, dass ihr Computer als Zombie missbraucht wird. Solche Zombies werden unter anderem dazu genutzt, um Spam-Mails zu verbreiten oder Angriffe auf Fremdrechner im Internet auszulösen.
Zubehör	Die Gruppe Zubehör ist eine Programmgruppe unter Windows mit vielen hilfreichen Programmen, die standardmässig von Windows bei der Installation eingerichtet wird.
Zwischenablage	Besonderer Bereich des Arbeitsspeichers, der von Programmen und Betriebssystemen wie Windows zur zwischenzeitlichen Ablage von Daten benutzt wird. Diese Daten können dann in andere Dokumente kopiert oder verschoben werden.

Bildquellenverzeichnis

ASUSTeK Computer Inc.: 25.1
Axis Communications AB: 31.2
CS Odessa, Conceptdraw: 94
Canon (Schweiz) AG: 30.5, 35.1, .36.1, 38.1, 38.3
Fujitsu: 14.1, 14.2, 15.1, 15.3
Intel Corpration: 20.2
Microsoft Corporation: 61.1 – 61.6, 62.1
Press'n'Relations: 132.1
Samsung Electronics Switzerland: 15.2, 32.1, 40.2
shutterstock.com: 14.4 (Julia Nikitina); 20.1 (Tanchic); 20.3 (tkachuk); 21.1 (Jiggo_thekop); 23. 2 (S_E); 28.4 (Nelia Sapronova); 29. 1 (Dmitry Melnikov); 29.2 (gutval23); 30.1 (Vladnik); 30.2 (igor.stevanovic); 30.3 (Oleksandr Rybitskiy); 31.1 (Fotosoroka); 31.3 (John Kasawa); 38.2 (Alexander Tolstykh); 38.4 (Dn Br); 39.1 (Antonio.li); 39.2(lee_photo); 39.3 (Brian A Jackson); 40.1 (Thanakit Jitkasem); 51.1 (TechnoVectors); 53.1 (svilen mitkov), 53.2, 95.2 (Bakhtiar Zein); 53.3 (scyther5); 114.1 (Angelika Smile); 115.1 (Kjetil Kolbjornsrud); 116.1 (leo_photo); 141.1 (LvNL); 144.1 (arka38)
Swico Recycling: 107.1
Terratec: 23.1
TCO Development: 34.2
Wikimedia Commons, Larry Ewing's TUX, GIMP, modified by Gringer: 62.2

Stichwortverzeichnis

Symbole

3-D-Drucker	38

A

Analoge Daten	10
Anti-Malware-Tools	51
Anwendersoftware	90
Applikation	90
Arbeitsspeicher	21, 42
Archivbit	118
Assistent (Anwenderprogramm)	90
Audio-Schnittstelle	28
Ausgabegerät	17, 32

B

Back-up	102
Bänder	115
Bandlaufwerk	39
Barcodeleser	31, 33
Batterie	20, 22
BD (Blu-Ray Disc)	39
Beamer	38
Benutzerkonto	66
erstellen	66
Kontotypen	66
Passwort ändern	68
Betriebssystem	59
Betriebssystemeinstellungen	70
Betriebszustände eines PCs	70
Bildschirm	32
Bildschirmauflösung	23
Bildschirmschoner	105
Binärsystem	11
BIOS	22
Bit	10
Bluetooth	28
Booten	59
Byte	12

C

Cache	21
CD-ROM	39
Client	53, 151
Cloud-Computing	53
CMOS	22, 59
Code	12
Computerrecycling	107
Computerverwaltung	100

D

Datei	78
Dateieigenschaften	118
Dateien löschen und wiederherstellen	86
Dateien und Ordner suchen	85
Dateinamen	78
Dateiverwaltung	78
Dateneingabe	29
Datenerfassung	29
Datenfernübertragung	152
Datenschutz	138
Datenschutzgesetze	139
Datensicherheit	138
Daten sichern und wiederherstellen	102
Datensicherung	39, 114
Datenträgerverwaltung	100
Datenverlust	114
Datum und Uhrzeit ändern	70
Desktop	14, 63, 88
Dezimalsystem	11
Dienstprogramm	59, 79
digitale Daten	10
digitale Signatur	144
Digitalisiertablett	30
DisplayPort-Schnittstelle	27
Doppelklicken	29
Drucker	35
Dualsystem	11
DVD	39
DVI-Schnittstelle	27

E

Eingabegeräte	29
Eingabesprache	71
Ergonomie	34
Erweiterungskarten	23
Erweiterungssteckplätze	23
eSATA-Schnittstelle	26
Excel	90
Explorer	64, 79
Externe Speicher	39

Stichwortverzeichnis

F

Fenster	64
Festplatte	39, 42
Festplatten unterteilen	100
Firewall	132
FireWire	26
Flachbildschirm	32
Flash-Speicher	40

G

Gerätemanager	19
Geräte warten	100
Glasfaserkabel	51
Grafikchips	23
Grafikkarte	23, 43
Grafiktablett	30

H

Harddisk	39
Hardware	17
Hauptplatine	20
Hauptspeicher	21
HDMI	27
Hertz	20, 33, 42
Hilfsprogramme	91
Host	154
HTTPS-Protokoll	143

I

Infrarot	28
Interner Speicher	21
Internetoptionen	106
IP-Adresse	50
ISDN-Karte	23
IT-Sicherheitspolitik	121, 143

K

Kamera	31
Kupferkabel	52

L

LAN	51
Laserdrucker	35
Laufwerke optimieren	101
Lautsprecher	38
Lightning	26
Lizenzformen	91
lokales Netzwerk	51

M

Magnetband	39
Magnetische Speicher	39
Mainboard	20
Malwareschutz	105
Maus	29
Maximieren (Fenster)	64
Menü «Start»	63
MHL	27
Mikrofon	30
Minimieren (Fenster)	64
Minitower	14
Modem-Karte	23
Motherboard	20

N

Nanosekunden	21
NAS-Systeme	116
Netzwerk	28, 49
Netzwerkkarte	23
Netzwerkschnittstelle	28
Notebook	14

O

OneNote	90
Optische Datenträger	39
Ordner «Dieser PC»	65
Outlook	90

P

Papierkorb	86
Partitionen	100
Peer-to-Peer-Netzwerk	53
Peripheriegeräte	29
Personalisierung	105
Pfad	80
Plotter	38
Plug and Play	59
PowerPoint	90
Privatsphare	140
Programme deinstallieren	73, 105
Programme installieren	73
Programme vom Desktop starten	88
Projektor	38
Prozessor (CPU)	20, 42
Publisher	90

R

RAID-System	116
RAM	21, 42
Raubkopie	93
ROM	22

S

Scanner	30
Schnittstelle	25
Secure Sockets Layer (SSL)	143
Selbstdatenschutz	140
Server	15, 53
Sicherheit	113
Sicherungsarten	117
Sicherungsmedien	115
Sicherung von Daten	114
Signaturschlüssel	144
Slots	23
Smartphone	15
Software	58
Software aktualisieren	104
Softwarelizenz	91
Soundkarte	23, 24
Speicherplatz verwalten	101
Spracheingabe	30
SSD	42
Steckplätze	23
subtraktive Farbmischung	37
Suchfunktion	85
Systemeigenschaften	104

T

Tablet-Computer	15
Taktfrequenz	20
Taktgeber	20
Taskbar	63
Taskleiste	63
Tastatur	29
Tastaturlayout	71
TFT-Bildschirm	32
Thunderbolt	26
Tintenstrahldrucker	36
TLS-Protokoll	143
TOSLINK-Stecker	28
Touchpad	14
Touchscreen	30, 33
Tower	14
Treiber	17
TrueCrypt-Verschlüsselung	143

U

Urheberrecht	93
USB	25
USB-Schnittstelle	25

V

Verbrauchsmaterialien	108
Verschlüsselung	143
VGA-Schnittstelle	27

W

WAN	51
Wiederherstellung des Systems	103
Windows	61
Windows-Hilfe	63
WLAN	28, 52
Word	90

Z

Zahlenformate	10
Zentraleinheit	17
Zugriffsrecht	55
Zugriffszeit	21

Damit Sie auch nach dem KV im Job den Durchblick behalten:
Unsere zuverlässigen Wegbegleiter, die auf jedes Büropult gehören

Der Office-Knigge
Souverän mit Kunden und im Team

Die Autorin führt Sie humorvoll und persönlich durch den Büroalltag und erklärt, warum sich ein wertschätzender Umgang mit Kolleginnen, Kollegen und externen Kontakten wirklich lohnt.

Gerade für jüngere Berufsleute enthält *Der Office-Knigge* viele wichtige Praxistipps und Beispiele zu Themen wie: Der erste Eindruck | Mich und meine Firma sympathisch vorstellen | Wertschätzend kommunizieren | Reklamationen entgegennehmen | Social Media privat und beruflich | Im Vorstellungsgespräch überzeugen | Businesslunch | Sitzungen | Termine einhalten und Verbindlichkeit schaffen | Höflich Nein sagen.

Susanne Abplanalp
Der Office-Knigge
Souverän mit Kunden und im Team
1. Auflage 2017, 152 Seiten
Broschur, 17 × 24 cm, CHF 32.—
ISBN 978-3-286-50215-4

Regeln für das Computerschreiben

Kurz und knapp finden Sie hier alles, was Sie zur professionellen Gestaltung Ihrer Briefe, E-Mails und Schriftdokumente brauchen. Zum Nachschlagen, Lernen und Lesen.

- Alle in der Schweiz relevanten Schreib- und Darstellungsregeln
- Schweizerische Normen für die Textverarbeitung und die Geschäftskorrespondenz
- Grundlagen der Typografie
- Textbeispiele für leicht lesbare und einprägsam gestaltete Dokumente
- Ausgewählte Rechtschreibregeln

Michael McGarty, Max Sager,
Georges Thiriet, Ralf Turtschi
Regeln für das Computerschreiben
21. Auflage 2018, 132 Seiten
Broschur, 17 × 24 cm, CHF 31.—
ISBN 978-3-286-30581-6

So geht Korrespondenz
Das Beste für Ihre E-Mails und Briefe

Suchen Sie Anregungen für einen persönlichen, abwechslungsreichen und wertorientierten Schreibstil in E-Mails und Briefen?

Die Autorin lädt Sie dazu ein, Konventionen der Korrespondenz zu hinterfragen und die Sprache bewusst einzusetzen, um Menschen zu verbinden. Kurze thematisch geordnete Abschnitte laden zum Stöbern und Reflektieren ein. Zahlreiche «Besser nicht»- und «Besser so»-Beispiele geben ein Gespür, was Korrespondenz beim Gegenüber bewirken kann. Lassen Sie sich inspirieren, damit Sie ihrer Korrespondenz das gewisse Etwas verleihen.

Angelika Ramer
So geht Korrespondenz
Das Beste für Ihre E-Mails und Briefe
1. Auflage 2016, 96 Seiten
Broschur, 17 × 24 cm, CHF 24.—
ISBN 978-3-286-51195-8

VERLAG:SKV
www.verlagskv.ch